Das Buch

Der gegenwärtige Krieg zwischen Russland und der Ukraine ist im Kern ein Krieg um die Konstituierung der ukrainischen und der russischen Nation. Alle anderen Argumente sind Rhetorik und Propaganda. Der Politikwissenschaftler Crome verfolgt seit Jahren die Diskussionen, die zum Thema Nation geführt wurden und werden: wie und warum Nationen entstanden, wie sie sich entwickelten und welche Zukunft sie haben. Natürlich spielt in seiner Reflexion auch die »deutsche Frage«, die »Wiedervereinigung« und die Debatte über eine »sozialistische deutsche Nation DDR« eine Rolle. Das jedoch ist retrospektiv und leuchtet nur den speziellen Hintergrund aus. Wichtiger für den Autor ist die Gegenwart: Der Ukraine-Konflikt überlagert beispielsweise die Auseinandersetzungen in der EU etwa mit den nationalen Ansprüchen von Mitgliedern wie Polen oder Ungarn, die sich neuerlicher Bevormundung widersetzen. Im Zentrum von Cromes Texten steht der Krieg des russischen Oligarchen-Kapitalismus gegen den Oligarchen-Kapitalismus der Ukraine, um diesen nicht den alten imperialistischen Mächten zu überlassen.

Der Autor

Erhard Crome, Jahrgang 1951, Studium am Institut für Internationale Beziehungen in Potsdam-Babelsberg, 1987 Habilitation. Von 2002 bis 2016 Mitarbeiter der Rosa-Luxemburg-Stiftung, Geschäftsführender Direktor des WeltTrends-Instituts für Internationale Politik, Potsdam.
Der Politikwissenschaftler publizierte in Verlagen der Eulenspiegel-Verlagsgruppe »Der libysche Krieg des Westens« (2011), »Die Linke und der Stalinismus« (2012), »Ungarns ›Wende‹: ein Laborversuch« (2013), »Piratenpartei. Eine Alternative?« (2013) und »Faktencheck. Trump und die Deutschen« (2017).

W0110161

Erhard Crome

Nation, Nationalismus und der Krieg in der Ukraine

Texte zu einem alten Thema

verlag am park

Inhalt

Vorbemerkungen

Das Problem der Nation steht erneut dringlich auf der Tagesordnung. Wähnte sich »der Westen« in behäbiger Poststaatlichkeit am »Ende der Geschichte«, so hat der Krieg Russlands in der Ukraine gezeigt, dass nationale Fragen, die man eigentlich im 19. und 20. Jahrhundert beheimatet fand, auch im 21. Jahrhundert bis zu Waffengewalt und Krieg führen können. Nachdem mit den Taliban, Al Kaida und dem sogenannten Islamischen Staat bereits die Religion als Kriegsgrund – was man zuvor für ein Phänomen der Kreuzzüge sowie des 16. und 17. Jahrhunderts hielt – das 21. Jahrhundert erreicht hatte. Nun also auch die nationalen Fragen.

Das hatte sich zuvor schon angedeutet.

Der serbische Tennisspieler Novak Djokovic wurde im Januar 2022 – zu jener Zeit der »Weltranglistenerste« – nicht zu den Australian Open zugelassen, weil er keine ordnungsgemäße Corona-Impfung vorweisen konnte und nicht den australischen Seuchenbestimmungen entsprach. Dies stilisierten in Belgrad im Fernsehen nicht nur seine Eltern, sondern auch Staatspräsident Aleksandar Vucic als nationale Diskriminierung und Beleidigung der serbischen Nation hoch. Das war eine lauthalse Variante. Aber auch der stillschweigende Nationalismus waltete, ohne dass er sich zu erkennen gab. Mario Draghi setzte als Präsident der Europäischen Zentralbank (EZB) der Europäischen Union (2011-2019) die Nullzinspolitik durch. Dass er damit »den Euro rettete«, wurde in vielerlei Lobliedern besungen. Dass er damit in erster Linie den italienischen Staatsbankrott verhinderte, wurde verschwiegen. So bewährte er sich als italienischer Patriot und regiert jetzt das Land.

Die Frage der Nation ist nicht abschließend beantwortet. Sozialwissenschaftlich und historisch kann man sie eingrenzen und analytisch zugänglich machen. Sozusagen als sozialhistorisches Phänomen der Neuzeit. Konkret sind die unterschiedlichen Gestaltungen jedoch anhand der Einzelfälle zu betrachten. Zugleich ist es ein politisch vermintes Gelände. Um das macht der politisch korrekte Zeitgeist gern einen großen Bogen.

Unter rezenten Linken gilt die Idee der Nation in eins gesetzt mit Nationalismus und als ideologisches Konstrukt bürgerlich-kapitalistischer Gesellschaften. Die deutsche Vereinigung von 1990 als proklamierte Lösung der »deutschen Frage« hatte das Thema Nation wieder auf die Tagesordnung der europäischen Politik gebracht. Sie war seit dem Ende des Zweiten Weltkrieges unter dem Eispanzer des Kalten Krieges eingefroren. Selbst der kluge, gegenüber den Tiefenschichten der deutschen Geschichte äußerst sensible Sebastian Haffner hatte noch 1987 in der deutschen Zweistaatlichkeit die abschließende Antwort auf die deutsche Frage gesehen (Haffner 1989: 17). Zwei Jahre später wurde diese von der Geschichte widerrufen und mit der deutschen Vereinigung neu beantwortet.

Dies hat einen neuen Zyklus national-konstituierender Prozesse in Europa eröffnet, der mit dem Zerfall der Sowjetunion, Jugoslawiens und der Tschechoslowakei, den Kriegen um Bosnien und den Kosovo sowie um Südossetien und Abchasien und nun mit dem ukrainischen Krieg Russlands seine Fortsetzung fand. Angesichts der Forderungen nach Lostrennung Schottlands von London sowie Kataloniens von Madrid ist zu vermerken, dieser Zyklus hat sein Ende noch nicht gefunden und blieb nicht auf den Osten Europas begrenzt.

Wer sich mit diesem Thema ernsthaft beschäftigt, stellt fest, dass zur Nation, ihrem Wesen und ihrer historischen Rolle etwa alle 20 bis 25 Jahre diskutiert wird. Eine solche Diskussion war in den vergangenen Jahren wieder angebrochen. Im EU-Europa vor allem auch deshalb, weil die EU-Kommission stillschweigend mit einer supranationalen Zielsetzung jenseits der Verträge operiert, während die national orientierten politischen Kräfte in Osteuropa eine Bevormundung durch Brüssel ablehnen – nachdem sie die durch Moskau und früher Wien hinter sich gelassen haben.

Neuere Buchtitel machen dies deutlich. Eine aktuelle (vor der Corona-Pandemie erstellte) Studie unter Verantwortung des Politikprofessors Emmerich Tálos (Wien) befasst sich mit dem Zusammenhang von »neuem Nationalismus« in Europa, dem »subjektiven Sicherheitsempfinden« der Österreicher und ihrem Vertrauen in die EU. Ausgangshypothesen sind, die »Zunahme nationalistischer Tendenzen« sei Reaktion auf »enttäuschte Erwartungshaltungen an die EU bzw. ein Versagen der EU beispielsweise in der Flüchtlingsfrage« von 2015 sowie Folge einer »Verunsicherung der Bevölkerung« (Hudler-Seitzberger et al. 2021: 3). Die empirische Grundlage bilden leitfadenorientierte Interviews mit Expertinnen und Experten sowie eine repräsentative schriftliche Befragung unter der österreichischen Bevölkerung.

Da das Thema von vornherein auf »Nationalismus« fokussiert, ist die Perspektive auf die Thematik zunächst pejorativ ausgerichtet. Begriffe wie »Nationalbewusstsein« und »Nationalismus« würden heute »oft mit einer negativen Konnotation in Richtung ›reaktionär‹ oder ›rechtspopulistisch‹ verbunden« (ebenda: 7). Als österreichisches Phänomen werden hier die Stimmengewinne der FPÖ gesehen. Die schlichte Ausgangsthese lautet, Nationalismus liege vor, »wenn die Nation die gesellschaftliche Großgruppe ist, der sich der einzelne in erster Linie zugehörig fühlt«. Von da ist es dann nicht weit zu einem ebenso schlichten Verständnis des Populismus. An seinem Anfang stehe »ein radikales Verständnis von Demokratie als Regierung des Volkes, für das Volk und durch das Volk« (ebenda: 27). Allerdings haben die Autoren hier unterschlagen, dass dies die ganz ursprüngliche Definition von Demokratie ist, wie sie Abraham Lincoln in seiner berühmten Rede in Gettysburg am 19. November 1863 formuliert hat. Insofern ist es schon eine ziemliche Volte, dies negativ zu verorten.

Am Ende kommen die Autoren allerdings doch noch auf eine vernünftige Unterscheidung zwischen Nation und Nationalismus. Ziel der »Einigung Europas« in der EU sei »die Überwindung des Nationalismus«. Sie ziele jedoch »nicht auf die Abschaffung von Nationen oder nationalen Identitäten«. Die EU-Länder blieben »ihrem Verständnis nach Nationalstaaten«; ob sie es nach jahrhundertelanger Zu- und Abwanderung »objektiv« noch immer sind, sei eine andere Frage (ebenda: 18f.). Zentraler Faktor für die Begrenzung des Nationalismus in Westeuropa sei bis in die 1980er Jahre der hochentwickelte Sozialstaat gewesen. Neoliberalismus und Globalisierung jedoch hätten »es erleichtert, dieses westeuropäische Konzept der Sozialstaatlichkeit als welthandelsfeindlich und protektionistisch infrage zu stellen, was das Modell eines schwach ausgeprägten Sozialstaats wie in den USA gleichsam als Regelfall erscheinen lässt«. Der Nationalismus als Rückbezug auf die Nation sei eine Reaktion darauf (ebenda: 10f.). In Osteuropa sei der neue Nationalismus zudem als Opposition »gegen erzwungene Internationalisierung« zu verstehen. Er ist – in Ost wie West – nicht beschränkt auf Menschen »völkisch-nationaler Gesinnung«, sondern hängt damit zusammen, dass die »unteren und mittleren Einkommens- und Bildungsschichten« nicht nur mit der Globalisierung relativ an Boden verloren haben, sondern durch zugewanderte Personengruppen sowohl in Bezug auf ihre Arbeitsplätze als auch ihre Wohnungssituation in einen Wettbewerb gedrängt wurden (ebenda: 14). In diesem Sinne wird das subjektive Sicherheitsempfinden im weitesten Sinne, vom Zugang zum Gesundheitswesen über die Geldwertstabilität bis zur Alltagskriminalität, zu einem relevanten politischen Faktor. Interessant allerdings ist, dass sich der Anteil der Österreicher, die meinen, die Dinge in der EU würden in die richtige Richtung laufen, nach dem Brexit von 13 Prozent (2015) auf 34 Prozent (2019) erhöht hat.

In der Auswertung der Leitfaden-Interviews wird darauf verwiesen, dass von Expertenseite der Unterschied zwischen Nationalismus und Patriotismus betont wurde. »Nation habe mit dem Zusammengehörigkeitsgefühl der Menschen zu tun, das dort entstehe, wo es die meisten Berührungspunkte und Gemeinsamkeiten gebe.« Der neue Nationalismus unterscheide sich von dem alten, »als er nicht mehr imperialistisch und expansiv agiere, sondern sich im Sinne einer Abkapselung eher nach innen wende«. Auch stehe nicht mehr die »Blutsgemeinschaft«, sondern eine »kulturelle Bestimmung nationaler Zugehörigkeit« im Mittelpunkt (ebenda: 105). In der Zusammenfassung der Befragungen heißt es, die Mehrheit (69 Prozent) wünsche sich nationale Entscheidungen unter anderem in der Regional- und Sozialpolitik, Beschäftigung, Jugend, Gesundheit, Landwirtschaft, Steuerwesen, Bildung und Kultur. Die EU dagegen solle sich um »Migration von außerhalb der EU«, Binnenmarkt, Terrorismusbekämpfung, Außen- und Sicherheitspolitik, Handel und Zollwesen, Entwicklungspolitik sowie Forschung und Innovation kümmern (ebenda: 183). Dies dürfte eine nicht nur österreichische Sichtweise ausdrücken.

Die Kulturwissenschaftlerin Aleida Assmann hat ein Buch über die »Wiedererfindung der Nation« veröffentlicht. Im Grunde widerspiegelt bereits der Titel, dass auch sie die Nation nicht für eine objektiv begründete Kategorie hält. Obwohl sie den klassischen Titel von Ernest Gellner: »Nations and Nationalism«, auf Deutsch: »Nationalismus und Moderne«, aus dem Jahre 1983 erwähnt, bleibt sie hinter dessen Perspektiven weit zurück. Bei ihm gibt es den konstitutiven Zusammenhang von Kapitalismus, bürgerlichem Rechtsstaat und allgemeiner Verkehrssprache für alle – nicht nur für die Oberklassen oder die Priesterschaft –, aus denen die Konstituierung der Nation folgt. Assmanns Untertitel: »Warum wir sie fürchten und warum wir sie brauchen« verweist auf das Skrupulöse, das sie verspürt, weil sie sich bereits mit dem Thema aus dem Dunstkreis des westdeutschen akademischen Linksliberalismus und seinen Schweigegelübten entfernt hat.

Assmann stört sich daran, dass das Thema Nation aus akademischen Diskursen verbannt wurde. Im Namen eines verschwommenen und abstrakten Kosmopolitismus glaubten viele Intellektuelle, das Problem Nation durch »Nichtthematisierung« aus der Welt schaffen zu können (ebenda: 17, 52). Assmann plädiert daher dafür, Nation nicht mit Nationalismus gleichzusetzen und den Begriff nicht den Rechten und Nationalisten zu überlassen. Deshalb gehe es um eine »Wiedererfindung der Nation« (ebenda: 24). Wenn die Nation jedoch nicht eine künstlich erfundene Kategorie ist, sondern auf objektiven Grundlagen beruht, muss sie nicht »wiedererfunden« werden. Unter Verweis auf die US-amerikanische Publizistin Jill Lepore (Lepore 2020) betont sie, in einer Welt, die nach wie vor aus Nationalstaaten besteht, bleibe »die Nation der verlässlichste Garant für Recht und Gesetz und das wirkungsvollste Instrument, um die Macht der Vorurteile, Intoleranz und Ungerechtigkeit zu bekämpfen. Wer den Liberalismus gegen die autoritäre Welle unserer Zeit verteidigen will, der muss die Nation neu denken.« (Assmann 2020: 24) Im Aufschwappen der Identitätsdiskussionen seit den 1990er Jahren und der überhandnehmenden Identitätspolitik sieht Assmann eine Folge der »Auflösung politischer Ideologien nach dem Ende des Kalten Krieges und der Suche nach neuen Formen von Zugehörigkeit im Zeitalter der Globalisierung« (ebenda: 79).

Zum 3. Oktober betont Assmann, dass er als Vereinigungstag von Helmut Kohl bewusst nicht als »bleibende Hommage an den Freiheitswillen und den Mut der Ostdeutschen« durchgesetzt wurde, sondern als »Datum der Geschichte der Sieger« (ebenda: 241). »Vom Westen her regierte der Kapitalismus mit Kolonisierung und Anpassungsdruck, im Osten endete die Bewegung in diffuser Unübersichtlichkeit.« (Ebenda: 248.)

Den Wechsel der Parolen auf den Straßen der DDR im November 1989 von »Wir sind das Volk!« zu »Wir sind ein Volk!« vermerkt sie (ebenda: 176), ordnet diesen Übergang vom demos zum ethnos jedoch unzureichend ein. Assmann versteht nicht nur Ostdeutschland nicht, sondern auch Osteuropa. Sie meint, die ernsthafte wissenschaftliche Debatte um die Nation sei in den 1980er Jahren mit den Schriften von Eric Hobsbawm, Gellner und anderen stillgestellt worden. Es hat jedoch in den 1990er und 2000er Jahren eine intensive Debatte in Ostdeutschland, in Polen, Ungarn und anderswo zu dem Thema, insbesondere im Hinblick auf Deutschland und Osteuropa gegeben. Da könnte Assman nachlesen. Im Osten Deutschlands wirkten vor allem drei wissenschaftliche Zusammenhänge: So befassten sich Jochen Franzke und ich seit 1990 an der Universität Potsdam und im Verein WeltTrends e.V. in Potsdam mit dem Thema. Dann auch in gemeinsamen Diskussionen im Verein Berliner Debatte Initial e.V., wobei der Philosoph Peter Ruben eine zentrale Rolle spielte. Zugleich gab es eine fruchtbare Zusammenarbeit im Leipziger Kontext der dortigen Rosa-Luxemburg-Stiftung und der Gesellschaft für Kultursoziologie e.V. mit den Osteuropa-Wissenschaftlern um Ernstgert Kalbe und Wolfgang Geier, die die Schriftenreihe »Osteuropa in Tradition und Wandel« sowie die Zeitschrift »Kultursoziologie« herausgaben.

Die Aktualität der Frage nach der Nation ergibt sich nicht aus modischen Erwägungen, sondern es geht um die Zukunft des Weltfriedens und Europas. Da nach dem Ende des Kalten Krieges bereits die deutsche Vereinigung und der Zerfall der Sowjetunion, der Tschechoslowakei und Jugoslawiens, letzterer verbunden mit mehreren blutigen Kriegen, nun der ukrainische Krieg Russlands das Nationsproblem aufgeworfen hatten, rückte das Thema drängend auf die Tagesordnung.

Erhard Crome
Berlin, 26. März 2022

Kapitel 1

Die Linke und die Nation

»Die Linke und die Nation« ist der Titel des letzten Textes, den der Philosoph und PDS-Politiker Michael Schumann im November 2000, kurz vor seinem tragischen Tod, verfasst hatte. Es war aber bereits auch die Gesamt-Überschrift einer Diskussion, die Ende 1994 in der Zeitung *Neues Deutschland* geführt wurde, und erneut das Motto verschiedener Debatten in der PDS und ihrem Umfeld nach 2000. Am Ende trennten sich die Diskutanten stets in ähnlicher Weise: Die einen bestanden darauf, dies sei ein wichtiges Thema, dem sich die Linke stellen muss und das sie nicht der politischen Rechten überlassen darf. Die anderen meinten, es sei kontaminiertes Gelände, auf dem die Linke nichts gewinnen könne, für die Linke ein »falsches« Thema.

Worum es geht

Die deutsche Vereinigung von 1990 als proklamierte schließliche Auflösung der »deutschen Frage« hatte das Thema Nation wieder auf die Tagesordnung der europäischen Politik gesetzt. Seit dem Ende des Zweiten Weltkrieges war sie unter dem Eispanzer des Kalten Krieges eingefroren. Selbst der kluge und in Bezug auf die Tiefenschichten der deutschen Geschichte äußerst sensible Sebastian Haffner hatte noch 1987 in der deutschen Zweistaatlichkeit die abschließende Antwort auf die deutsche Frage gesehen (Haffner 1989: 17). Zwei Jahre später wurde genau diese von der Geschichte widerrufen und schließlich mit der deutschen Vereinigung neu beantwortet. Sie war es, die einen neuen Zyklus national-konstituierender Prozesse in Europa eröffnete, der mit dem Zerfall der Sowjetunion, Jugoslawiens und der Tschechoslowakei, den Kriegen um Bosnien und den Kosovo sowie um Südossetien und Abchasien seine Fortsetzung fand. Hier ordnet sich der ukrainische Krieg Russlands 2022 ebenfalls ein. Auch die Forderungen nach Lostrennung Schottlands von London sowie Kataloniens von Madrid machen deutlich, dass dieser Zyklus sein Ende noch nicht gefunden hat und nicht auf den Osten Europas begrenzt bleibt. Dabei haben auch Nationen ihre Selbständigkeit errungen, die in der Geschichte nie selbständig waren und in der Vergangenheit nicht über einen eigenen Staat verfügten.

Die vielzitierte Unterstellung von rechtzeitigen im Unterschied zu »verspäteten« Nationen muss als realgeschichtlich widerlegt angesehen werden. Das betrifft dann allerdings auch die auf Helmuth Plessner zurückgehende Vorstellung von der »verspäteten Nation« der Deutschen. Die wurde jedoch schon in Zeiten der deutschen Zweistaatlichkeit in ihrem Kern wissenschaftlich infrage gestellt (Blackbourn/Eley 1980). Der Historiker Hans Rothfels hatte Ende der 1950er Jahre die Spezifik der deutschen Nationsbildung anders erklärt. Er unterschied einen westeuropäischen »Nationalitätsbegriff«, der objektiv und politisch bestimmt war, und einen subjektiven, »östlichen ethnisch-kulturellen Nationalitätsbegriff« – auf die europäische Bühne kehrte in den Nations- und Nationalstaatsbildungen nach 1990 dieser Unterschied zurück. Die deutsche Spezifik nun ergab sich nach Rothfels daraus, dass sich in Mitteleuropa »das objektive und das subjektive Prinzip der Nationalität [...] überkreuzten«. »Die gleiche Nation, die das eine Prinzip, das objektive, im Westen und gegen den Westen anrief, wo Teile von ihr durch einen anderen Staat assimiliert worden waren (wo etwa die deutschsprechenden Elsässer sich zur französischen Staatsnationalität bekannten), rief das andere, das subjektive, im Osten und gegen den Osten an, wo sie selbst eine staatsbildende und assimilierende Wirkung ausgeübt hatte.« (Rothfels 1959: 108f.).

Dessen ungeachtet war die These von der »verspäteten Nation« zu einem Dreh- und Angelpunkt der westdeutschen Staatsideologie erklärt worden, die die »Westbindung« der alten BRD ideologisch grundieren sollte. So meinte der Politologe Kurt Sontheimer: »Gibt man die These vom deutschen Sonderweg als notwendigen Bestandteil des politischen Bewusstseins dieser Bundesrepublik auf [...], dann bricht man dem deutschen politischen Bewusstsein der Epoche nach dem Zweiten Weltkrieg gewissermaßen das Rückgrat.« (Zitiert nach: Schoch 1996: 807.) Nachdem die Herrschenden und Regierenden dieses Landes sowie ihre Ideologen nach der deutschen Vereinigung auf eine »Normalisierung« der deutschen Geschichte (verbunden mit ritualisierten Schuldbekenntnissen in Bezug auf die Ermordung der europäischen Juden bei gleichzeitiger Relativierung deutscher Schuld und Verantwortung für die Ermordung von Millionen Bürgern der Sowjetunion, Polens, Serbiens und anderer) und einen neuen Hegemonialdiskurs (Crome 2013) umgeschaltet hatten, suchten etliche linke Kritiker ihr Heil in einer Übernahme des von Sontheimer proklamierten bürgerlichen Offizialdiskurses der Vor-Wendezeit, statt die gründlich veränderten Verhältnisse auf neue Weise zu kritisieren. Das schließt die Fortschreibung überkommener anti-deutscher bzw. anti-nationaler Ideologeme mit ein.

Der Prozess der Bildung von Nationen und der dazu gehörigen Staaten, der mit der Unabhängigkeit der USA im Jahre 1776 und der französischen Revolution von 1789 seinen Anfang nahm, ist – dies die wissenschaftlich-theoretische und zugleich politisch relevante Folgerung – längst nicht zum Abschluss gekommen und setzt sich auch im 21. Jahrhundert fort. Gerade auch deshalb ist ein theoretischer und methodischer Zugang zur Analyse dieser Entwicklungen erforderlich, der sie nicht einfach als retrogrades Moment einer Geschichte abqualifiziert, die sich längst auf globalisierte Verhältnisse hin bewegt. Vielmehr stehen Globalisierung, Nationen- und Nationalstaatsentwicklung sowie Regionalisierung (im Sinne von regionalem Bezug unterhalb der Ebene der Nation bzw. des Nationalstaates) in einem Wechselverhältnis zueinander. Sie verhalten sich miteinander kommunizierend. Zugleich ist dieses Verhältnis durchaus spannungsgeladen.

Die Debatte Anfang der 1990er Jahre hatte vor allem damit zu tun, wie die Linke in Deutschland sich zu dem erneut vereinigten Land stellt. Der Berliner Philosoph Peter Ruben hatte unter Bezug auf die französische Revolution von 1789 geltend gemacht: »Was die Linke einer Nation nun durchweg ausgezeichnet hat, ist [...] die Forderung, die in der Nation realisierte politische Gleichheit aller zur sozialen zu machen oder wenigstens die soziale Gerechtigkeit als regulative Idee im politischen Leben der Nation zur Geltung zu bringen.« (*Neues Deutschland*, 22./23. Oktober 1994) Einer der damaligen Opponenten, Marian Krüger, wandte dagegen ein: »Das politische Konzept des Nationalstaats und das ideologische Konzept der Nation sind heute gegen die menschenrechtlichen, friedensstaatlichen und weltbürgerlichen Werte des republikanischen Verfassungsstaats gerichtet.« (*Neues Deutschland*, 12./13. November 1994) Bereits hier wurde deutlich: Während bei Ruben »die Nation im modernen Sinne als Gemeinschaft politisch freier Personen konstituiert [ist], die sich in Gestalt ihrer Nationalversammlung selbst die Gesetze gibt«, ist sie bei Krüger lediglich Konzept und Ideologie. Der Diskutant Hans-Christoph Linke setzte hinzu: »Das Rubensche Befragen der Nation als Form politischer Gemeinschaftlichkeit ist m.E. der Versuch, die bürgerliche Nation auf unbestimmte Zeit festzuschreiben.« (*Neues Deutschland*, 5./6. November 1994) Dem entgegnete Ruben, er halte »es für falsch, die Nation a priori als eine bloß ›bürgerliche‹ Sache zu verstehen. Sie ist zwar innerhalb der bürgerlichen Gesellschaft (die a priori Weltgesellschaft ist) hervorgebracht worden, aber nicht als lokale Kopie derselben, sondern als Rekonstruktion vorgängiger Gemeinschaftlichkeit, als Beseitigung des Untertanen seiner Majestät und Schöpfung des Citoyen, als Übernahme der Souveränität durch das Volk, das eben als souveränes Nation ist, während es zuvor sein, des Fürsten Volk war und er der Souverän.« (*Neues Deutschland*, 10./11. Dezember 1994)

Auf dem Cottbuser Parteitag der PDS im Oktober 2000 hatte Gabi Zimmer, die dort zur Parteivorsitzenden gewählt wurde, versucht, die Partei auf den Boden der national-staatlichen Realitäten zu stellen, und erklärt: »Deutschland könnte so schön sein. Ich liebe es und hasse zugleich die Dinge, die es arrogant, laut und hässlich erscheinen lassen.« (Zitiert nach Adolphi 2004: 186, Fußnote 4.) Das widersprach weit verbreiteten Stimmungen politischer Korrektheit in der damaligen Partei der Linken. Der Bundestagsabgeordnete Winfried Wolf schrieb von »PDS-Deutschtümelei« und lehnte »linken Patriotismus« ab. Er meinte: »Die Begriffe ›Vaterland‹, ›Deutschland‹ und ›Nation‹ sind von rechts so besetzt und derart mit der Geschichte deutscher Verbrechen verbunden, dass sie von Linken nicht ›erobert‹ werden können.« (Ebenda, Fußnote 5.)

Das war der Kontext, in dem der Schumann-Text entstand; er sollte eine Wortmeldung in dieser Diskussion sein, zur Unterstützung der Haltung von Zimmer. Schumann unterstrich die »Realität« der Nation. »Und die (National-)Geschichte hat sich nie-

dergeschlagen in tief verwurzelten kulturellen Prägungen, im
›ideologischen‹, besonders auch verfassungspolitischen Selbstverständnis der Staatsnationen. Nicht im Sinne einer ›abstrakten‹
Negation – oder gar Verachtung – dieser Prägungen und ›nationalen Identitäten‹ kann sich die Linke zur Nation verhalten. […]
Eine Linke, die sich durch den abstrakten Gegensatz zur Nation
definiert, schneidet sich von den geschichtlichen Bedingungen
ihres politischen Wirkens ab.« (Ebenda, 186.)

Dabei ist daran zu erinnern, dass die Position von Schumann
und Zimmer in einer bewussten und positiven Tradition der
deutschen Arbeiterbewegung steht. August Bebel sagte auf dem
Internationalen Sozialistenkongress in Stuttgart 1907 zu diesem
Thema: »Was wir bekämpfen, ist nicht das Vaterland an sich, das
gehört dem Proletariat weit mehr als den herrschenden Klassen,
sondern die Zustände, die in diesem Vaterlande im Interesse der
herrschenden Klassen vorhanden sind. Die Parlamente sind auch
eine Einrichtung der herrschenden Klassen zur Aufrechterhaltung
ihrer Klassenherrschaft, und doch gehen wir in die Parlamente,
nicht nur um die Klassenherrschaft zu bekämpfen, sondern auch
um die Zustände zu verbessern. Wir beschränken uns nicht auf
die Negation, wir arbeiten auch überall positiv.« (Bebel 1907: 82.)
Dazu noch einmal Michael Schumann: »Die Alternative ist ein
sektiererisch-unpolitisches Nichtverhältnis zur Nation. Es verunmöglicht, dass die Linke die Nation und ihre geschichtlichen
Resultate als Voraussetzungen behandelt, als Möglichkeiten, die
zu ergreifen sind, um das transnationale Zeitalter, das längst im
Werden begriffen ist, im Sinne ihres emanzipatorischen An-
spruchs politisch zu gestalten.« (Adolphi 2004: 186f., Hervorhebung im Original.)

Mit anderen Worten: Die Linke muss sich der Nation als Voraussetzung ihres politischen Handelns vergewissern, um das transnationale Zeitalter in einem emanzipatorischen Sinne gestalten zu
können. Das heißt umgekehrt: Es geht heute nicht um eine
schlichte Ausgestaltung der Nation, wie sie im Europa des 19.
Jahrhunderts auf der Tagesordnung stand, sondern um die transnationale Welt, wie sie sich etwa in der Europäischen Union verkörpert. Aber die entsteht eben nicht als Sache an und für sich,
sondern unter der Voraussetzung der Nation. Insofern läuft jede
Debatte in der deutschen und europäischen Linken, in der Nation

und Europäische Union schlicht gegeneinander gestellt werden, auf eine eher scholastische Entgegensetzung hinaus, während sie doch dialektisch sein sollte.

Objektive Kategorienbildung

Im Zusammenhang der Nations-Debatte Anfang der 2000er Jahre stand auch die damals für die Rosa-Luxemburg-Stiftung von mir erarbeitete Studie zu diesem Thema (Crome 2001). Sie wurde am 4. Februar 2002 in der Rosa-Luxemburg-Stiftung öffentlich vorgestellt. Zwei Tage später schrieb die konservative bürgerliche Tageszeitung *Die Welt* über die dort geführte Diskussion, Crome »verstieg sich in sozialwissenschaftliche Definitionen von Staat, Nation und Gesellschaft«. Von »links« hieß es im Internet, eben dieser Crome »hielt ein Plädoyer dafür, dass es neben der Gesellschaft auch die Gemeinschaft geben müsse«. (*www.indymedia.de*. Der dortige Text war mit »Mäuschen« unterschrieben.) Von links wie von rechts wurde das Nachdenken über sozialtheoretische Kategorienbildung, etwa »Nation« und ihre Verortung im Spannungsfeld von Gemeinschaft und Gesellschaft, übereinstimmend denunziert und abgelehnt. Begriffe und Kategorien werden als reine Frage des Willens verstanden: Crome »will« das eine und »Mäuschen« etwas anderes.

Ganz in diesem Sinne bezogen sich dann auch »anti-deutsche« oder »anti-nationale« Diskurse auf rein ideologische Vorgänge. Einen Bezugspunkt stellte ein Kongress der westdeutschen »Radikalen Linken« im Jahre 1990 dar, der das Unbehagen an der deutschen Einheit unter dem Slogan: »Nie wieder Deutschland« zu artikulieren bemüht war (Kistenmacher 2014: 19). Eine »Projektgruppe Nationalismuskritik« postulierte: »Aus der Perspektive kritischer Gesellschaftstheorie sind es gerade diese ›normalen‹ und deshalb voraussetzungslos erscheinenden Zustände, die es in ihrer Genesis zu begreifen und als Irrsinn in die Kritik zu nehmen« gelte. Die Nation sei »Konstrukt bürgerlich-kapitalistischer, nationalstaatlich verfasster Gesellschaften«. Eine Definition der Nation sei nicht möglich. Vielmehr »scheint eine allgemeine Bestimmung des Phänomens Nation – und damit auch des Nationalismus – von der Frage ausgehen zu müssen, wie der Zusammenhang von

Kapitalverhältnis, kapitalistischer Staatlichkeit und Nation im politischen wie vorpolitischen Sinne zu fassen ist«. (Projektgruppe 2009: 7f.) Eine Definition sei nicht möglich, daher reden die Autoren hier von vornherein über »Phänomene«, von denen sie nicht wissen, worin ihr Wesen liegt. Folgerichtig kommt denn einer der Autoren namens Daniel Keil zu der Folgerung: »Bei der subjektiven Hinwendung zur Nation handelt es sich also nicht um einen Akt der Selbstermächtigung, sondern um die Identifikation mit Ausbeutung und Herrschaft, oder anders gesagt: mit dem irrationalen gesellschaftlichen Zusammenhang« (ebenda, 24). Auch hier wieder rein subjektive Vorgänge; der gesellschaftliche Zusammenhang, den die harten Tatsachen des Marktes und des Staates herstellen, wird auf diese Weise subjektiviert und psychologisierend für irrational erklärt. Selbst wenn angekündigt wird, es ginge um harte Fakten der Staats- und Hegemoniekritik, bleiben wir im Reich der Ideen und des Geisteslebens. In diesem Sinne erklären zwei andere Beiträger, John Kannankulam und Robin Mohan: »Die Idee der Nation und der mit ihr einhergehende Nationalismus gehören zu den ideologischen Grundfesten bürgerlich-kapitalistischer Gesellschaften« (ebenda, 41). Und auch dort, wo in verständiger Absicht versucht wird, den aktuellen Zusammenhang von Krise, Neoliberalismus und Ausgrenzung analytisch anzugehen, werden Ausgrenzung und Nationalismus konzeptionell in eins gesetzt und Nation als ideologisches Konstrukt unterstellt (Friedrich/Schreiner 2013: 8f.).

So aber verschwimmt Sozial- und Geisteswissenschaft zur Belletristik. In seinem Text »Zur Romantik« zitierte der großartige Peter Hacks Goethe, der in der Zeit der anti-revolutionären Reaktion 1826 gesagt hatte: »Alle im Rückschreiten und in der Auflösung begriffenen Epochen sind subjektiv, dagegen haben aber alle vorschreitenden Epochen eine objektive Richtung. Unsere ganze jetzige Zeit ist eine rückschreitende, denn sie ist eine subjektive.« Und Hacks fügte mit Hegel hinzu, dass das Übel der Zeit »die Zufälligkeit und Willkür des subjektiven Gefühls und seines Meinens« ist (Hacks 2001: 142f.).

In genau so einer Zeit leben wir heute. Die kulturalistische Wende in den Sozial- und Geisteswissenschaften stellt Erkenntnis als intellektuelle Vergewisserung überhaupt in Frage. Marx und Hegel wird vorgeworfen, dass sie überhaupt etwas zu wissen beanspruchten; alles wird konstruktivistisch und verschwindet im Grau der Kommunikation, ist schließlich nur noch Kommunikation, Vereinbarung, Konvention, Illusion oder eben ideologische Figur. Damit wird es altmodisch, die Analyse von Macht, Herrschaft, systemischer Fehlsteuerung ernsthaft und begründet anzugehen. Gesellschaftsanalyse wird durch Diskursanalyse ersetzt bzw. Diskursanalyse zur Gesellschaftsanalyse erklärt. All dies wirkt auch in die heutige Linke hinein, strömt in ihr als Welt des Meinens, die sich einer Analyse verschließt, die auf das Objektive zielt. Auch unter Linken gilt es als große Errungenschaft, Diskursanalyse statt Systemanalyse zu betreiben, die »politisch korrekt« gesehen falsche Wortwahl anzuprangern. Dahinter verschwindet die »falsche« Ordnung der Macht.

Diese Gefahr hatte Michael Schumann klar identifiziert. Sein Text zur Nation beginnt mit dem Hinweis: »Das ›geschichtsphilosophische‹ Selbstverständnis der Linken – sie ist ein Kind der Aufklärung, der dialektischen Vernunft-Kritik – beruhte und beruht auf dem Gedanken der Notwendigkeit und Möglichkeit bewusster Geschichte – zur Vermeidung eines ›Rückfalls in die Barbarei‹. Sie steht damit gegen eine geistige Tradition, die genau in diesem Anspruch das Verhängnis sieht.« (Schumann 2004: 184). Ganz in diesem Sinne muss ein verständiges Herangehen an die Nation im Sinne von Aufklärung erfolgen und die Welt der »Willkür des subjektiven Gefühls und seines Meinens« bewusst verlassen.

Die nationalistische Aufladung

Der »Nationalismus« kam nicht im Selbstlauf in die post-kommunistischen Gesellschaften, man hat ihm auch »die Sporen gegeben«. Zunächst ein aufschlussreiches Zitat. Gerhard Simon vom damaligen Bundesinstitut für ostwissenschaftliche und internationale Studien in Köln, der dort lange Zeit die Sowjetunion bzw. Russland und andere frühere Sowjetrepubliken beforscht hat, schrieb im Jahre 1993: »Die Ideale von Demokratie, Rechtsstaat und Marktwirtschaft allein sind nicht stark genug, um die Völker zu mobilisieren und zum Handeln anzutreiben. Angesichts der Degeneration und des Verfalls des Kommunismus stand zunächst nur eine Alternative zur Verfügung: die Nation. Nur mit Hilfe der nationalen Idee konnte der Widerstand gegen die sowjetische Diktatur mobilisiert werden, und nur die nationale Idee bot eine ordnungspolitische Alternative für die Zukunft: den National-staat.« (Simon 1993: 19.) Der Krieg zwischen Russland und der Ukraine, der im Kern um die Nationskonstituierung in der Ukraine und in Russland geführt wird, ist das realhistorische Echo auf diese Anrufung.

Simon knüpfte hier in gewissem Sinne an die deutschen Erfah-rungen an: hatten im Grunde alle systemkritischen neuen Bür-gerbewegungen in der DDR im Jahre 1989 eine demokratisch gewandelte DDR gefordert und nicht eine rasche Vereinigung mit der westdeutschen Bundesrepublik, so hatte vom Dezember 1989 bis zur Volkskammerwahl im März 1990 die Forderung nach rascher Vereinigung alle Vorstellungen von einer wie auch immer gearteten Fortexistenz der DDR oder »dritter Wege« hinwegge-fegt. Das was zuvor als »deutsche Frage« in Gestalt der Zweistaat-lichkeit debattiert worden war, wurde als nationale Vereinigung gelöst. Stellen wir das in den europäischen Kontext, so muss kon-statiert werden: Es waren damals die Deutschen, die die Nations-Problematik wieder in die europäische Geschichte einbrachten. Die Nationsfrage hatte spätestens seit 1945 gleichsam »auf Eis gelegen«, nachdem sie seit den nationalistischen Exzessen der 1920er Jahre und den Verbrechen des Faschismus und der Nazi-herrschaft in Deutschland, die im Namen der Nation begangen wurden und bis zum Holocaust und Auschwitz reichten, als erle-digt gegolten hatte. Die deutsche Vereinigung hatte die Nation in Europa wieder auf die Tagesordnung gesetzt. In allen anderen Fällen jedoch, beim Zerfall der *kommunistischen* Vielvölkerstaaten Sowjetunion, Tschechoslowakei und Jugoslawien, erschien sie als Auflösung, als staatliche Verselbständigung. *(Der Begriff »kommu-nistisch« wird von mir bezogen auf die Gesellschaftskonzeption und daraus hergeleitet das Herrschaftssystem, also typologisch verwandt. Ich folge hier einer theoretischen Unterscheidung von Sozialismus und Kommunismus, wie sie vor dem Hintergrund der europäischen Geis-tesgeschichte sinnvoll ist: Danach sind Kommunisten jene, die die soziale Frage, die mehr oder weniger drückende Kluft zwischen arm und reich, durch die Enteignung allen wichtigen Produktiveigentums in der Gesellschaft und dessen Vergemeinschaftung lösen wollen; Sozialisten dagegen sind jene, die die soziale Frage lösen wollen, indem sie das Kapital der Kontrolle der Gemeinschaft unterstellen. Sie wollen über Gesetz und Staat dafür sorgen, dass das Kapital der Arbeit untersteht, und nicht umgekehrt [Vgl. Ruben 1998])* Und sie führte am Ende wieder bis zu Krieg und Bürgerkrieg, so in Jugoslawien, in Tschetschenien und in der Ukraine. Eine positive Besetzung dieses Feldes, wie Simon sie forderte, ist spätestens mit jenen Kriegen obsolet.

Simons Argumentation war auch in anderer Hinsicht schon Anfang der 1990er Jahre fragwürdig. Wenn denn »Degeneration und Verfall« des Kommunismus so weit vorangeschritten waren, wie er zu vermitteln versuchte, hätten doch die Ideen der Freiheit und der Demokratie ausreichen müssen, hätten diese nicht noch der nationalistischen Verstärkung bedurft. Offenbar war aber etwas anderes der Fall. Dazu müssen wir das Problem des Nationalismus genauer ansehen. Die Nation war mit der französischen Revolution von 1789 als Ort der Freiheit und der Bürgerrechte in die europäische Geschichte getreten. Sie blieb auch nach dem Wiener Kongress von 1815 eine positive Idee, geleitet von der »idealistischen Überzeugung, dass ein nach wirklich nationalen Gesichtspunkten geordnetes Europa ein gesünderes und friedlicheres Europa sein würde als eines, in dem unterworfene Nationalitäten weiterhin unter fremder Herrschaft lebten« (Craig 1989: 16). Das hatte nichts gemein mit dem Hurra-Patriotismus der zweiten Hälfte des 19. Jahrhunderts oder gar mit dem Chauvinismus des Zeitalters des Imperialismus.

Während des Ersten Weltkrieges dann traten die soziale und die nationale Komponente des Wunsches der armen Bevölkerungsschichten nach Verbesserung ihrer Lage in Widerspruch zueinander. Der Krieg wurde als tiefgreifende Erschütterung der Lebensordnung verstanden; die ärmeren Gesellschaftsschichten, die als Soldaten in den Schützengräben, als Arbeiterinnen in der Rüstungsindustrie oder einfach als hungernde Zivilbevölkerung die Hauptlast des Krieges zu tragen hatten, lehnten Krieg, Militärdienst und Kriegswirtschaft ab und wollten Frieden. Das versprachen sich viele zunächst von der sozialistischen Revolution. Als aber Anfang 1918 deutlich wurde, »dass es ein Wilsonsches und kein sowjetisches Europa geben würde« (Hobsbawm 1996: 153), wandten sich viele der Idee der nationalen Unabhängigkeit zu, von der sie sich nun diese Besserung der Lage erwarteten. Der Zerfall des Habsburger Reiches, des Russischen Reiches und des Osmanischen Reiches waren die Folge. Die Bolschewiki, die 1917 ihre Macht in Russland errichtet hatten, sammelten jedoch im Namen des »Proletarischen Internationalismus« die »russische Erde« wieder ein. Ebenso erfolgte die Wiedergründung Jugoslawiens, das Hitler im Zweiten Weltkrieg im Namen des Nationalismus und der deutschen Machtansprüche zerschlagen hatte, durch die jugoslawischen Kommunisten im Geiste des »Internationalismus«. Insofern zielte Simons Perspektive auf ein Konzept, nicht die kommunistischen Vielvölkerstaaten als Ganzes im Sinne von Freiheit, Demokratie und Bürgerrechten nach dem Kommunismus umzugestalten, sondern diese zu zerschlagen. Das allerdings korrespondierte einerseits auf eigenartige Weise mit den nationalistischen Intentionen ehemaliger kommunistischer Führer, wie Milosevic und Tudjman in Jugoslawien oder Schewardnadse in Georgien und Alijew in Aserbaidshan, die auf diesem Wege ihre neue Macht zu befestigen trachteten. Andererseits mit geopolitischen Intentionen: Aus Sicht der USA sollen die machtpolitischen Konkurenten ihrer Hegemonialstellung, insbesondere China und Russland, auch territorial filetiert werden. Für Deutschland gilt ebenfalls, je kleiner die umgebenden Staaten in der Nachbarschaft, desto größer das relative Gewicht Deutschlands in der Mitte des Kontinents (Crome 2019). Insofern sind die örtlichen Nationalvertreter willige Vollstrecker einer Politik, die nicht die ihre ist.

Betrachten wir die Nation nun nicht einfach als ideologische Schimäre, sondern als sozialhistorische Kategorie, so hat sie in der Tat mit Kapitalismus, Verfassungsstaat, Bürgerrechten, einheitlichem Rechtsraum, Nationalökonomie sowie vereinheitlichtem Sprachraum und Bildungswesen zu tun. In diesem Sinne ist der Nationsbildungsprozess historisch so weit reichend, bis alle Völker sich als Nationen konstituiert haben. Vor diesem Hintergrund ist dann Helmuth Plessners Vorstellung der deutschen Nation als einer »verspäteten« im Vergleich zu der französischen oder englischen wiederum hilfreich, nicht um die Denkfigur eines »deutschen Sonderweges« im 20. Jahrhundert zu untersetzen, sondern analytisch, um die derzeitigen Entwicklungen im Osten Europas zu verstehen. Dort fanden und finden z. T. noch Nationsbildungsprozesse statt, die denen im Westen Europas im 18. und 19.

Jahrhundert durchaus vergleichbar sind. Aber auch dieses Bild täuscht. Wir haben es in Europa, auch im EU-Europa, mit fortwirkenden Nationsbildungsprozessen zu tun.

Ausgleichendes durch die EU

Damit sind wir bei der Frage nach der Rolle der Europäischen Union in diesem Prozess. Die Europäische Union befindet sich heute in einem eigenartigen Schwebezustand zwischen »mehr als Staatenbund« und »noch nicht Bundesstaat«. In diesem Zustand wird sie noch lange Zeit verbleiben, da die Nation als Gestalt des Zusammenlebens der Menschen in absehbarer Zeit nicht verschwinden wird.

Die Osterweiterung der Europäischen Union war logische Konsequenz der europäischen Wende von 1989/90, der Umbrüche in Osteuropa. Der Sturz der kommunistischen Herrschaftssysteme erfolgte, zumindest in Ostmitteleuropa, auch unter der Losung »Zurück nach Europa!« Gesellschaften, wie die Ungarns oder Polens, haben die Unterordnung unter das sowjetische Gesellschaftsmodell bzw. die Einordnung in das sowjetische Imperium immer auch als kulturelle Zumutung empfunden. Insofern war der Antrag auf EU-Beitritt nicht in erster Linie der Griff nach der Banane, sondern Konsequenz des Systemwechsels sowie der eigenen Geschichte und Identität. Dabei konnten sich die ostmitteleuropäischen Staaten und Regierungen auf die westeuropäischen Bekundungen berufen. So wurde in der Präambel des Vertrages über die Gründung der EWG von 1957 formuliert, sie sei verbunden »mit der Aufforderung an die anderen Völker Europas, die sich zu den gleichen hohen Zielen bekennen, sich diesen Bestrebungen anzuschließen«. Im Artikel 237 hieß es: »Jeder europäische Staat kann beantragen, Mitglied der Gemeinschaft zu werden.« (Zitiert nach: Gasteyger 1990: 160, 177.) Nach 1989 konnten die osteuropäischen Völker unisono erklären, dass sie sich »zu den gleichen hohen Zielen« von Demokratie, freier Presse und Marktwirtschaft bekennen, und sie stellten den Antrag.

Nun begann jedoch die innere Logik des Vereinswesens zu walten. Organisationssoziologisch war dies keineswegs überraschend. Wie bei jedem Verein entscheiden auch hier die gesatzte Ordnung und die Mitglieder, also jene, die dem Verbund bereits angehören, wer außerdem beitreten darf, und die anderen, die nicht hinein wollen oder dürfen, sind draußen. Der Unterschied zwischen den Dazugehörenden und den Anderen bleibt stets bestehen; es ändert sich nur ihre Zahl und die Grenze der Ausdehnung des Gefüges. Der Kompromiss bestand schließlich darin, dass die Osterweiterung schrittweise vor sich ging, verbunden mit spezifischen Übergangsformen und -fristen. Im Jahre 2004 traten der EU bei: Estland, Lettland, Litauen, Polen, die Slowakei, Slowenien, Tschechische Republik und Ungarn sowie die Mittelmeerländer Malta und Zypern; 2007 folgten Bulgarien und Rumänien, ferner 2013 Kroatien. Das historische Wesen des Prozesses ist, dass die in der EU verkörperten Strukturen auf Ostmittel- und Südosteuropa erstreckt wurden. Als Beitrittskandidaten gelten die Türkei (die bereits seit 1963 auf dieses Ziel zuzulaufen bestrebt war) sowie Albanien, Montenegro, Nordmazedonien und Serbien, potenziell auch Bosnien-Herzegowina und Kosovo. Auch dieser Prozess geht weiter. Verstärkt drängt die Ukraine in diese Richtung.

Für die Regionen – im Sinne kleinerer Einheiten, als es die Nationalstaaten sind – hat die EU nicht nur Bedeutung als Träger von Ausgleichsmaßnahmen in den Ländern (Strukturfonds, Kohäsionsfonds; Regionalförderung für Gebiete mit Entwicklungsrückstand, mit Strukturwandlungsprozessen, für dünn besiedelte Regionen, den ländlichen Raum), sondern mit den vielfältigen Euro-Regionen auch in den grenznahen Räumen die Ländergrenzen übergreifend. Hier wirken die Instrumente der Union gerade ausgleichend unter Unionsperspektive und ausdrücklich über die nationale Regelungskompetenz hinausweisend. Hinzu kommt, und dies wird meist übersehen, dass allein die Existenz der EU dazu beiträgt, regionale Konflikte, in denen sich eigentlich Auseinandersetzungen um nationale Identitäten manifestieren, zu entschärfen. Auch hier zeigt sich, dass der Nationsprozess nicht ein für allemal abgeschlossen ist, sondern ein lebendiger Entwicklungsvorgang bleibt.

Nationale Eigenständigkeit muss nicht notwendig die Herausbildung eines souveränen (im völkerrechtlichen Sinne) Staates sein. Es kann auch wachsende Selbständigkeit in vor allem wirtschaftlichen und kulturellen Belangen sein, bei Fortbestehen einer mehr oder weniger engen Verbindung mit dem bisherigen Gesamtstaat. Aus der Sicht der Nation und des Nationalstaates wird politische Autorität in zwei Richtungen abgegeben, nach »oben«, an supranationale Institutionen, und nach »unten«, an subnationale, regionale Einheiten. Damit wird das Verhältnis zwischen dem Gesamtstaat, der historisch als Nationalstaat konzipiert und realisiert ist, und der Region, die sich selbst als Nation versteht, zu einer Frage der politischen Aushandlung zwischen der Regionalvertretung und der Zentralregierung, nicht mehr hierarchischer Gewaltanwendung, wie sie für die Herausbildungsphasen der Nation charakteristisch war. Der seit Jahren anhaltende Streit zwischen dem kastilischen, gesamtspanischen Nationalismus und dem katalanischen, separatistischen Nationalismus zeigt jedoch, dass das auch unter der Voraussetzung der EU kein Selbstläufer ist. Aber immerhin hatte Brüssel einigen separatistischen Akteuren aus Katalonien Asyl gegeben und auf Milderung der drastischen Strafen in Spanien hingewirkt.

So, wie die EU im Rahmen der Union die Bedeutung der inneren Grenzen relativiert hat, indem sie bei deren grundsätzlicher Anerkennung diesen durch Vertiefung der Zusammenarbeit und Realisation der Freiheit der Bewegung von Personen, Dienstleistungen und Waren ihren trennenden Charakter genommen hat, so relativiert sie auch die Bedeutung der einst für heilig gehaltenen nationalen Unabhängigkeit, ja den Nationalstaat selbst. Darauf hatten sich die mittel- und osteuropäischen Länder mit ihrem Beitritt zur Europäischen Union dem Grunde nach ebenfalls eingelassen. Das ist allerdings keine konfliktfreie Entwicklung. Die Auseinandersetzungen unter der Überschrift »Rechtsstaatlichkeitsmechanismus« zwischen den konservativen Regierungen in Ungarn und Polen einerseits und der EU-Kommission, die sich über die Verträge hinaus immer mehr suprastaatliche Kompetenzen anzueignen bestrebt ist, andererseits halten weiter an und hatten sich zugespitzt. Sie wurden dann nur durch die Rolle Polens und Ostmitteleuropas im Ukraine-Krieg Russlands überdeckt.

Deutschland als Problem der EU

Die Gegenbewegungen, die mit der Übergriffigkeit der EU-Institutionen (Stichwort: Ultra Vires) sowie mit der Verfasstheit der EU zu tun haben, werden stärker. Ein Problem ist das vereinte

Deutschland. Es hat inzwischen eine Geschichte von über dreißig Jahren. Als die Mauer fiel und die deutsche Vereinigung vollzogen wurde, hofften viele in den beiden Deutschländern auf eine gute und vor allem friedliche Zukunft. Inzwischen standen deutsche Truppen am Hindukusch, wurden nach Mali befohlen und erhielten Aufgaben einer »Schutztruppe« in verschiedenen Provinzen Südosteuropas, die von der NATO bzw. der Europäischen Union kontrolliert werden. Deutsche Kriegsschiffe sind auf den Weltmeeren unterwegs und sollten auch gegenüber China »Flagge zeigen«. Deutschland ist wieder Zentralmacht Europas, dominiert die Europäische Union und wurde zu einer geo-ökonomischen Macht mit globalen Interessen. Die Hoffnungen auf ein dauerhaft verfriedlichtes Deutschland wurden getäuscht, die Rüstungsausgaben steigen und sollen seit Februar 2022 nochmals deutlich angehoben werden. Die Grundlage der Stellung Deutschlands in der Welt, die Einbindung in die EU und deren Funktionieren, ist jedoch ins Rutschen geraten. Der Brexit, die Entscheidung der Mehrheit der britischen Wähler, dass Großbritannien die EU verlässt, war deutlicher Ausdruck dessen.

In einem 2016 erschienenen Band diagnostizierten zwei österreichische Autoren einen voraussichtlich unglücklichen Ausgang, den »Zusammenbruch eines historischen Projekts«. Im Titel ist zwar von Europa die Rede, im Kern jedoch geht es um die Europäische Union und ihre Krisen. Grundlegender Befund ist, dass wir es innerhalb der EU mit einer »unvollständigen Währungsunion« zu tun haben. Solange die EU-Staaten ihre je eigene Währung hatten, standen die anderen zwar unter dem Druck der deutschen Exportkraft, der D-Mark und der Zinspolitik der Bundesbank, konnten durch Währungsanpassungen, Abwertungen und Zinspolitik jedoch gegensteuern und Ausgleichsmechanismen nutzen. Mit der Fixierung unverrückbarer Wechselkurse der teilnehmenden Währungen zum Euro am 1. Januar 1999, der Schaffung der Europäischen Zentralbank sowie dem »Stabilitäts- und Wachstumspakt« gingen die Länder dieser Instrumente verlustig. Die »EU-Konvergenzkriterien« schrieben fiskalische und monetäre Vorgabewerte fest, sahen von der Produktivitätsentwicklung jedoch grundsätzlich ab. Die Länder, die nun in der Euro-Falle sitzen, können – unter der Voraussetzung von Budgetdisziplin – einen Ausgleich von Nachteilen in der Konkurrenzfähigkeit nur noch durch »innere Abwertung« erreichen: Senkung der Preise, und da das nicht wirklich geht, die Absenkung von Löhnen und Gehältern, der Sozialausgaben, der Renten; eben das Programm, das in Griechenland, Irland und Portugal in der Finanzkrise im Namen des »Schuldenabbaus« exekutiert wurde.

Das meint der Begriff von der »unvollständigen Währungsunion«, und dies ist auch der entscheidende Unterschied der EU zu den USA. Der italienische Mezzogiorno oder das Gebiet der früheren DDR in Deutschland sind gezwungen, ihre Peripherisierung zu akzeptieren. Es gibt hier, wie in den USA, gesamtstaatliche Ausgleichsmechanismen. »Die Peripherisierung eines ganzen europäischen Staates ruft dauerhaften politischen Widerstand hervor. Man kann Griechenland nicht aufgeben wie ein Schweizer Bergdorf, dazu müssten politische Rahmenbedingungen vollständig umgestaltet werden. Das umgekehrte Problem haben schließlich die konkurrenzfähigen Staaten des Zentrums: Sie müssten Transfers zustimmen, die die Randexistenz erträglich machen.« Eine gemeinsame Währung erfordert letztlich »ein gemeinsames sozioökonomisches Regime, einen gemeinsamen Staat«, der das Steuer- und Sozialsystem kontrolliert (Hinsch/Langthaler 2016: 125f.).

An dieser Stelle rückt das deutsche Problem ins Zentrum. Deutschland ist der Hauptnutznießer des Euro. Die deutsche Wettbewerbsfähigkeit durch die Globalisierung wurde verbessert und durch die ungleiche Lohn- und Produktivitätsentwicklung noch verstärkt. »Der südliche Teil der Eurozone, inklusive Frankreich, verlor schon 2007 den Anschluss an das deutsche Zentrum.« (Ebenda, 114.) Von 2003 bis 2007 stieg der deutsche Leistungsbilanzüberschuss, vor allem durch die Exporterlöse, auf 7 Prozent des Bruttoinlandsprodukts (BIP), nach der Krise (2014) waren es wieder 7,6 Prozent des BIP oder 220 Milliarden Euro (ebenda, 122). Der Euro bedarf jedoch des politischen Kompromisses. Einen Austritt kleinerer Länder der äußeren Peripherie, wie Griechenland oder Portugal, aus der Euro-Zone könnte ökonomisch zur Not verkraftet werden, es müssten höchstens Forderungen ausgebucht werden. Doch es galt: die politische Wirkung eines solchen Schrittes hätte verheerend sein können, wenn der Funke auf Spanien oder Italien überspringt. Will Deutschland diese in der Währungsunion halten, müsste es am Ende größere Zugeständnisse machen als bisher, etwa in Gestalt einer Dämpfung der Austeritätspolitik und der deutschen

»Stabilitätsbesessenheit«; stimulierende Maßnahmen in Deutschland, wie stärkere Lohnerhöhungen, und Schritte zur Übernahme von Haftung, so in Gestalt von Euro-Bonds, wurden dringlicher. Nötig wäre, so weiter Hinsch/ Langthaler, »ein gemeinsames sozioökonomisches Regime«, das das Steuer- und Sozialsystem kontrolliert. Bei der deutschen Zustimmung zum Euro wurden jedoch Haftungsübernahmen grundsätzlich ausgeschlossen, eine »Transferunion« abgelehnt.

Die deutsche Bundesregierung beharrte traditionell auf überharter Austerität, Unwillen zum Schuldenerlass und auf Widerstand gegen eine expansive Geldpolitik (ebenda, 194). Erst mit dem Beschluss der EU vom Juli 2020, zur Bewältigung der Corona-Krise Gelder an die EU-Staaten zu verteilen und dafür gemeinsam Kredite an den Finanzmärkten aufzunehmen, wurden faktisch »Euro-Bonds« aufgelegt.

Mit der Corona-Krise reproduzierten sich die Ungleichgewichte innerhalb der EU. Deutschland bleibt das wirtschaftliche Kraftzentrum. Der deutsche Außenhandelsumsatz erreichte 2019 ein Volumen von über 2,4 Billionen Euro; die Exporte lagen bei 1.327,6 Milliarden, der Exportüberschuss bei 223,6 Milliarden Euro, der Leistungsbilanzüberschuss bei 266,2 Milliarden Euro (alle Zahlen nach Destatis). Der Wert der deutschen Exporte in die anderen EU-Länder lag 2019 bei 777,3 Milliarden Euro, der Überschuss betrug hier 146,0 Milliarden Euro. In die Länder der Euro-Zone gingen Exporte im Wert von 491,8 Milliarden Euro, bei einem Überschuss von 82,7 Milliarden Euro. Das heißt, 2019 stammten 65,3 Prozent der deutschen Exportüberschüsse aus der EU und 37,0 Prozent aus der Eurozone.

Vor diesem Hintergrund rechneten Hinsch und Langthaler mit einem »Zerbrechen der Währungsunion und in weiterer Folge der EU in ihrer supranationalen Forcierung«. Das »hätte enorme, in ihrer Bedeutung unabsehbare Auswirkungen auf Europa und die Welt. Wirtschaftlich betrachtet würde es in Deutschland eine Aufwertungskrise hervorrufen. Die Exportüberschüsse würden rapide sinken und durch den jähen Wegfall von Absatz eine scharfe Rezession auslösen.« (Ebenda, 197.) Dazu ist es nicht gekommen. Dennoch: Mit Griechenland und der Eurokrise erreichte die Krise den nordatlantischen Zentrumsbereich des Weltsystems. Das 20. Jahrhundert hat die Zentrum-Peripherie-

Struktur des kapitalistischen Weltsystems nicht beseitigt. Auch im 21. Jahrhundert hat die Globalisierung nicht zu einer Homogenisierung der Lebensverhältnisse geführt.

Rückgriff auf die Nation

Hinsch und Langthaler folgerten, »dass sich gegen die supranationale Zentralisierung der von Berlin geführten kapitalistischen Eliten eine mächtige Tendenz zur Rückkehr zur nationalen Souveränität anbahnt, der sich die peripheren Eliten nur mit Schwierigkeiten entgegenstemmen können« (ebenda, 187). Die Konzepte der Nation und der Volkssouveränität seien dem Wesen nach Erbe der französischen Revolution und der sozialistischen Arbeiterbewegung. Nach dem Ende der Sowjetunion und des Kalten Krieges wurde unter Bill Clinton nun die Globalisierung gefeiert, die statt der Nationen und des trennenden Nationalismus »eine einzige, vernetzte Welt herstellen sollte«. Die Ideologie des Europäismus, die europäische Vereinigung in Gestalt der EU würde in eine stabile Friedensordnung hinüberwachsen und dauerhaft für Freiheit und Wohlstand sorgen, war die europäische Gestalt dieser großen Versprechungen. »Die Anziehungskraft dieser Idee kann kaum überschätzt werden und wirkt bis heute. In gewisser Hinsicht kann der Europäismus als europäisches Pendant zum American Dream verstanden werden, mit tiefen Wurzeln in der historischen Linken«. Dabei verschwindet die Verschränkung des Europäismus mit dem Neoliberalismus aus dem Blickfeld. Es ist der realpolitische Versuch einer geschlagenen Arbeiterklasse, »der vermeintlichen Verwirklichung ihrer historischen Ziele von nationaler Versöhnung, Frieden und Demokratie« näher gekommen zu sein, und der Hoffnung, dem nachträglich »das Soziale aufprägen« zu können (ebenda, 53).

Vor diesem Hintergrund betrachte die Linke heute »den Nationalstaat nicht nur als überkommen, sondern auch als reaktionär, als Rückfall in die Zeit des Nationalismus« (ebenda, 191). Das allerdings hat Folgen. »Die Erben der historischen Linken vertreten jedenfalls nicht mehr die sozialen Interessen der untersten Schichten noch jene der Arbeiter, noch weniger betreiben sie ein Projekt zur Überwindung des Kapitalismus. Durch die Unterstützung der Globalisierung könnte man vielleicht das Gegenteil unterstellen.« Auf der Seite der Rechten dagegen versuchten einige ihrer Strömungen, so Hinsch und Langthaler, bereits früher den Eindruck zu erwecken, dass sie nicht die Interessen der sozialen Eliten verteidigen würden, sondern die der unteren Schichten, und zwar »gegen die Eliten wie gegen die Immigranten« (ebenda, 192). So bekommt die Wut der nicht mehr Vertretenen einen scheinbaren oder tatsächlichen Sachwalter und der Rechtspopulismus eine soziale Komponente.

Die »Rebellion gegen den unwilligen Imperator« Berlin wurde so zur Stunde des Aufstiegs zumeist rechter »EU-skeptischer Protestparteien«. Der Brexit, mit Großbritannien zwar ein Land betreffend, das nicht der Euro-Zone angehört, hat einen ersten Durchbruch in Richtung »Rückkehr zur nationalen Souveränität« gebracht. Fehleinschätzungen in der Außenpolitik schaden zuerst dem, der sie trifft. Das betrifft den gesamten Komplex Brexit. Es waren die deutschen und andere europäische Großmedien, die kurz vor dem Brexit-Entscheid der britischen Wählerschaft (am 23. Juni 2016) meinten, eigentlich sei es klar, dass Großbritannien in der EU verbleiben werde. Erstens sprächen die wirtschaftlichen Fakten dafür. Und zweitens ergäben alle Umfragen eine voraussichtliche Mehrheit für den Verbleib; die Regierung (des damaligen Premierministers David Cameron) streue nur Zweifel, um die Befürworter nicht in Sicherheit zu wiegen und sie an die Wahlurne zu bringen.

Nach der Abstimmung herrschte unter den politisch Verantwortlichen in Deutschland und der EU zunächst betretenes Schweigen. Offenbar hatte niemand damit gerechnet. Jean-Claude Juncker, damals Präsident der EU-Kommission, bekräftigte, nun erst recht trotzig durchregieren zu wollen. Ursula von der Leyen setzt diesen Kurs fort. Der Wille der EU-Kommission, die Union verstärkt zentralistisch von Brüssel aus zu regieren, ist ungebrochen. Nun eben in einer EU-27 statt EU-28.

Die österreichische Zeitung Der Standard (29. Juni 2016) schrieb: »Hat Juncker irgendetwas begriffen? Da verabschiedet sich mit der zweitgrößten Volkswirtschaft ein – oftmals verkannt – wegen seiner Fachexpertise und Bedeutung in der Welt unersetzbares Mitglied nicht zuletzt wegen der Brüsseler Zentralisierungstendenzen aus der Union, und die EU-Kommission reagiert darauf, indem sie die Nationalstaaten aufs Abstellgleis manövriert.« Breite Proteste forderten, man solle den Brexit-Entscheid auch als Kritik der Bevölkerung an fernen Brüsseler Beschlüssen ansehen. Die konservative griechische Zeitung Dimokratia betonte (6. Juli 2016): »All jenen, die den Auflösungsprozess der starren supranationalen Struktur beobachten, die Europäische Union genannt wird, ist klar, dass dieser auch auf eine Kaste von Deutschen wie Herrn Schäuble zurückzuführen ist. [...] Das griechische Abenteuer, die mangelnde demokratische Legitimation der EU-Institutionen, der Brexit und die starre Haltung von Berlin haben Millionen Europäer zum Nachdenken gebracht. Sie wollen wieder die Herren in ihrem eigenen Land werden und diejenigen sein, die zusammen mit den gewählten Vertretern des Landes ihr Schicksal bestimmen.« Entgegen der vorherrschenden Kommentierung des Brexit-Referendums in Deutschland musste das Ergebnis auch in diesem Sinne betrachtet werden.

Die Hintergründe in Großbritannien wurden voller Eifer pejorativ kommentiert. Zum Rücktritt von Nigel Farage als Vorsitzender der »Unabhängigkeitspartei« (UKIP) hieß es, nun sei ein Clown abgetreten, der nicht damit gerechnet hätte, wirklich die Mehrheit zu erreichen, und sich nun vor der Verantwortung drücken wolle. Tatsächlich hatte Farage gesagt, mit dem Brexit-Entscheid habe er sein politisches Ziel erreicht und könne nun gehen. Zugleich wurden vielfältige Überlegungen angestellt, die Alten in Großbritannien hätten über die Jungen abgestimmt, die Engländer über die Schotten usw. Demonstrationen gegen den Brexit in London wurden als Bekundung interpretiert, die britischen Wähler hätten nun den Willen, die Abstimmung zu wiederholen. Vier Millionen Unterschriften einer Online-Petition wurden in diesem Sinne ins Feld geführt. In der Abstimmung am 23. Juni 2016 hatten jedoch 17,41 Millionen Wähler für den Austritt und 16,14 Millionen für den Verbleib Großbritanniens in der EU gestimmt, das heißt, nur etwa jeder vierte der Ja-Sager hatte die Online-Petition unterzeichnet.

Beliebte Zielscheibe der Polemik von Politikern und Medien in Deutschland war Boris Johnson, einer der prominentesten Befürworter des Brexit in der Konservativen Partei. So meinte ein *Spiegel*-Journalist namens Thomas Hüetlin (2. Juli 2016), es sei lediglich ein »Privatduell« zwischen Premier Cameron und Johnson gewesen. »Zwei Snobs, die sich eigentlich nur für sich selbst interessieren.« Tatsächlich hat Großbritannien niemals geduldet, dass jemand den europäischen Kontinent beherrscht und Britannien Vorschriften macht. Deshalb hat es Kriege geführt gegen Philipp II. von Spanien, Napoleon, Wilhelm II. und Hitler. Augenscheinlich war das Korsett, das in Brüssel seit Jahren geschnürt wird, für Großbritannien am Ende zu eng. Zumal es in vielem als deutsches Korsett gesehen wird, an dem die Brüsseler Bürokraten nur die Schnüre ziehen (Crome 2019). Johnson ist ein großer Verehrer von Winston Churchill, über den hatte er ein wichtiges Buch geschrieben, das viel nicht nur über diesen, sondern auch über den Autor aussagt (Johnson 2015).

Besorgt fragten Analytiker der britischen Regierung 1989/90, ob angesichts einer Konstellation, die aussah wie jene am Anfang des 20. Jahrhunderts, Europa dazu verurteilt sei, seine Geschichte zu wiederholen. Margaret Thatcher, damals Premierministerin, sah Großbritannien in einer Zwickmühle: »Der westliche Ansatz, Deutschland nach dem Krieg vermehrt einzubinden und alle eventuellen Hegemoniebestrebungen im Keim zu ersticken, war gleichzeitig auch der Weg zu einem immer enger zusammenarbeitenden Europa geworden. Die Unterstützung der Wiedervereinigung, für die Großbritannien als Nato-Mitglied und auch Thatcher selbst sich ein ums andere Mal ausgesprochen hatten, hatte sich aus Sicht der Premierministerin als Irrweg entpuppt: Entgegen ihrem Willen [...] schwächte diese Strategie das Vereinigte Königreich und trug zu einem von Deutschland beherrschten Europa bei.« (*www.spiegel.de*, 9. April 2013.)

Ganz in diesem Sinne stellte der britische Historiker Niall Ferguson die Frage: »Was wäre gewesen, wenn Großbritannien sich 1914 aus dem Krieg herausgehalten hätte? Wäre der Erste Weltkrieg nie ausgefochten worden, dann hätte die Konsequenz schlimmstenfalls so etwas wie ein erster kalter Krieg sein können, in dem fünf Großmächte weiterhin große Streitkräfte unterhalten, ohne jedoch ihr eigenes nachhaltiges ökonomisches Wachstum zu bedrohen. Wenn man andererseits einen Krieg geführt hätte, aber ohne Beteiligung Großbritanniens und der Vereinigten Staaten, dann hätten die siegreichen Deutschen wohl acht Jahrzehnte vor der Zeit eine Version der Europäischen Union geschaffen. [...] Wäre Großbritannien [...] im Abseits geblieben, hätte Kontinentaleuropa in etwas umgebildet werden können, das der Europäischen Union, wie wir sie heute kennen, nicht unähnlich gewesen wäre, jedoch ohne die massive Schwächung der britischen Macht in Übersee als Konsequenz der Beteiligung an zwei Weltkriegen.« (Ferguson 1999: 395, 397.) Unter einer solchen angelsächsischen Perspektive ist die Dominanz Deutschlands in Europa der folgerichtige Ausdruck der geopolitischen und geo-ökonomischen Verhältnisse auf dem Kontinent und in der Welt. Und die Weigerung Großbritanniens, sich dem unterzuordnen, Konsequenz einer jahrhundertelangen außenpolitischen Grundhaltung.

Boris Johnson wurde Premierminister und führte das Land zielstrebig aus der EU. Dass der Brexit als »Wille des Volkes« umgesetzt wird, sagte Johnson bereits kurz nach der Abstimmung, »bedeutet aber keineswegs, Europa zu verlassen«. Europa ist mehr als die EU, im Osten und seither auch im Westen des Kontinents.

Dilemmata einer linken EU-Politik

Die EU befindet sich in einer vielschichtigen Krise. Sichtbarer Ausdruck dessen sind der Brexit – erstmals geht die EU-Integration in die Breite nicht vorwärts, sondern zurück, eines der größten und wirtschaftlich stärksten europäischen Länder hat den Integrationsverbund verlassen. Die Austeritätspolitik, in deren Folge die gewählte griechische Regierung faktisch entmachtet wurde, wurde nicht abgeschafft, sondern angesichts Corona lediglich ausgesetzt. Die Krise der EU ist auch eine strukturelle Krise, die eine soziale und politische Krise ist und zugleich Wirtschaftskrise. Diese wiederum ist in Gestalt der Euro-Krise eine Finanz- und Bankenkrise, eine Verschuldungskrise, eine Konjunkturkrise, eine Nachfragekrise. Die marktradikale Krisenpolitik der EU-Institutionen und der Regierungen haben die Armut und die wirtschaftlichen Ungleichgewichte vergrößert. Die Flucht- und Migrationsbewegungen sowie die Corona-Krise haben das überdeckt, aber nicht beseitigt. Das Projekt der EU-Integration erlitt einen großen Vertrauensverlust.

Die Positionierung der Linken im Spannungsfeld zwischen Europäismus und Nationsbezug war immer kompliziert. Jeremy Corbyn, mit dem die britische Labour-Partei erstmals seit Jahrzehnten einen Linken an der Spitze von Partei und Unterhaus-

Fraktion hatte und in den auch viele Linke aus ganz Europa große Hoffnungen gesetzt hatten, scheiterte an dieser Stelle. Er hatte ein linkes innenpolitisches und Sozialprogramm, konnte sich aber nicht zu einer klaren, begründeten Position in Sachen für oder gegen den Brexit durchringen. Insofern hat ihn im Grunde der klare, konservative Nationalismus von Boris Johnson und Nigel Farage hinweggefegt. Das bedeutet, ein entschlossenes »Jein« einer linken oder sozialistischen Partei hilft definitiv nicht weiter. Insofern lassen sich folgende Punkte identifizieren:

Erstens hat die Linke in Deutschland seit je den pro-kapitalistischen bzw. neoliberalen und undemokratischen Charakter der EU kritisiert, aber auch vor Illusionen gewarnt, die sich oft mit der Idee eines Rückzuges auf Positionen der Nationalstaatlichkeit verbinden. Die Gründung der EWG/EG/EU war auch ein Produkt des Kalten Krieges. Die BRD sollte in einen europäischen Kontext eingebunden, ein neuerlicher »Sonderweg« Deutschlands nicht zugelassen werden und die antikommunistische bzw. antisowjetische Ausrichtung sollte gesichert sein. In diesem Sinne war die EU von Anfang an ein Projekt der bürgerlichen Eliten und Regierungen, der Oberschichten und Kapitaleigner, bei dem die Unterschichten, die Völker und Wähler nicht stören sollten.

Wenn dieses Projekt am Ende scheitern sollte, sind diese Regierungen und Oberschichten dafür verantwortlich. Es ist deren Projekt, das scheitert. Zugleich jedoch würden auch hier die arbeitenden Menschen, die »Subalternen« (Samir Amin) bzw. Unterklassen und Mittelschichten den Preis zahlen, weil sich ihre Lage sichtlich verschlechtert. Soll die Linke jetzt etwas verteidigen, das nicht ihre Wahl war? Das Diktum von der EU als »Friedensprojekt« – das ohnehin nur für das Binnenverhältnis in der EU zutreffend ist, nicht für die zunehmend militärische Außenpolitik und die aggressive Handelspolitik – zielt darauf, die Linke im Namen des Friedens und der vorgeblichen Segnungen des Globalismus und Europäismus für die Stützung dieses Krisenprojektes in Haftung zu nehmen. Soll sie dem folgen? Der Glaube ist verflogen, mit der EU die heutigen Probleme lösen zu können. Es ist aber nicht anzunehmen, dass es den Menschen in den EU-Ländern ohne diese Union besser gehen würde.

Zweitens wurde in der Linkspartei mehrfach von einem »Neustart« gesprochen. Was wäre das denn, in einem realpolitischen

Sinne? Es hieß zunächst, dass die Linke nicht ihrerseits aktiv auf einen Zusammenbruch der EU-Konstruktion hinarbeiten will. Aber was will, besser: kann sie statt dessen wollen? Wenn sich die Linken einig sind, dass die bestehenden Verträge schlecht sind, ist denn anzunehmen, dass es zu einem Kräfteverhältnis kommt, das eine einvernehmliche Veränderung der Verträge und damit der Verfasstheit der EU möglich macht? Eher nicht. Die realen Machtverhältnisse stehen dem entgegen. (Das galt schon vor dem desaströsen Bundestags-Wahlergebnis der Linkspartei am 26. September 2021.) Die EU ist nicht per se ein emanzipatorisches Projekt. Hinter dem Streben nach einem reibungslosen Funktionieren der EU verbirgt sich die alte Vorstellung von einem krisenfreien Kapitalismus. Die EU-Verträge folgen jedoch einer Wettbewerbslogik, nicht nur nach außen (die EU als Wirtschafts- und Handelsmacht in der globalisierten Welt gegen andere Wirtschafts- und Handelsmächte), sondern auch nach innen, zwischen den EU-Ländern. Insofern machen die deutsche Bundesregierung und die EU-Kommission nicht eine »falsche« Politik, sondern Interessenpolitik im Dienste des europäischen und deutschen Kapitals.

Unter der Voraussetzung, dass wir es nicht mit »Vereinigten Staaten von Europa« zu tun haben, in denen nicht nur einheitliche Regeln für die Bewegung von Märkten, Kapital und Personen gelten, sondern eine einheitliche Steuer-, Lohn- und Sozialpolitik realisiert wird, die auch eine Umverteilung zugunsten einheitlicher Lebensverhältnisse einschließt, setzt sich die dem Kapitalismus innewohnende Tendenz zur ungleichmäßigen Entwicklung von Firmen, Volkswirtschaften und Ländern auch innerhalb der EU durch. So bleibt die Frage, ob die EU reformierbar oder gar demokratisierbar ist, auf absehbare Zeit unbeantwortet. Insofern steht die an sich richtige Folgerung, aus der Forderung nach einem »linken Neustart« die Notwendigkeit einer Offensive für ein linkes Europa-Projekt abzuleiten, auf einem ziemlich wackligen Boden, zumindest solange relevante Mehrheiten dafür nicht sichtbar sind.

Drittens hat die Ungleichheit in den EU-Ländern und zwischen ihnen in den vergangenen Jahrzehnten sichtbar zugenommen. Damit zerstört die EU ihre eigenen Grundlagen. EU-Europa über das Geld zu einen, ohne zuvor eine Sozialunion oder eine Umwelt-Union zu schaffen, hat sich als Irrweg erwiesen. Die

Wettbewerbs-Union führt zu ihrer Zerstörung. Den deutschen Außenhandelsüberschüssen in der EU steht die Verschuldung der anderen Länder gegenüber. Auch innerhalb der Union gilt, dass der Saldo am Ende Null sein muss. Jeder Überschuss auf der einen Seite hat ein Defizit auf der anderen zur Voraussetzung. Die Folge ist, dass die Asymmetrie des Wachstums die wirtschaftliche Entwicklung in den Südländern der EU zum Erliegen gebracht hat. Bei der Einführung des Euro herrschte der Glaube vor, dass er Schutz bieten würde vor den Zumutungen der Globalisierung. Tatsächlich hat er die Probleme vergrößert. In Portugal, Spanien, Griechenland, Italien und sogar in Frankreich haben sich Deindustrialisierungsprozesse vollzogen, die auf absehbare Zeit irreversibel sind. Der Binnenmarkt als solcher führt zur Entindustrialisierung. Nur eine aktive Industriepolitik auf europäischer und auf nationaler Ebene – der wiederum die Marktregularien der EU entgegenstehen – könnte dem entgegenwirken. Die Stärkung der deutschen Exportindustrie ist die Kehrseite der industriellen Schwächung der anderen.

Und die hohe Arbeitslosigkeit, vor allem Jugendarbeitslosigkeit, in den Südländern auf der einen und die niedrige in Deutschland auf der anderen Seite sind deren sozialer und wirtschaftlicher Ausdruck. Die Arbeitslosenquote betrug im Mai 2021 in Griechenland 15,4 Prozent, in Spanien 15,3 Prozent, in Italien 10,5 Prozent, im Durchschnitt der Euro-Zone 7,9 Prozent und in Frankreich 7,5 Prozent. In Deutschland dagegen lag die Arbeitslosenquote zur selben Zeit bei nur 3,7 Prozent; ähnlich in den Ländern, die im engeren Sinne zur deutschen Wirtschaftszone gehören: Ungarn 3,9 Prozent, Polen 3,8 Prozent, Tschechien 3,3 Prozent und die Niederlande 3,3 Prozent (Angaben nach: *https://de.statista.com*, gesehen am 12. August 2021).

Viertens hat der kalte Putsch gegen die griechische Syriza-Regierung 2015 gezeigt, dass das Vertragsgefüge und die Institutionen der EU so verfasst sind, dass sie das neoliberale Wirtschafts- und Machtmodell in den einzelnen Ländern auch gegen den Willen der Bevölkerungsmehrheit, gegen das Parlament und die rechtmäßige Regierung des Landes durchzusetzen in der Lage sein sollen und sind. Damit ist im Sinne des Neoliberalismus ein Vorrang der Wirtschafts- und Profitinteressen gegenüber der Demokratie systemisch festgeschrieben und verankert.

Die Wiederherstellung des Vorrangs der Demokratie ist so die herausragende Forderung. Das bedeutet, es muss möglich sein, eine linke Politik oder zurückhaltender: eine soziale Politik im Dienste des Gemeinwohls auch dann zu realisieren, wenn die anderen oder die Mehrheit der anderen EU-Länder keine linke Regierung haben. Wenn die Linke »Vereinigte Staaten von Europa« nicht durchsetzen kann, eine einvernehmliche Variante der Änderung der EU-Verträge wegen der bestehenden Machtverhältnisse unmöglich ist und sie eine Rückkehr zum Nationalstaat nicht will, bliebe nur die Möglichkeit, der EU in den der Demokratie widersprechenden Fragen nicht mehr zu gehorchen. Wie weit aber ginge das, ohne das Schicksal der griechischen Regierung zu erleiden? Genau das ist es, was die rechten Regierungen in Ungarn und Polen gerade versuchen. Stellt sich die Linke hier auf die Seite der national-orientierten Rechten oder unterstützt sie die EU-Kommission? Wohl wissend, dass es jeder linken Regierung ebenso ergehen würde.

Fünftens bleibt am Ende die wesentliche und zutiefst praktische Frage, was in Deutschland zu tun ist. Deutschland als wirtschaftlich stärkste Macht auf dem Kontinent hätte im Zweifelsfalle selbstverständlich ganz andere Spielräume für eine alternative Politik, nicht nur als Griechenland, sondern als jedes andere Land EU-Europas. Ein einseitiger Austritt Deutschlands aus der EU oder der Euro-Zone würde jedoch die Stellung Deutschlands in Europa und in der Welt drastisch verändern. Das bisherige Exportmodell würde zusammenbrechen, sechs Millionen Arbeitslose würden auf der Straße liegen, die Sozialsysteme könnten nicht mehr wie bisher funktionieren. Eine Verantwortung für so etwas kann eine deutsche Linke nicht übernehmen, ohne ihre eigenen politischen Positionen zu zerstören. Die Wahlerfolge der rechten Parteien, nicht nur in Deutschland, zeigen ohnehin, dass sich große Teile der Arbeiterschaft und der Mittelschichten von links nicht mehr verstanden, vertreten und repräsentiert sehen. Wie aber würde eine alternative Politik in Deutschland aussehen, die zugleich sozial nach innen und solidarisch nach außen ist?

Unter einem kritischen analytischen Blick muss festgestellt werden, dass die Mehrheit der deutschen Bevölkerung heute objektiv – ungeachtet der großen Zahl prekär Beschäftigter, von Rentenkürzungen und Sozialabbau im Innern – an den derzeitigen Exportüberschüssen partizipiert. Die oben angeführten Daten zur Arbeitslosigkeit zeigen das deutlich. Das ist »Sozialimperialismus« im 21. Jahrhundert: die Einkünfte aus der Ausbeutung des Welthandels und der Welt werden durch die Herrschenden auch eingesetzt, um die heimische Bevölkerung ruhig und bei Laune zu halten. Der Wirtschaftswissenschaftler Hartmut Elsenhans hatte das 2016 in einer Rezension zu einem Buch von Yanis Varoufakis, der in der entmachteten Syriza-Regierung Finanzminister war, sehr zugespitzt so formuliert: »Es sind nicht die Mächtigen, die Minister Schäuble repräsentiert. Fast alle Deutschen sehen ihr Heil in permanenten Exportüberschüssen. Hier liegt die eigentliche Aggression des postfaschistischen Deutschlands gegen den Rest der Welt: Aus dem Volk ohne Raum ist das Volk der drohenden Handelsbilanzdefizite geworden. Es glaubt an den Exportüberschuss wie zuvor an die territoriale Revision des Versailler Vertrags. Wer hat die Macht, dieses Vertrauen zu erschüttern und das deutsche Volk vor der Keitelschen Einsicht in Nürnberg zu bewahren, dass, was moralisch gut gemeint war, politisch verbrecherisch war?« (*WeltTrends*, Heft 120, Oktober 2016: 56f.)

Aus Sicht linker Politik-Ansätze ist es wichtig, die Funktion des Redens der Regierenden und Herrschenden von »Neuer Verantwortung Deutschlands« in der Welt und in Europa deutlich zu machen und bloßzustellen, nicht aber das Wort »Verantwortung« aus dem Verkehr der außenpolitischen Debatten zu ziehen. Die wollen mehr Militär, mehr militärische Einsätze in verschiedenen Teilen der Welt einerseits und mehr aggressive Handelspolitik andererseits. Das »Interesse der Gesamtnation« (August Bebel) braucht jedoch mehr Friedenspolitik, die auf Entspannungspolitik, De-Eskalation, Einhegung und Beseitigung von Konflikt- und Krisenherden in der Welt zielt und zugleich auf einer anderen Abrüstungs-, Kooperations-, Europa- und Handelspolitik beruht. Insofern geht es um »mehr Verantwortung«, auch für Europa, aber in einem völlig anderen Sinne, als die derzeit Regierenden meinen.

Kapitel 2

Nation – Ausdeutungen

Die Nations-Studie für die Rosa-Luxemburg-Stiftung (Crome 2001) war dann auch Ausgangspunkt für eine nachfolgende, recht kontroverse Debatte in der Wochenzeitung *Freitag*, die anschließend in einem Band der »Edition Freitag« als Textsammlung publiziert wurde (Jäger 2002). Diskutanten waren unter anderen Michael Jäger vom *Freitag*, der damalige PDS-Bundestagsabgeordnete Winfried Wolf, Sahra Wagenknecht, der Publizist Alfred Schobert, der Schriftsteller Leander Scholz und der Philosoph Peter Ruben.

Der Beitrag Rubens war einer der späteren und er konnte bereits auf einige der vorherigen Texte Bezug nehmen. Ruben bestand dringend auf dem Nationsbegriff und dem Nationsbezug und setzte sich mit der Position auseinander, unter Verweis auf Jürgen Habermas zu proklamieren, »eine deutsche Nationalgeschichte [könne] nicht mehr fortgesponnen werden«, denn sie sei »auf Auschwitz hinausgelaufen«. Richtig ist, so weiter Ruben, Auschwitz war »eine bestialische Ungeheuerlichkeit«. In der Existenz des Hitlerfaschismus habe die deutsche Nation jedoch nicht »ihr Telos« realisiert. (»*Telos«, griechisch »Ziel« oder »Zweck«, ist gemäß der antiken Philosophie [Aristoteles] eine Vorstellung, wonach allen Dingen und Erscheinungen ein innerer Zweck innewohnt, dem sie folgen und der schließlich ihr Wesen zur Kenntlichkeit bringt, daher »Teleologie«*)

Die deutsche Nationalgeschichte wurde »trotz des Habermasschen abschlägigen Bescheids fortgesetzt«, nicht zuletzt »im international goutierten Beitritt der DDR zur BRD«. Besonders kritisiert Ruben jene Kritiker, die – wieder unter Berufung auf Habermas – forderten, die Deutschen sollten »auf ihre Nationalität verzichten, sich für die Menschenrechte engagieren und sich als Weltbürger verhalten«. Er merkt an, das sei »fleißig von Schiller abgeschrieben«, und entgegnet: »Wie aber, wenn die Welt noch gar keine Bürger haben kann (ja nicht einmal Europa)? Wie aber, wenn die deutsche Nation längst gebildet ist?«

Ruben greift sodann Schoberts Plädoyer für eine »Kritik der deutschen Nation« auf und betont: »Er vergisst, dass die Anti-Hitler-Koalition die Waffe der Kritik durch Kritik der Waffen im Kriege gegen Nazideutschland und im anschließenden Besatzungsregime ersetzt hat. Resultate dieser Kritik sind unter anderem die Westverschiebung der Nation und die Reduktion ihres Territorialvermögens. Resultat war auch die deutsche Spaltung, die seit 1947/48 unaufhaltsam – und mit Zustimmung der deutschen Politiker auf beiden Seiten der Front des Kalten Krieges – betrieben worden war. Diese Zustimmung sicherte unter anderem das schnelle Verdrängen der Nazi-Vergangenheit, die Etablierung der parlamentarischen Demokratie im Westen, der kommunistischen Parteiherrschaft im Osten Deutschlands – und die Bereitstellung deutscher Soldaten für fremdes Kommando auf beiden Seiten des Eisernen Vorhangs.« Frühere Fehlentwicklungen und die allseitige Katastrophe der Nation dürften nicht dazu veranlassen, »um der Abwendung künftiger Katastrophen willen die Wirklichkeit der Nation zur bloßen Fiktion erklären [zu] wollen« (Jäger 2002: 39-43).

Das Problem der »Sonderrolle«

Zu jener Zeit sagte ein alter Freund, der die Debatte zur Nation im *Freitag* verfolgt hatte, es sei doch eigentlich erstaunlich, wie die Alt-68er und ihre Nachfolger Monstranzen vor sich hertragen, auf die sie nicht verzichten wollen, deren Inhalte sie aber auch nicht mehr kritisch zu reflektieren vermögen. So sei es schon merkwürdig, mit welchem Eifer etwa Alfred Schobert auf einer deutschen »Sonderrolle« beharrt, ohne sich dessen bewusst zu sein, dass – drückte derlei Proklamation einen sozialhistorischen Sachverhalt aus – noch immer Adolf Hitler die politische Tagesordnung in diesem Lande bestimmen würde.

Hinzu kommt, dass solch scheinbar weltbürgerliches Gutmenschentum eben nicht Rücksicht darauf nimmt, welche Wirkungen dies außerhalb inner-deutscher Diskurse hat. So schrieb die polnische Autorin Anna Wolff-Poweska zur selben Zeit in einer Debatte über die Welt nach dem 11. September, »auch der supranationale Eifer, den die Deutschen seit Konrad Adenauer immer wieder an den Tag gelegt haben, [weckt] Misstrauen bei den Völkern, die sich durch die Sowjetunion unterdrückt gefühlt haben und, nachdem sie diese Ketten gesprengt haben, endlich ihre nationale Souveränität ausleben wollen. Möchten sich die Deutschen durch das Zurückstellen ihrer nationalen Interessen nicht in Wirklichkeit nur ihrer internationalen Verantwortung entziehen? Oder täuschen sie den Verzicht auf nationale Ambitionen nur vor, um ihr überlegenes Potential um so leichter zur Geltung bringen zu können?« (Wolff-Poweska 2001: 124.)

Das schien damals eine vereinzelte warnende Stimme zu sein und konnte als Ausdruck einer besonderen polnischen Befindlichkeit betrachtet werden, war doch die Autorin zugleich Direktorin des West-Instituts in Poznan, das sich seit 1944 vor allem mit den deutschen Angelegenheiten befasst. Zwanzig Jahre später ist offensichtlich, dass Deutschland, das früher vor allem mit dem Säbel rasselte, im 21. Jahrhundert seine weltpolitischen Ambitionen unter einer Hülle von Wertegerede und Moralin verbirgt (Crome 2019).

In jüngerer Zeit untersuchte der konservative, »pro-atlantische« Journalist Josef Joffe, einer der Herausgeber der Hamburger *Die Zeit*, die »Wiedergutwerdung« der Deutschen als Mittel der Außenpolitik. Er sieht die Ursprünge ebenfalls bereits bei Konrad Adenauer. Das Wesen von dessen Staatskunst, so Joffe, war »die Verschleierung von Interessen«. Der Stil der neuen Außenpolitik schien »Lichtjahre« von der alten entfernt: »Interessenpolitik im Gewande der Idealpolitik, Selbstbindung als Befreiung, der moralische Gestus als realpolitisches Instrument« (Joffe 2018: 18, 80). Deutschland ergatterte einen »Platz an der Sonne« – den Bernhard von Bülow, einst kaiserlicher Reichskanzler, für Deutschland gefordert hatte –, »ohne einen einzigen Schuss abfeuern zu müssen«. Joffe betont, dass es einen interessenlosen Staat nicht gibt, lehnt es aber ab, die gegenwärtige Außenpolitik (das war die von Angela Merkel) als Heuchelei zu etikettieren. Die »Wiedergutwerdung« wurde zur »deutschen Zivilreligion«, nach der Devise: »So reden wir, das glauben wir, so sind wir«. Das heißt, alle Beteiligten glauben an ihr Reden und Tun: »Wir sind die Friedensmacht, Machtpolitik betreiben andere; wir stehen für Verantwortungspolitik: nie wieder Krieg, nie wieder Selbstüberhebung, nie wieder nackte Interessenpolitik. Wir gehen mit gutem Beispiel voran, sei's bei der europäischen Einigung, dem Atomausstieg, der Energiewende zugunsten der Erneuerbaren oder bei der Flüchtlingspolitik. Wir verkörperten einst das Böse. Jetzt stehen wir für das Gute, also sind wir auch gut. Und wer gut ist, betreibt keine schnöde Interessenpolitik« (ebenda, 131). Wurde der Machtanspruch Anfang des 20. Jahrhunderts aus der Überlegenheit der »deutschen Kultur« und im Nazireich aus der der »Rasse« abgeleitet, so heute aus der moralischen Überlegenheit dessen, der aus seiner Geschichte und seinen Verbrechen gelernt hat.

In diesem Sinne war die Ablehnung vor zwanzig Jahren, über die Nationsthematik auch nur diskutieren zu sollen, im Grunde ein Vorgriff auf die heute politik-konstituierende »Wiedergutwerdung«. Wer, mit welcher argumentativen Volte auch immer, eine »Sonderrolle« der Deutschen proklamiert, weckt Befürchtungen bei den europäischen Nachbarn, und zwar nicht nur im Osten. Insofern ist eine Debatte darüber, was Deutschland bzw. die deutsche Nation denn nun ist im 21. Jahrhundert, welche Interessen sie hat und welchen Platz in Europa sie einnimmt, gerade Bedingung dafür, Vertrauen und Sicherheit in Europa zu befördern.

Das ist für etliche Linke besonders problembehaftet. Da mit dem Realsozialismus der große Gesellschaftsentwurf gescheitert war, zieht sich das Links-Sein in das subjektive Meinen des Gut-Sein-Wollens zurück, verliert dabei jedoch seine geistige Kraft. Der Verzicht auf sozialtheoretisches Erkennen ratifiziert die Unterordnung der Linken unter den Geist der Zeit. Hier aber gilt, mit Goethe: »Was ihr den Geist der Zeiten heißt,/ Das ist im Grund der Herren eigner Geist,/ In dem die Zeiten sich bespiegeln« (Goethe 1996: 26). Insofern steckt in dem frivolen Missbrauch von Auschwitz, daraus ein Verdikt gegen sozialtheoretisches Erkennen zu machen, nicht nur eine »üble Denunziation«, wie Peter Ruben in den Meinungen einiger Diskutanten ausgemacht hatte, sondern auch eine Kapitulation vor dem Zeitgeist. Es ist dies zugleich der wesentliche Unterschied zwischen Ruben, der auffordert, an den Kategorien und mit ihnen zu arbeiten, und Habermas bzw. seinen Interpreten. Es ist die Differenz zwischen einer sozialtheoretischen Sicht, die auf das Objektive zielt, trotz oder wegen des Fiaskos des Realsozialismus, und der subjektiven Welt des Meinens.

Bereits zu der Zeit, da jene *Freitags*-Debatte geführt wurde, war eine Diskussion um die Nation und ihr Verhältnis zur EU tatsächlich dringend. Es begann die Aussprache über eine europäische Verfassung und was der damals einberufene »EU-Konvent« dabei zu leisten haben sollte. (Dass diese EU-Verfassung später scheiterte, weil sie in Frankreich und in den Niederlanden in Volksabstimmungen 2005 abgelehnt wurde, und später der Lissabon-Vertrag an deren Stelle gerückt wurde, ist ein anderes Thema.) Der US-amerikanische Politologe Philippe C. Schmitter beispielsweise sah in dem vielzitierten »Demokratiedefizit« der EU eines ihrer Hauptprobleme. Das aber bestehe nicht darin, dem Europäischen Parlament ein größeres Gewicht zu geben. Das Problem besteht vielmehr darin, dass unter dem EP kein europäisches Parteiensystem steht, das es trägt.

Die Idee einer »europäischen Verfassung« zielte nach Schmitter darauf: Wenn es schon keinen europäischen »demos« gäbe, dann solle dieser »demos« über die Verfassung geschaffen werden. Für Schmitter galt dies als eine typisch deutsche Professoren-Idee. Er erklärte, wenn man ernsthaft versuchen sollte, einen »Kompetenz-Katalog« zu verabschieden, werde die EU nicht mehr funktionieren. Es reiche völlig aus, die Grundrechte festzuschreiben und den Schutz der Menschenrechte zu verankern, und das ist bereits geschehen. Erforderlich sei vielmehr eine »Politisierung« der Union; die Menschen sind immer stärker von Entscheidungen der EU bzw. der Kommission betroffen; sie müssten lernen, sich dazu politisch zu verhalten, in einer sich entwickelnden »europäischen Zivilgesellschaft«, die nur ein Gefüge verschiedener Bewegungen und Nichtregierungsorganisationen sein könne (Schmitter 2000).

Die Frage aber, was angesichts dessen getan werden sollte, war damals nicht und ist heute nicht zu beantworten, ohne die EU als Gefüge von Staaten, Regionen und Nationen zu begreifen. Das aber setzt einen Begriff der Nation voraus, der für alle Nationen gilt, und nicht für die einen sehr wohl und die anderen, hier die Deutschen, wiederum nicht. Womit wir wieder bei der Dringlichkeit einer Debatte wären, wie sie der *Freitag* damals dankenswerter Weise zu initiieren versuchte, und die leider in vielem qualvoll ideologisch verlief – eben sehr »deutsch«.

In seinem noch immer – und immer wieder – aufschlussreichen Roman »Erfolg«, der in Bayern Anfang der 1920er Jahre spielt, schrieb Lion Feuchtwanger: »Die Bayern hatten sich nicht immer als Deutsche gefühlt. Ihr erster König war in französischen Diensten gestanden und hatte seinen Sohn, den späteren König Ludwig I., nach seinem französischen Souverän genannt. Ihr letzter König, Ludwig III., trug aus einem Krieg zwischen Bayern und Preußen bis zu seinem Ende eine preußische Kugel in der Hüfte. Es war nicht viel mehr als hundert Jahre her, dass ein beamteter bayrischer Wissenschaftler, um den Eintritt des Landes in den Napoleonischen Rheinbund auch ethnologisch zu fundieren, ein Memorandum ausgearbeitet hatte, die Bayern seien ihrer Natur nach Kelten, mit viel mehr inneren Bindungen an Frankreich als an Preußen. In der letzten Zeit waren von neuem Rheinbundpläne aufgetaucht. Man spielte, schon um aus dem Reich noch mehr als das Erlangte herauszuquetschen, sehr behutsam mit der Idee eines zu gründenden Staatsbundes, der von Frankreich über Süddeutschland nach der Tschechoslowakei und Polen reichen sollte.«

Unter dem Modernisierungsdruck des 20. Jahrhunderts erwies sich jedoch: »Ihr Privatstaat war zu teuer, sie mussten sich in das Ganze des Reichs schicken, konnten sich ihre politischen und kulturellen Extrawürste nicht mehr leisten. Aus Instinkt wurden sie Nationalisten, denn sie ahnten, dass nur die Rücksicht auf die Versorgung im Kriegsfall den deutschen Bauern hielt. Aus Instinkt wurden sie, Mischlinge aus slawischem und romanischem Blut, germanische Rassenschützler, weil sie so am besten das bodenständige Bauerntum zu verteidigen glaubten gegen den zukunftsträchtigeren landfremden Nomadentyp.« (Feuchtwanger 1973: 301, 501.)

Dieses Beispiel enthält im Grunde alle Elemente, die man in Bezug auf die Nations-Problematik kritisch zu debattieren pflegt:

➤ die vergleichsweise Beliebigkeit der Zuordnung einer respektiven Bevölkerung zu einer Nation, hier der Bayern zu den Deutschen;

➤ die Prostitution der vorgeblich wissenschaftlichen Argumentationsfiguren auf den politischen Zweck hin, hier die »keltische« vs. die »germanische« Herleitung;

➤ die Ausnutzung dieser Begründungen für politische Auseinandersetzungen unterschiedlicher Elitengruppen: hier geht es
um bayerische Erpressungsversuche gegenüber der Regierung des
deutschen Gesamtstaates (Anfang der 1920er Jahre noch des »Reiches«);

➤ die nationalistische bzw. inzwischen sogar rassistische Ideologie als Verbrämung wirtschaftlicher Zwecke und Interessen.

Auf den ersten Blick bewegen wir uns im Reich der Ideologie
und der Politik. Bei genauerem Hinsehen erweist sich allerdings,
dass weder die Interessen noch die Begründungsfiguren beliebig
sind. Es sind immer nur bestimmte Varianten aus einem vorhandenen Möglichkeitsfeld realisierbar. Der Konstruktivismus hat
seine Grenzen. Er kann nur zusammenfügen oder ausformen, was
bereits vorhanden oder in Bezug auf das Vorhandene konstruierbar ist.

Die Fragestellung

Ein wohl prägendes Charakteristikum von Debatten um das Nations-Problem ist das Aneinander-Vorbeireden, sind Unterstellungen und Missverständnisse. Die Antwort wird durch die gestellte
Frage gleichsam vorstrukturiert. Dies hängt mit der jeweils
gewählten, dabei aber unterschiedlichen Perspektive zusammen.
Ähnlich fragte schon vor Jahren der Soziologe Wright in anderem
Zusammenhang: »Wenn Klasse die Antwort ist, was ist dann die
Frage? Unterschiedliche Traditionen der Klassenanalyse betten
den Klassenbegriff in unterschiedliche Erklärungszusammenhänge
ein.« Die einen fragen nach den Unterschieden der Schichtungssysteme »moderner« im Vergleich zu vormodernen Gesellschaften,
die anderen nach der Rolle der sozialen Herkunft für die Verteilung individueller Entwicklungschancen, die Dritten – im damals
marxistischen Sinne – schließlich nach dem Wesen sozialer Konflikte und der Perspektive der sozialistischen Revolution. Bei »derartig divergierenden Erklärungszielen« wird folgerichtig »auch der
Klassenbegriff in den verschiedenen Theorietraditionen recht
unterschiedlich definiert« (Wright 1985: 238).

Folgen wir dieser Herangehensweise, so ergibt sich: Wenn
Nation die Antwort ist, was ist dann die Frage? Für Historiker und

historisch orientierte Politik- und Sozialwissenschaftler, für unzählige politisch Interessierte war und ist die Untersuchung der Geschichte des Nazi-Reiches und seiner Entstehung sowie seiner Ursachen eine zentrale Frage. Und hier wiederum kommt der NS-Ideologie wesentliche Bedeutung zu. Oder anders gesagt: Ohne Nazi-Ideologie hätte es keine Nazi-Herrschaft und folgerichtig weder den Zweiten Weltkrieg noch den Holocaust gegeben. »Das Deutschland des Jahres 1939 war nicht mit dem Deutschland des Jahres 1914 zu vergleichen, und nicht etwa nur deshalb, weil Adolf Hitler nicht mit Wilhelm II. zu vergleichen war. Das neue Deutschland war ein nationalsozialistisches Deutschland geworden, ein Drittes Reich, die Verkörperung einer Ideologie, die ein wesentliches, vielleicht das wesentliche Merkmal seines damaligen Charakters und seines Verhaltens ausmachte.« (Lukács 1993: 25, Hervorhebung im Original.)

Kern der Nazi-Ideologie war in der Tat zunächst Nationalismus, das nationale Ressentiment, schließlich Rassismus. Bei einer verkürzten Sichtweise ist dann schon das Wort »Nation« von Übel. Alles, was auch nur mit dem Thema »Nation« zu tun hat, wird denunziert, ähnlich wie ein strenger Katholizismus es für das beste Mittel gegen den Teufel hält, nicht von ihm zu reden. Hier lagerte sich im Laufe der Zeit ein idealistischer Diskurs an, der in der Geschichte nach Sinn sucht, nach einem »Telos«. In der deutschen Geschichte sei die Nation auf »Auschwitz« zugelaufen, dies sei die Konsequenz der Nationalgeschichte, und also hätten die Deutschen das Recht auf eine Nationalgeschichte nach 1945 verloren. Was im Umkehrschluss dann hieße: Wer von der Nation redet, ignoriert »Auschwitz« oder reproduziert dessen historische Voraussetzungen. Die tatsächliche Verantwortung der Deutschen für die Ermordung der europäischen Juden, am Zweiten Weltkrieg und an zahllosen Kriegsverbrechen wird in einen Schuld-Diskurs überführt, der analytische Diskurse unterbinden soll.

Bei dieser Denkfigur wird völlig ausgeblendet, dass die deutsche Linke schon unter zeitgenössischer Perspektive wusste, dass die Nazi-Herrschaft im Wesen nicht national, sondern antinational war. »Wenn der Trommler seinen Krieg beginnt«, schrieb Brecht in seinen »Deutschen Marginalien« (1936-1940), »Sollt ihr euren Krieg fortführen …/ Tapfer wird sein, wer gegen ihn kämpft./ Klug wird sein, wer seine Pläne vereitelt./ Nur wer ihn besiegt, wird Deutschland erretten.« (Brecht 1968: 172.) Die zweite Frage ist die nach der sozial-theoretischen Analyse der modernen Gesellschaft. Hier wird nach dem Zusammenhang von Kapitalismus, Moderne und Nation als – für zumindest etliche Entwicklungsphasen – adäquatem Zusammenschluss von Menschen gefragt: nicht nach einem Telos der Geschichte, sondern nach ihren real-, sozial-, wirtschafts- und geistesgeschichtlichen Verläufen. Eine zentrale Problemstellung ist hier die Frage nach der Gesellschaft und ihrem Verhältnis zur Gemeinschaft. Die deutsche Vereinigung von 1990 und auch die Verselbständigungen etlicher Nationen im Osten Europas nach dem Kommunismus machen deutlich, dass die Nation-Bildungsprozesse auch in Europa historisch nicht abgeschlossen sind. Um dies analytisch anzugehen, braucht es einen kategorialen Apparat – insbesondere einen sozial-theoretischen Begriff von der Nation, der für alle Nationen gilt und von individuellen Nationalgeschichten zunächst absieht (Crome/Franzke 1993).

Drittens wird unter politikwissenschaftlicher und demokratietheoretischer Perspektive (im Sinne der französischen Revolution und der amerikanischen Unabhängigkeitserklärung von 1776) nach dem Zusammenhang von politischen Freiheits- und Partizipationsrechten, Verfassung und Demokratie gefragt. Hier ist die Nation – oder sind in einem multinationalen Staat die Nationen – die Grundlage des Verfassungsstaates.

Die vierte Frage schließlich ist die nach der Europäischen Union und ihrem Verhältnis zu den Nationen. Die Nationalwirtschaften, die ursprünglich mit der Nation und dem Verfassungsstaat entstanden, sind längst in den integrierten Wirtschaftskreisläufen des Marktes der Union aufgegangen, und der Nationalstaat gibt immer mehr Kompetenzen an Brüssel ab; dennoch bleiben die Nationen als Sprach-, Kultur- und politische Gemeinschaften innerhalb der Union noch für lange Zeit bestehen.

Je nachdem, welche dieser Fragen gestellt wird, ergibt sich eine je unterschiedliche Antwort, eine jeweils andere Sicht auf die Nation. Absichtliche oder nicht-intendierte Misshelligkeiten in der Debatte ergeben sich rasch, wenn eine gegebene Antwort an einer anderen Frage gemessen wird.

Die Unterscheidung von Gemeinschaft und Gesellschaft geht in der Soziologie und im weiteren Sinne den Sozialwissenschaften auf Ferdinand Tönnies zurück. Tönnies ging davon aus, dass »die bisherige wissenschaftliche Terminologie« Gemeinschaft und Gesellschaft »ohne Unterscheidung nach Belieben zu verwechseln« pflegt (Tönnies 2005). Peter Ruben hat diesen Ansatz rekonstruiert; er hebt hervor, dass »die Gemeinschaft durch die unmittelbare Kooperation in der Erhaltung des physisch en Lebens via Produktion realisiert« ist, »die Gesellschaft aber durch den Austausch, durch den Handel« (Ruben 1998: 6).

Die Gesellschaft tritt der Gemeinschaft nicht zuletzt in Gestalt des Weltmarktes gegenüber. Folgt man diesem Verständnis, so ist zunächst davon auszugehen, dass Gemeinschaft und Gesellschaft nicht, wie von etlichen zeitgenössischen Geistes- und Sozialwissenschaftlern unterstellt, einen konträren Gegensatz darstellen. Auch ist Gemeinschaft nicht eine niedere Form, etwa weil in ihr die bürgerliche Distinktion der Gesellschaft nicht gelte. Wenn es wahr sein sollte, dass die Vermarktlichung – wie von der neoliberalen Ideologie unterstellt – zunehmend alle Seiten des menschlichen Lebens erfasst, liefe das auf die Auflösung der bestehenden Vergemeinschaftungsformen hinaus. Vielleicht ist der Rückgang der Geburtenrate in Deutschland ja gerade Ausdruck des marktförmigen Verhaltens weiter Teile der deutschen Mittelschichten. Was die Folge wäre, zeigen die Debatten um Zuwanderung: Schon aus Gründen des Produktionsapparates, der hierzulande installiert ist, wäre die einfache Reproduktion der Bevölkerung nur durch Menschen auszugleichen, die in anderen Gemeinschaften aufgewachsen sind.

Die öffentliche Thematisierung von »Ehrenamt« bzw. »Zivilgesellschaft« und häuslicher Arbeit zeigt augenscheinlich, dass die Gesellschaft bei Strafe ihres Untergangs nicht die Gemeinschaftsformen aufzehren kann. Beide sind nicht Geschöpfe von Willensentscheidungen, sondern Ausdruck der wirklichen Existenz und Bewegung menschlicher Bindungen als positiver Verbindungen der Menschen in ihrem Lebensprozess, die wiederum aus den materiellen Lebensverhältnissen erwachsen. Es handelt sich um »einen unaufhebbaren Dualismus«, der jedoch in einem beständigen Spannungsverhältnis steht. »Wird durch den Austausch keine einfache Reproduktion (Gleichgewicht) bewerkstelligt, sondern Innovation, so stellt die gesellschaftliche Bewegung die Struktur der beteiligten Gemeinschaften in Frage und zwingt sie zur Reorganisation, zur Reform. Dadurch tritt der Schein der Feindlichkeit der Gesellschaft gegen die Gemeinschaft ein. […] Er bleibt aber ein Schein, weil die Gemeinschaft schon um den Preis der physischen Erhaltung der Gattung gar nicht beseitigt werden kann.« (Ebenda, 7.) Der Dualismus von Gemeinschaft und Gesellschaft erklärt sich hinreichend – nach Tönnies wie nach Ruben – aus dem Verhältnis zwischen Produktion und Austausch.

Die Nation ist, dies die Folgerung aus der Unterscheidung von Gemeinschaft und Gesellschaft nach Tönnies und Ruben, eine Verbindung von der Art der Gemeinschaft. Zentraler Ausdruck des vergemeinschafteten Interesses ist die Steuerpolitik. Der Staat hat ein akzeptiertes Recht auf die Erhebung von Steuern, weil die Beteiligten bzw. die Betroffenen davon ausgehen, dass es gemeinschaftliche Interessen gibt, denen der nationale Gemeinschaftsverband nachzukommen bestrebt ist. Der »Staat« als bloßer Mechanismus gerät in eine recht zwielichtige Lage, Geld zu erpressen, für das er keine Gegenleistung zur Verfügung stellt, wenn nicht in seinem Hintergrund die Gemeinschaft der Nation unterstellt ist. Nur weil sie ideell den Staat autorisiert, kann dieser Steuern erheben und sie nach Bedürfnissen, die nicht an Leistungen gekoppelt sind, verteilen.

Dieser Prozess wird überlagert von der Globalisierung, die den bereits existierenden Nationen ihre Bedingungen aufzunötigen bestrebt ist und den sich noch herausbildenden Nationen Hindernisse in den Weg legt. Da eine Weltregierung die Weltgesellschaft in absehbaren historischen Zeiträumen nicht zu ordnen vermag, bleibt dies ein naturhistorischer, das heißt hier: anarchischer Prozess, der auch immer wieder mit Gewaltausbrüchen, kriegerischen und anderen Auseinandersetzungen bzw. Konflikten verbunden ist. Ein Beitrag zur Verfriedlichung kann über außenpolitisch-diplomatische Einflussnahmen deutscher und (EU-)europäischer Politik sowie die Stärkung der UNO erfolgen.

Für die Nationen im Rahmen der EU ist der Integrationsprozess einerseits Moment der Globalisierung, indem dem Integrationsverbund Funktionen übertragen werden, die in der Vergangenheit von den Nationalstaaten wahrgenommen wurden. Andererseits ist er zugleich ein Schutzverbund gegenüber den Zumutungen der größeren, gleichsam »globalen« Globalisierung. Der Nationalstaat hat in diesem Prozess an Regelungskompetenzen verloren, die insbesondere mit Wirtschaft, Zöllen und Kapitalverkehr zu tun haben. Auch die »souveräne« Fähigkeit, Kriegsführung zu betreiben, zumal um den Preis von Kriegsverbrechen, ist seit dem Nürnberger Gerichtshof, dann verstärkt durch die Ahndung der Massaker in Südosteuropa in den 1990er Jahren, immer mehr begrenzt worden. Übrig bleibt ein Torso der Souveränität, der zu tun hat mit der Verfassungsordnung, der eingeübten Praxis der Rechtsprechung – insofern ist die Idee vom »Verfassungspatriotismus« nicht völlig von der Hand zu weisen, weil sie einen bestimmten Ausschnitt der Praxis des Nation-Zusammenhangs in den Vordergrund rückt –, aber auch mit dem Bildungssystem, der Sprachpflege bzw. der staatlich präferierten Hochkultur.

Zugleich aber gilt: Nur dann, wenn man Gemeinschaft und Gesellschaft als zwei verschiedene Verbindungsformen von Menschen zu verorten vermag, die gleichzeitig bestehen und wirken und nicht ineinander übertragbar sind, ist der neoliberale Angriff auf die national-staatliche sozialpolitische Verantwortung abzuweisen. Innerhalb der national-staatlichen Gemeinschaften wird versucht, den Staat aus der wirtschaftlichen Tätigkeit zu verdrängen, auch wenn er insistiert, dass es bei der Abwasserreinigung beispielsweise um ein primäres Gemeinwohlinteresse geht, das noch niemand profitabel zu betreiben vermochte, oder darauf verweist, dass das eindrucksvollste Ergebnis der Privatisierung der Eisenbahn in Großbritannien eine Serie von Unfällen war. Zwischen den Gemeinschaften versucht der Neoliberalismus – als Geist und als Politik – die »Standorte« gegeneinander auszuspielen.

Die Nation als Gemeinschaft und die Gesellschaft der Kapitalverwertung bewegen sich in unterschiedlichen Raum-Zeit-Strukturen. Der Raum der Nation ist begrenzt, der Zeithorizont lang. Denken wir an die immer wieder aufwallenden Rentendebatten in Deutschland, so sind die ältesten Rentner an die einhundert Jahre alt und der Zeitraum, für den die jeweilige Reform veranschlagt wird, drei Jahrzehnte, so erhalten wird einen zeitlichen Zusammenhang von Politik bzw. gesellschaftspolitischer

Regelung, der insgesamt einhundertdreißig Jahre umfasst. Der Raum der Kapitalverwertung dagegen ist angesichts der Globalisierung faktisch unbegrenzt, die Zeit auf einen Punkt zusammengeschrumpft – der Profit aus den Anlagen der Hedge-Fonds oder der Währungs- und Aktienspekulation an den Börsen soll sofort fließen, sonst kommt er nie.

Grenzen der Solidarität

Nun ist eine Gemeinschaft von der Art der Nation kein Ort allgemeiner Glückseligkeit. Die Auseinandersetzungen mit den Behörden, den Hütern der Kassen, sind immer wieder neu zu führen, und es bleiben Auseinandersetzungen. Die Frage ist nur, welche Voraussetzungen des Zugangs zu den Leistungen die Mühseligen und Beladenen, die sozial Schwachen haben. Hier wirkt immer die soziologisch untersuchbare Logik von Eigen- und Fremdgruppe, in-group und out-group, und zwar auch bezüglich des Verhaltens der Staatsbürger oder Nations-Zugehörigen.

Die depravierten Unterschichten der entwickelten Länder werden stets von sich selbst ausgehen und für sich eine Versorgung durch die Gemeinschaft einfordern, die sie armen Zuwanderern aus den Ländern der Peripherie nicht zubilligen wollen. Der Friedensforscher Johan Galtung schrieb dazu, und zwar noch vor den großen Auseinandersetzungen in Europa um die Fluchtbewegungen und Migranten der 2010er Jahre: »Menschen, die über Vermittler von der sehr armen Peripherie ins sehr reiche Zentrum wandern, werden – wenn sie nicht bereits von Polizei und Militär an den Grenzen angehalten werden – auf eine sehr reiche Arbeiterklasse treffen, die keine Arbeitsplätze hat oder deren Arbeitsplätze ernsthaft bedroht sind.« Und er betonte: »Die faschistische Natur dieses Zusammentreffens zeigte sich in verschiedenen EU-Ländern bereits sehr deutlich.« (Galtung 1997: 27.) Der Kampf um die Erhaltung des Prinzips der Solidarität der Gemeinschaftsglieder muss die Barmherzigkeit – ich benutze hier absichtlich das alte, aus der christlichen Tradition kommende Wort – mit den Anderen einschließen, wohl wissend, dass die eigene Kasse stets begrenzt ist und nicht alle Probleme, die das Verwertungsprinzip weltweit schafft, im eigenen Lande gelöst werden können. Dazu bedarf es international des gemeinsamen Wirkens aller Nationen und Staaten und im Innern einer aufgeklärten Politik. Die Herrschenden wollen Beherrschte, die »unterwürfig, verängstigt und abhängig sind oder eine schwache Identität besitzen. Sind sie jedoch autonom, furchtlos, unabhängig und haben eine starke Identität, so wird eine Machtausübung, die von oben kommt, nicht greifen« (ebenda, 19). Daran zu wirken, mag ein Anfang sein, aber es ist einer. Und die Nation ist der Ort, daran zu arbeiten. Unter der Perspektive der Solidarität und Barmherzigkeit ist die Weltgesellschaft ein wüster Ort. Schon deshalb, weil es keinen wirklichen Adressaten für Ansprüche gibt.

Allerdings geht es hier nicht darum, etwa besondere Wärmefaktoren in Ansatz zu bringen, nach der Devise: die Welt der Gesellschaft ist die der Kälte und des schnöden Schachers, die der Gemeinschaft die wohliger Geborgenheit – oder vice versa: die Gesellschaft ist die Welt der schönen Rechtsordnung, wie der bürgerliche Mainstream meint, und Gemeinschaft die niedere Form der Suppenküche und des gemeinsamen Marschierens. Seit Jahrtausenden haben sich Stückeschreiber und Literaten darzustellen bemüht, was sich Menschen in der Gemeinschaft – der Familie, des Dorfes, der Polis, der Nation – so alles antun oder antun können. Gleichzeitig kamen sie zumeist auch auf gesellschaftliche Gründe: Eroberung, Machtkämpfe, Reichtum. Wie wohl alle »Erfindungen« der Menschen können beide zum Guten wie zum Schlechten verwandt werden, weshalb darauf zu bestehen ist, dass wir hier über sozialtheoretische Begriffe und Gesellschaftsanalyse reden. Und nicht einen Moral- oder Schuld-Diskurs führen.

Zunächst geht es um das organisations-soziologische Problem und das der Rechtsansprüche. Die »Gemeinschaftskasse« – hier also der Staatshaushalt und die jeweils national-staatlich organisierten Versorgungssysteme – ist etwas anderes, als eine Allianz-Versicherung. Es ist aber stets die gemeinsame Kasse der Gemeinschaft, also der Bevölkerung bzw. der Staatsbürger des jeweiligen Staates. Über die Verteilung der Mittel entscheidet der »gewählte Vorstand«, eine eigens eingesetzte und der Volksvertretung verantwortliche Staatsbürokratie, oder – wie verbreitet im Vereinswesen – die Vollversammlung der Gemeinschaftsglieder. Das entscheidende Kriterium ist gerade nicht, dass jeder erhält, was er eingezahlt hat – plus »Kapitalertrag« –, sondern dass die Verteilung nach anderen Kriterien erfolgt, etwa der Bedürftigkeit, wie bei der Krankenkasse oder der Pflegeversicherung im Grunde nach dem Gesundheits- bzw. Krankheitszustand. Hier gehören die Kinder und die Alten stets dazu, sind Glieder der Gemeinschaft, mit Rechtsansprüchen an diese ausgestattet, die in Konventionen oder in der »gesatzten Ordnung«, um einen Terminus von Max Weber zu verwenden, niedergelegt sind.

Das Prinzip, das Barmherzigkeit genannt werden kann, und das zumindest mit Solidarität etwas zu tun hat, ist dagegen dort aufzurufen, wo es nicht um einen gesicherten Rechtsanspruch der Staatsbürger oder Einwohner geht – was etwa der Kern der Asylbewerber- oder Einwanderungs-Debatten in vielen europäischen Ländern ist: Wer darf dauerhaft »zuwandern«? Wer soll wieder weg-geekelt werden, mit welchen Mitteln auch immer? Will man Integration oder Ausgrenzung organisieren? Das Problem der Dazugehörigkeit ist immer ein- und ausgrenzend. Und »man« weiß, wer dazugehört und wer nicht. Insofern ist die Erwähnung des Wortes von Johan Galtung, dass die Menschen, die »von der sehr armen Peripherie ins sehr reiche Zentrum wandern«, dort auf eine »Arbeiterklasse treffen, die keine Arbeitsplätze hat oder deren Arbeitsplätze bedroht sind«, es mit einer »faschistischen Natur« des Zusammentreffens zu tun haben. Dem kann gegengesteuert werden: durch eine wirtschaftliche Umsteuerung, die nicht nur auf Produktivität setzt, wie Galtung schreibt, aber auch in einem weiteren Sinne politisch. Das beginnt mit der Ausmerzung des völkischen Prinzips der Bestimmung der Zugehörigkeit und seiner Ersetzung durch das Prinzip einer Staatsbürgerlichkeit, die vom Citoyen herkommt und auf einem nachvollziehbaren Rechtsweg erlangt werden kann.

Aus Wahlanalysen zu rechtspopulistischen Parteien ist hinreichend bekannt, dass sie dann und dort auftreten, wenn und wo die linken und sozialdemokratischen Parteien nicht mehr in der Lage sind, den Interessen der Unterschichten politisch Ausdruck zu geben. Gleichzeitig fordern diese ihre früher erworbenen sozialen Rechte ein und projizieren den tendenziellen Verlust an Rechten und Sicherheiten auf die »Fremden«, nicht auf die wirklich Schuldigen an der neoliberalen Globalisierungs-Szenerie. Man kommt aber dem Problem des Rechtspopulismus nicht bei, wenn man es als rein ideologisches Phänomen betrachtet. Galtung konstatierte ganz sachlich, dass die Welt eine »Staatengemeinschaft« und eine »Nationengemeinschaft« ist. Daraus folgt aber keineswegs eine naturnotwendige Gewaltkultur, sondern es kann eine »Friedenskultur« geschaffen werden, deren Hauptkomponenten Gewaltlosigkeit, Kreativität und Empathie sind (ebenda, 181f.). Solidaritätsansprüche sind weder aus einer »Weltgesellschaft«, noch aus einer geträumten globalen »Gemeinschaft« von Brüdern und Schwestern abzuleiten. Richtig ist vielmehr, in Fortsetzung der Galtung'schen Idee: in allen Sozialgesetzgebungen der modernen Wohlfahrtsstaaten spiegeln sich die in harten Kämpfen errungenen Rechte von Arbeitern, Bauern und Intellektuellen wider, von Frauen, Kindern und Homosexuellen, von Greisen und Kranken u.a., die als gesetzlich verbriefte Ansprüche an die Gemeinschaft der Nation oder die Bürgerschaft eines Staates in Erscheinung treten. Es wäre absurd, diese im Namen einer imaginierten »Weltgemeinschaft« aufzugeben. Es gilt, sie als Rechte zu verteidigen, und von ihnen ausgehend die Kultur der Empathie mit den Flüchtlingen und zuwandernden Menschen aus anderen Völkern zu entwickeln.

Nation und Unendlichkeit

Aus der Tatsache, dass Nationalstaaten und Kapitalismus im Wechselverhältnis zueinander entstanden sind, ist nicht zu folgern, dass die kapitalistische »Unendlichkeits-Kultur« mit der Nation verknüpft sei. Keine Nation kann sich das Recht herausnehmen, alle anderen Nationen zu beherrschen. Dabei muss zunächst auf den historischen Unterschied zwischen »großen« und »kleinen« Nationen verwiesen werden (Hobsbawm 1998: 44, 157ff.). Auch wenn das »Schwellenprinzip« – die Auffassung von einer notwendigen und hinreichenden Mindestgröße einer Nation, was Bevölkerungszahl und territoriale Ausdehnung anbetrifft, wenn sie den Anspruch auf einen eigenen Nationalstaat haben soll – des 19. Jahrhunderts schließlich aufgegeben wurde, so ist doch nachvollziehbar, dass der Versuch, andere Nationen zu beherrschen, von den Ressourcen des jeweiligen Landes abhängt.

Auf dem europäischen Kontinent wurde ein solcher Versuch im Grunde nur von den Franzosen im Geiste der Freiheit nach ihrer »Großen« Revolution von 1789 unternommen, und von den Deutschen zweimal im 20. Jahrhundert im Geiste der Unfreiheit. Am Ende des 2. Weltkrieges hatte Heinrich Mann diese Differenz wie folgt beschrieben: »Der Anzettler und Führer des letzten Rückfalles der Deutschen in ihre Angriffskriege [...] hat den vorigen Angriffskrieg noch überboten mit einem zweiten, der nichts mehr zu beweisen hatte. Bewiesen war, dass Deutschland nicht siegen kann. [...] In dem trostlosen Bewusstsein, dass er, um es mit Europa aufzunehmen, weder der Stärkere noch der Berufene sei, hat Hitler [...] zu der Auskunft der Verzweiflung gegriffen. Blitzkrieg – ist das Eingeständnis, man könne nur mit einem Tag Vorsprung an das Ziel kommen, dann nie wieder. Totaler Krieg – heißt deutlich, dass die lebenden Nationen niemals wirklich besiegt sind: man muss sie umbringen. Verzweifelte Betrüger allein gehen sogar in einen Krieg, der eine äußerste Erprobung ihres Volkes sein soll, mit lauter Lügen. Aber Herrenvolk, Lebensraum, Geopolitik und jeder andere Schwindel sind verspätete Antworten auf das eine machtvolle Wort, das Europa einst wirklich erobert hat: Freiheit.« (Mann 1947: 28.)

Die russische Expansion hatte ihrerseits der Idee der kommunistischen Revolution annehmen müssen, um einen Messianismus zu entwickeln, der über den russischen bzw. panslawistischen und orthodoxen Bereich hinausreichte. (Das aber ist ein spezielles Kapitel der Geschichte des 20. Jahrhunderts.) Die britische Empire-Expansion dagegen zielte nicht auf die Unterwerfung anderer europäischer Nationen, sondern auf die Beherrschung von Seewegen und Handelsplätzen und dann die Eroberung überseeischer Kolonien.

Insofern gilt, dass ein Streben nach Grenzenlosigkeit dem Kapitalismus als Gesellschaftsordnung, Wirtschaftsweise und Weltsystem eingeschrieben ist, nicht aber der Nation, auch wenn sie kapitalistisch verfasst ist. Das Streben nach Grenzenlosigkeit tritt zunächst als ständige Erweiterung des wirtschaftlichen Expansionsprozesses in Erscheinung, und nur einige Staaten haben Expansion auch politisch-territorial versucht. Etliche Völker, die in der Moderne ebenfalls als Nationen in Erscheinung traten, zum Beispiel die Finnen, die Tschechen oder die Belgier, haben zu bestimmten Zeiten versucht, ihre Grenzen auszuweiten oder Kolonien in Übersee zu erwerben, konnten aber schon von ihrer Größe her zu keiner Zeit versuchen, andere Nationen zu beherrschen. Dies ist folglich nicht bei allen Nationen zu beobachten, sondern wurde nur von bestimmten, großen Nationen unter bestimmten Machtvoraussetzungen versucht.

Die Nation als eigenständige Gestalt des Zusammenschlusses von Menschen ist gerade nicht die Verkörperung von Universalität. Sie setzt die Abwesenheit einer politischen Weltgemeinschaft, einer tatsächlichen Weltgesellschaft mit Weltregierung voraus. Sie ist nur als begrenzt vorzustellen, wie Benedict Anderson schrieb, »weil selbst die größte von ihnen mit vielleicht einer Milliarde Menschen in genau bestimmten, wenn auch variablen Grenzen lebt, jenseits derer andere Nationen liegen. Keine Nation setzt sich mit der Menschheit gleich. Selbst die glühendsten Nationalisten träumen nicht von dem Tag, da alle Mitglieder der menschlichen Rasse ihrer Nation angehören werden – anders als es in vergangenen Zeiten den Christen möglich war, von einem ganz und gar ›christlichen‹ Planeten zu träumen.« (Anderson 1988: 16.)

Selbst die Nazi-Ideologen gingen bei dem Versuch, ihre Expansion zu begründen, nicht von einer Ausdehnung der deutschen Nation, sondern von einer Expansion des »Reiches« aus, die sie, in Abgrenzung vom Römischen »Imperium«, rassistisch begründeten. So hieß es – hier sei nur exemplarisch ein Zitat angeführt – beispielsweise: »Beiden Begriffen, dem des Imperiums und dem des Reiches, ist ein Hinausgreifen über die Grenzen des Volkstums eigen. Beide sind übervölkische Begriffe, stellen also eine über den Nationalstaat hinausgehende, umfassendere Einheit dar, die blutverschiedene Völker unter eine zentrale Hoheit stellt und staatlich zusammenbindet. [...] Das Reich ist ein aristokratischer Begriff der Überordnung des Führervolkes. Das Imperium ist ein demokratischer Begriff der Gleichordnung aller Staatsangehörigen. Das Wesen des Imperiums ist der Raum. Das Wesen des Reiches ist das Volk in seiner rassischen Blutgemeinschaft.« (Torsten 1943: 11f.) Dieses rassistische ideologische Geschwafel soll hier nicht weiter referiert werden. Anhand des Originaltons sollte nur folgendes gezeigt werden: die Nazi-Ideologie ging angesichts ihrer rassistischen Grundlage nicht von einem universellen

Verständnis aus, sondern von der Eroberung durch ein klar umgrenztes, aber endliches »Herrenvolk«; die faschistische Reichsidee war gerade nicht die Fortsetzung eines nationalstaatlichen Verständnisses, sondern dessen Gegenteil. Der Autor jener Schrift setzte sich zudem letztlich auch ins Verhältnis zum Prinzip der Demokratie, das er selbstredend ebenfalls für verabscheuungswürdig hielt. So sind, genau betrachtet, das Nazireich und seine Ideologie nicht gegen die Nation und ihren Platz in der Geschichte in Ansatz zu bringen. Hitlers Anti-Nationalismus war nicht dem Nationalismus bereits immer »eingeschrieben«, sondern dessen Negation.

Nation und Imperialismus

Bleibt das Imperialismus-Problem. Ist »Imperialismus« nun der Nation unabwendbar eingeschrieben, oder dem Kapitalismus, oder hat er auch noch andere Gründe? Bei Lenins »Imperialismus-Theorie« war »Imperialismus« das Endstadium und die letztliche Konsequenz des Kapitalismus. Schumpeter dagegen betonte: »Imperialismus ist die objektlose Disposition eines Staates zu gewaltsamer Expansion ohne angebbare Grenze.« (Schumpeter 1953: 74.) Unter Verweis auf das alte Ägypten, die Phase nach der Befreiung von der Herrschaft der Hyksos, schreibt Schumpeter dann: »Der hundertundfünfzigjährige Krieg gegen die Hyksos hatte Ägypten ›militarisiert‹. Ein Berufsstand von Soldaten hatte sich gebildet. [...] Diese neue soziale und politische Organisation war eine Kriegsmaschine. [...] Und so wurde denn Krieg der normale, den nunmehr vorhandenen Organen des sozialen Körpers allein zuträgliche Zustand. Daher war das Ins-Feld-Ziehen selbstverständlich, *wofür* man ins Feld zog, nebensächlich. *Vom Krieg geschaffen, der sie brauchte, schuf die Maschine die Kriege, die sie brauchte.* Eroberungswillen ins Weite, ohne angebbare Grenze, in Positionen hinein, deren Unhaltbarkeit klar war – typischer Imperialismus.« (ebenda, 88f. Hervorhebungen im Original.) Am Beginn der Moderne sieht er die Rolle des absolutistischen Fürstenstaates, der äußere Kriege führt, um den Hofstaat zu beschäftigen, weshalb für ihn dann Imperialismus »ein Atavismus« ist, der zu den »Überbleibseln früherer Epochen« gehört (ebenda, 119).

Folgerichtig sieht er den Kapitalismus nicht als Ursache von Imperialismus. »Energieüberschuss, der sich als Kriegs- und Eroberungslust äußern könnte, ist da viel weniger vorhanden, als in jeder der vorkapitalistischen Welten. Der Energieüberschuss strömt größtenteils ebenfalls in die Wirtschaft. […] Und Eroberungskriege, überhaupt die Abenteuer einer aktivistischen äußern Politik müssten als leidige Störung, als Zerstörung des Sinnes des Lebens […] empfunden werden. Eine rein kapitalistische Welt könnte daher kein Nährboden für imperialistische *Impulse* sein. Sie kann deshalb noch immer imperialistische Expansionsinteressen haben.« (ebenda, 123. Hervorhebungen im Original.)

Karl Kautsky argumentierte ähnlich: »Eine ökonomische Notwendigkeit für eine Fortsetzung des Wettrüstens nach dem Weltkrieg liegt nicht vor, auch nicht vom Standpunkt der Kapitalistenklasse selbst, sondern höchstens vom Standpunkt einiger Rüstungsinteressenten. Umgekehrt wird gerade die kapitalistische Wirtschaft durch die Gegensätze ihrer Staaten aufs äußerste bedroht. Jeder weitersehende Kapitalist muss heute seinen Genossen zurufen: Kapitalisten aller Länder, vereinigt euch! […] Die wütende Konkurrenz der Riesenbetriebe, Riesenbanken und Milliardäre erzeugte den Kartellgedanken der großen Finanzmächte, die die kleinen schluckten. So kann auch jetzt aus dem Weltkrieg der imperialistischen Großmächte ein Zusammenschluss der stärksten unter ihnen hervorgehen, der ihrem Wettrüsten ein Ende macht. Vom rein ökonomischen Standpunkt ist es also nicht ausgeschlossen, dass der Kapitalismus noch eine neue Phase erlebt, die Übertragung der Kartellpolitik auf die äußere Politik, eine Phase des Ultraimperialismus.« (Kautsky 1914: 920f.)

Ein Zusammenhang von Imperialismus und Kapitalismus ist nicht sicher und nicht schlüssig. Ein großer Krieg ist, nach Schumpeter und Kautsky, eine Störung des kapitalistischen Reproduktionsprozesses, ein weiterer Weltkrieg unwahrscheinlich – angesichts der militärischen Überlegenheit der USA war dies nach dem Kalten Krieg als Tatsachenfeststellung festzuhalten. Der Ukraine-Krieg Russlands 2022 erscheint so auch als Versuch, mit den USA nach den Kriegen gegen Jugoslawien, Irak und Libyen auf Augenhöhe zu agieren. Am Ende jedoch scheint Russland beim Thema Blitzkriegsfähigkeit wieder einmal versagt zu haben, im Vergleich zu den USA.

Schon früher war genauer nach dem Zusammenhang von Politik und wirtschaftlichen Interessen zu fragen: dass aus der Weltwirtschaftskrise in den USA während der 1930er Jahre Roosevelts New Deal herauskam, in Deutschland Hitler und der Zweite Weltkrieg, erklärt sich nicht allein aus den Arbeitslosenziffern von 1932, sondern aus unterschiedlichen politischen Konstellationen in beiden Ländern und der politischen bzw. militaristischen Kultur. Wenn wir es heute also mit einem internationalen Gefüge des Ultraimperialismus zu tun haben, ist die Frage, wie es nach außen wirkt. Nach Schumpeter sind Expansionsinteressen nach außen ja gerade mitzudenken. Die gegenwärtigen Kriege bestätigen dies. Und seit dem Zweiten Weltkrieg bis heute ist die militaristische Kultur wohl in die USA gewandert, während Deutschland eher zivil erscheint, zumindest was den nicht mehr vorhandenen Hang zum Militärischen in der Mehrheit der Bevölkerung betrifft. Die Militärkaste, die es heute in den USA gibt, schafft sich die Kriege, die sie braucht – offenbar auch exakt nach Schumpeter. Und deshalb reagieren die USA auf die stetige Schwächung ihrer globalen Rolle durch den wirtschaftlichen und handelspolitischen Aufstieg Chinas auch in erster Linie in Gestalt militärischen Drucks. Wenngleich seit Erfindung der Atombombe der »Große Krieg« nicht mehr führbar ist, weil der die Vernichtung der Welt zur Folge hätte.

Wenn Krieg – zumindest in Gestalt des »ideellen Gesamtkapitalisten« – nicht vordergründig aus kapitalistischen Verwertungszwecken resultiert, sondern breitere politische und kulturelle Voraussetzungen hat, ist politisches Handeln, dem entgegenzuwirken, nicht von vornherein zum Scheitern verurteilt. Im Gegenteil. Politik, die dagegen in Ansatz gebracht werden kann, braucht die Begründung eines politischen Handelns, die in der Verfassungsordnung verankert ist. Am Ende läuft also nicht nur der Kampf um Erhaltung sozialer Sicherungen im Angesicht der Globalisierung, sondern auch der in den »Zentren«, um die Herrschenden an neuen Kriegen zu hindern, auf die Nutzung und den Schutz bereits bestehender Verfassungsrechte hinaus. Womit wir wieder bei Nation, Nationalstaat, Europäischer Gemeinschaft und Gemeinschaft der Nationen in der Welt wären. So ist auch die eigene Geborgenheit nicht notwendig Bedingung für den Unfrieden anderer. Sie kann ebenso zur Norm für Geborgenheit in der

Welt von heute gemacht werden, und zum Ausgangspunkt, sie überall gleichermaßen zu erstreben. Oder mit den Worten des Weltsozialforums von Porto Alegre: »Eine andere Welt ist möglich!«

Eine Schimäre

Auch Lesemoden wechseln. Vor zwanzig Jahren rückte ein Buch, das den Titel »Empire« trug, in das Zentrum erbitterter Debatten der Linken. Die einen hielten es für »links«, die anderen für antimarxistisch. Das interessiert hier jetzt deshalb, weil es erstens das nordatlantische Zentrum des kapitalistischen Weltsystems, das seit 500 Jahren die Welt beherrscht, schönredet und als historische Errungenschaft preist. Zweitens wird seine Lobpreisung wieder auf einem plakativen Anti-Nationalismus aufgebaut.

Im Vorwort zu »Empire« schrieben Michael Hardt und Antonio Negri, sie wollten eine »Werkzeugkiste« für kritisches Denken und Handeln bereitstellen. Auf dem Buchumschlag zitierte der Verlag einen Modephilosophen (Slavoj Zizek), der da meinte, dies sei »nichts weniger als ein Kommunistisches Manifest für unsere Zeit«. Der Leser war gespannt. Öffentliche Debatten zur Präsentation der deutschen Ausgabe zogen auch zu nachtschlafender Zeit hunderte junge Leute an. Das Werk ist in vier Teile gegliedert: im ersten wird eine Einführung in die Problematik »Empire« versucht, im zweiten eine Darstellung der Übergänge von der frühen Moderne bis in die Gegenwart unter der Perspektive der Geistes- und Kulturgeschichte unternommen, für den dritten die Schilderung des gleichen Übergangs vom Standpunkt »der Produktion« angekündigt und im vierten sollte von Alternativen die Rede sein.

Bei näherem Hinsehen erwies sich bereits der Titel als irreführend. Einerseits charakterisierten die Autoren, in Analogie zum Römischen Reich, die imperiale Macht als hegemonial: Krieg wird auf den Status einer Polizeiaktion reduziert und zugleich wieder veralltäglicht und banalisiert, anderseits mit dem Gerede vom stets »gerechten Krieg« sakralisiert; gegebenenfalls schafft das Empire auch »neue territoriale und politische Formationen«, die seiner »Konstitution [...] entsprechen«. Zugleich weisen sie jedoch die Vorstellung zurück, die internationale Ordnung sei um die USA zentriert. Sie beschreiben zwar eine »Pyramide der globalen Konstitution«, an deren Spitze die Supermacht USA stehe, die sich im Weltmaßstab den Einsatz von Gewalt vorbehält – darunter jene Gruppe von Nationalstaaten, die die weltweiten monetären Institutionen kontrolliert (G7), darunter wiederum die verschiedenen Vereinigungen, die die Macht in der Welt kontrollieren. Dies jedoch ist für die Autoren lediglich eine Ebene »rein empirischer Wahrnehmung«. Genau besehen habe das Empire kein territoriales Zentrum der Macht. Es sei ein »Nicht-Ort der Macht«, der lediglich hybride Kontrollregime ausbilde (Hardt/ Negri 2002: 11, 28, 51, 320, 329).

Unter Verweis auf Marx' Interpretation des Kapitalismus als Ort größerer Freiheit, als sie die vorherigen Formationen zuließen, polemisieren die Autoren gegen den Nationalstaat. Es wäre »ein schwerer Fehler«, Politikformen wiederbeleben zu wollen, die auf die Nation setzen. Ein allgemeiner Ausgleich, eine Glättung des gesellschaftlichen Raums habe stattgefunden, in dem Zivilgesellschaft und nationalstaatliche Grenzziehungen verschwänden, während soziale Ungleichheiten und Spaltungen sich noch vertieften. Das Empire wurde als aus der Verfassungsgeschichte und Expansion der USA herkommend beschrieben, Europa aber rein negativ besetzt. Die Tatsache, dass sich »gegen die alten Mächte Europas ein neues Empire herausgebildet« habe, sei nur zu begrüßen, da die »angekränkelten und parasitären« herrschenden Klassen Europas Nationalismus, Populismus und Faschismus hervorgebracht hätten (ebenda, 345, 383). Keine Rede von Sozialismus, Sozialstaat und Arbeiterbewegung, ohne die Europa gewiss auch nicht zu denken ist. Damit wird die Differenz zwischen dem anglo-amerikanischen Hire-and-Fire-Kapitalismus und dem sozialstaatlichen Kapitalismus Kontinentaleuropas nicht nur ignoriert, sondern der US-amerikanischen Version des westlichen Kapitalismus das Wort geredet.

Was das Empire jedoch nun in der Tat sei, wird in dem Band an keiner Stelle stichhaltig beschrieben, geschweige denn erklärt. Die Kontroverse zwischen Lenin und Kautsky während des Ersten Weltkrieges um das Imperialismus-Problem wird erwähnt, aber als erledigt abgetan (ebenda, 242). Heute handelt es sich meines Erachtens aber doch um Kautskys »Ultraimperialismus«: die großen kapitalistischen Firmen und Mächte der nordatlantischen »Welt des weißen Mannes« haben sich zusammengeschlossen, um ihre Weltordnung gegen China, Russland, Indien und andere Mächte gemeinsam zu verteidigen und global auch künftig durchzusetzen. Ein solches Gefüge führt eben nur Kriege an seiner Peripherie, um andere seiner Botmäßigkeit zu unterwerfen, und nicht einen totalen Ermattungskrieg zwischen seinen Beteiligten, wie der Erste Weltkrieg einer war. Das schließt Konkurrenzen innerhalb des Gefüges nicht aus, sondern setzt sie vielmehr voraus. Insofern haben wir es heute in der Tat mit einem eigenartigen imperialen Gefüge zu tun.

Zu dessen Analyse trägt dieses Buch nichts bei. Wer eine Analyse des kapitalistischen Produktionsprozesses erwartet hatte, findet lediglich eine »Produktion von Subjektivität« – der postmoderne Yuppie der Spaßgesellschaft und die linksliberalen »Selbstgerechten« lassen grüßen. Der kommende Untergang des »Empire« kommt bei Hardt/Negri denn auch nicht aus irgendwelchen tatsächlichen Kämpfen, sondern als Erlösung: wir sollen leben wie Franz von Assisi mit den Vögeln auf dem Felde und den Armen, und so seien Kommunismus, Revolution in Liebe und Einfachheit in eins gesetzt (ebenda, 387, 420).

Besser hatte das übrigens schon der Philosoph und Sozialökologe Rudolf Bahro Anfang der 1990er Jahre in seinen Vorlesungen an der Berliner Humboldt-Universität gesagt: Das Imperium sei nicht zu stürzen, aber wenn viele Einzelne seine Herrschafts- und Gesellschaftsstruktur innerlich und praktisch verließen wie einst die Urchristen das Römische Reich, werde es zusammenbrechen. Darauf zu warten, ist jedoch aus ökologischen, sozialen und Kriegsverhinderungs-Gründen nicht mehr genug Zeit.

Kapitel 3

Die Nation als sozialhistorische Erscheinung

Die Nation ist eine politisch-kulturelle Innovation der vergangenen etwa zweihundertfünfzig Jahre, die mit dem Ausgang der Europäer, zunächst im Westen Europas, aus den alten agrarischen Verhältnissen, aus feudalistisch verfassten politischen Verhältnissen und aus der geistigen Vorherrschaft der Kirche verbunden ist. dass die industrielle Revolution mit ihren sozialen, politischen und geistigen Folgen gerade in diesem Teil Europas stattfand, nicht aber in anderen Weltteilen, die ursprünglich viel bessere natürliche, bevölkerungsmäßige und kulturelle Voraussetzungen zu haben schienen, und schließlich eine weltbeherrschende Rolle Europas begründete, hing in erheblichem Maße mit dem Zusammenhang von Kapitalismus, modernem Steuerstaat und Nationskonstituierung zusammen. Der britische Historiker Paul Kennedy kam zu der Schlussfolgerung, dass es wohl weniger positive Faktoren waren, die den Aufstieg der westlichen Welt begründeten, den er das »Europäische Wunder« nennt, sondern eher eine Verringerung der Zahl der Hindernisse, »die das Wirtschaftswachstum und die politische Vielfalt hemmten«. Gerade die Unfähigkeit einer Großmacht, den gesamten Kontinent zu beherrschen und eine dominierende imperiale Reichsstruktur zu etablieren, sieht er – im Unterschied zu den imperialen Gefügen etwa des alten Chinas, des Mogulreiches in Nordindien oder des Osmanischen Reiches – als Voraussetzung für die besondere Entwicklung Europas an. »Es war eine Kombination von wirtschaftlichem Laisserfaire, politischem und militärischem Pluralismus und intellektueller Freiheit – wie rudimentär jeder Faktor im Vergleich zu späteren Zeitaltern auch erscheinen mag –, die in ständiger Interaktion standen, um das ›Europäische Wunder‹ zu schaffen.« Diese verschiedenen allgemeinen Faktoren standen in Beziehung zueinander, waren in einer »Art innerer Logik« miteinander verknüpft und verursachten gemeinsam die Entwicklung in die Moderne (Kennedy 1989: 68).

Der Historiker Wolfgang Reinhard lehnt die Kennedy-Idee von einem »Europäischen Wunder« ab, sieht aber ebenfalls die Kombination von Faktoren: Es gehe »nicht um historische Verdienste irgendwelcher Völker [...], denen wir zufälligerweise angehören, sondern um ein Geflecht von Voraussetzungen, Rahmenbedingungen und Impulsen einerseits, um die Akkumulation von Zufällen andererseits, durch die Europa seine weltgeschichtliche Rolle zugewiesen wurde«. Im Kern waren dies Machtprozesse, die stets ihre Schattenseiten haben und mit Verbrechen verbunden sind. »Die Unausweichlichkeit dieser Entwicklung entlässt bedenkenlose oder kriminelle Akteure aber nicht aus der Verantwortung für ihre (Un-)Taten«. Zentral war der moderne europäische Staat, der ein Machtstaat war und über große Wirtschaftskraft und mächtige Militärtechnologie verfügte, dessen Überlegenheit »aber letztlich auf der Fähigkeit [beruhte], im Ernstfall grenzenlose Ressourcen zu mobilisieren«, die auf dem im 17./18. Jahrhundert in Europa erfundenen Staatskredit beruhte (Reinhard 2016: 22, 27).

Geistige Emanzipation, politische Freiheit – als liberale Freiheitsrechte und als Partizipationsrechte – und Kapitalismus bedingten sich gegenseitig. Die Nation war ihrerseits politisch-kulturelle Dimension dieser Entwicklung, und zwar in ihrer staatlichen Vielfalt.

Begrifflichkeiten

Das deutsche Wort Nation entstammt etymologisch dem lateinischen *natio*, was einen Volksstamm meint (mit gemeinschaftlicher Abstammung, Sprache und Sitte), ein Volk, Sippschaft, Menschenschlag oder Schar, herkommend von dem Geborenwerden, der Geburt als Verbalabstraktum von *nasci*, geboren werden. Das Römische Reich sah stets den Unterschied zwischen dem Imperium und den Barbaren; die Römer selbst bezeichneten sich als *populus romanus*, was eine rechtsförmige, nicht eine nur angeborene Gattungszugehörigkeit meinte. So erhielten im Jahre 212 alle freien Einwohner des Imperiums das römische Bürgerrecht. Die verschiedenen Stämme jener Zeit wurden als *natio* oder *gens* bezeichnet. Isidor von Sevilla fasste im 7. Jahrhundert *gens* in Bezug zu *generatio*, also zur gemeinsamen Herkunft, während *populus* alle Bewohner einer *civitas* (im Sinne von: Bürgerschaft, Stadt, Staat) meinte. In den folgenden Jahrhunderten wurden *natio, gens* und *populus* vielfach alternierend verwandt. Im 9. Jahrhundert beginnt sich dann allerdings *populus* (christianus populus) zur Bezeichnung der Christen durchzusetzen, während Heiden als *gentes* oder *gentiles* bezeichnet werden (Brühl 2001: 79f.).

Auch Thomas von Aquino benannte im 13. Jahrhundert mit *gentiles* nur noch heidnische Völker, während *nationes* weiter als Bezeichnung für die Stämme innerhalb der christlichen Welt benutzt wurde. So wurden nach der Teilung des Karolingischen Reiches (843) im westfränkischen Reich die Nationen der Francais – der Bewohner der Ile de France –, der Poitevins, der Normands, der Lorrains, der Picards usw. genannt, während im ostfränkischen Reich die Rede war von den Franken, den Baiern, den Sachsen, den Elsässern, den Schwaben usw. Das Kaisertum Ottos I. war mit seiner Begründung (962) in die Tradition des Römischen Reiches und des Reichs Karls des Großen gestellt worden; der offizielle Titel des Reiches Sacrum Romanum Imperium (seit dem 11. Jahrhundert) erhielt im 15. Jahrhundert den Zusatz *Nationis Germanicae*, deutscher Nation. Dies meinte aber nichts weiter, als einschränkend die deutschen Reichsteile im Unterschied zu den italienischen und Burgund. Der Gebrauch des Terminus »deutscher Nation« in diesem Sinne und der der Nation für die Stämme standen noch lange Zeit nebeneinander. Insofern ist nicht davon auszugehen, dass ein »deutsches Volk« schon seit ältester Zeit vorauszusetzen sei, während dessen »Stämme« – Sachsen, Baiern, Thüringer usw. – lediglich Teilgruppen dieses Volkes seien. Das »deutsche Volk« und die »deutsche Sprache« sind in einem langwierigen Prozess der Umschichtung und Verschmelzung entstanden:

»1) Das ›deutsche Volk‹ ist eine Summe seiner ›Stämme‹;

2) bevor sich das ›deutsche Volk‹ als eine eigenständige Größe herausgebildet hatte, waren diese ›Stämme‹ selbständige Völker;

3) die Ausbildung dieses ›deutschen Volkes‹ vollzog sich als ein langsamer, Jahrhunderte dauernder Prozess.« (Ebenda, 84.) Insofern warnt der Historiker davor, an Begriffe wie »Nation«, »Natio-

nalgefühl« oder auch »Staat« für Zeiträume vor tausend Jahren Kriterien des 19./20. Jahrhunderts anzulegen.

Nation war zunächst ein Gattungsbegriff von organisatorischer Bedeutung. Studenten an den Universitäten beispielsweise wurden in nationes eingeteilt, wobei die Zuordnung zumeist recht willkürlich war und mit den späteren Nationen nichts zu tun hatte. So kannte die Prager Universität ursprünglich vier nationes, eine böhmische, eine sächsische, eine bayerische und eine polnische, wobei deutsche Studenten in allen, außer der böhmischen, die Mehrheit bildeten. Auf dem Konzil von Konstanz (1414-18), das die katholische Kirche neu ordnete und verschiedene »Gegenpäpste« aussortierte, gab es fünf nationes, die Engländer, die Franzosen, die Deutschen, die Italiener und die Spanier, wobei zur deutschen auch die dänischen, schwedischen, polnischen, tschechischen und ungarischen Prälaten gehörten. Auch religiöse Orden und Kaufmannschaften waren in solche nationes unterteilt. So bezeichnete das Wort »Nation« im Mittelalter einen »Zweckverband, eine lokal, administrativ bestimmte Untergruppe als Fraktion oder Verwaltungseinheit usw. – keineswegs trägt dieses Wort die ganze Schwere eines Inhalts wie: repräsentative politische Einheit. Es bezeichnet nicht irgendeine vorgegebene Gemeinschaftsform, weist nicht auf die entscheidende soziale Bindungs- oder Trennungslinie hin.« (Ziegler 1931: 23. Siehe auch: Pfeifer 1989: 1154f.) In diesem Sinne wird in neueren Arbeiten betont, dass der moderne Begriff der »nation« im Französischen – und von daher ging er in das europäische politische Denken, spätestens nach 1789 ein – eine bewusste sprachliche Neugestaltung verkörpert, die nicht unmittelbar aus dem mittellateinischen natio abzuleiten ist (Brühl 2001: 83).

Neue Bedingungen

Mit dem Übergang zur Neuzeit vollzog sich eine weitreichende Veränderung. In Auseinandersetzung mit den universalistischen Machtansprüchen des Kaiserreiches in der Mitte Europas und des Papsttums einerseits sowie mit dem Adel und den Städten im »eigenen« Herrschaftsbereich andererseits festigten sich im Westen Europas, zunächst in England, Frankreich und Spanien die absolutistischen Staaten. Dies blieb jedoch nicht ohne Folgen. Martin van Creveld beschreibt diese Dialektik wie folgt: »Nachdem der Staat aus den Herrschaftsinstrumenten erstanden war, die dem Monarchen geholfen hatten, ein absoluter Herrscher zu werden, entwickelte er ein Eigenleben. Wie ein Ungeheuer aus alten Tagen hing er drohend über der Gesellschaft und ebnete seinerseits diese Gesellschaft in einem noch nie dagewesenen Ausmaß ein. Aristoteles, Bodin und Montesquieu hatten allesamt bei Tyrannen die Tendenz festgestellt, soziale Unterschiede abzuschaffen, damit ihre Untertanen gleichermaßen vor ihnen zitterten.« In Verfolgung ihres Absolutheitsstrebens schafften die Könige den Ständestaat ab, indem sie zugleich die Adligen in ihre Beamten verwandelten, beförderten damit jedoch die Idee der Gleichheit aller Menschen und verwandelten sich selbst aus Besitzern und Herren des Staates in »Magistraten, die in dessen Namen handelten« (van Creveld 1999: 212f.). Das Interesse des absoluten Herrschers, Herr über die Kriegsführung zu sein, nach eigenem Ermessen Krieg führen (»ultima ratio regis«, die letzte Weisheit des Königs, wurde im 17. Jahrhundert gern schon in die Gussform für die Kanonen eingetragen) und diesen finanzieren zu können, bestimmte auch das Bestreben, das eigene Territorium mittels klarer Grenzen deutlich zu umreißen: das Prinzip der Unverletzlichkeit der Grenzen war erfunden. »Beginnend mit der Rekrutierung der Soldaten für ihre stehenden Armeen aus der eigenen männlichen Bevölkerung, haben die europäischen Herrscher ihre Territorien und deren Ressourcen fest in den Griff genommen und sich darum bemüht, ihre Bevölkerung zu homogenisieren, zu disziplinieren und in ein direktes Herrschaftssystem einzubinden.« Auch dies blieb, wie Charles Tilly betont, jedoch nicht ohne Folgen. »Mit der Bereitstellung der militärischen Mittel erwarben sich die Untertanen das Bürgerrecht und gewisse Ansprüche gegenüber dem Staat. Das wiederum führte zum Entstehen von Interessengruppen, die ihrerseits an der Regierung beteiligt werden wollten«. (Tilly 1999: 350.) Es entstand die moderne Nation.

Frankreich wird in der Literatur zumeist als gleichsam idealtypische Grundfigur des modernen Staates und der Nation behandelt. Das vernachlässigt die Vorläufer in der europäischen Geschichte, die erstens in den Eigenarten der normannischen Herrschaft in England nach der Eroberung im Jahre 1066 und ihrer Eigentumsordnung lagen: der sächsische Adel wurde enteignet und die Eigentumstitel wurden gänzlich durch den König – an seine Gefolgsleute – neu vergeben, womit er sich als der eigentliche Eigentümer präsentierte. Vorläufer war zweitens das sich emanzipierende Städtebürgertum in Oberitalien (seit dem 12. Jahrhundert), in Norddeutschland (Hanse) und schließlich in Amsterdam nach der Befreiung der Niederlande von der spanischen Herrschaft (Ende 16. Jahrhundert). Die französische Entwicklung verkörpert die Konstituierung der Nation unter der Voraussetzung der kontinental-europäischen Königsherrschaft, die sich zur »absoluten« zu machen bestrebt ist. Mit der Vereinheitlichung der Herrschaft unter dem Ancien Régime galt die Krondomäne bereits im 16. Jahrhundert als unveräußerlich. Damit war nicht die Krone, sondern die Nation de facto zu ihrem Eigentümer geworden. Zugleich jedoch beanspruchte der König die ungeteilte Kontrolle. »Die öffentliche Ordnung«, erklärte Ludwig XV. 1766 dem Parlement von Paris, »geht samt und sonders von Mir allein aus; die Rechte und Interessen der Nation sind notwendigerweise mit den Meinigen vereint und ruhen nur in Meinen Händen.« (Markov/Soboul 1973: 41.) Die Nation war – so bereits das damalige Verständnis – Produkt der vormaligen Entwicklung, jedoch noch dem Anspruch des Königs unterworfen. Angesichts der Finanzkrise des französischen Staates – nicht zuletzt nach den Niederlagen gegen die Briten in den Kolonialkriegen in Nordamerika und Indien sowie der Beteiligung Frankreichs am Unabhängigkeitskrieg der USA – war dieser jedoch in Bezug auf die Erhebung neuer Steuern auf Zustimmung angewiesen. In einer Eingabe des Cour des aides (das war ein Obergericht, das für Finanz- und Zollfragen zuständig war) an den König aus dem Jahre 1770 hieß es: »Da alle intermediären Körperschaften machtlos oder zerstört sind, befragen Sie also die Nation selbst, da kein anderer von Ihnen angehört werden kann.« (Schrader 1993: 35.) Als der König dies zu tun sich 1789 dann schließlich anschickte, war die Große Revolution der Franzosen die Folge. Die Nation emanzipierte sich von ihrem feudal-absolutistischen Rahmen.

Seither geht die Diskussion, ob zuerst die Nation da war, die sich dann den entsprechenden Staat gab, oder zuerst der Staat, aus dem heraus die Nation sich entwickelte. Der Abbé von Sieyès, einer der wichtigsten Theoretiker der französischen Revolution, betonte, die Nation existiere vor jeder Regierung und vor den sie konstituierenden Individuen, den Citoyens. »Eine Nation existiert vor allem, sie ist der Ursprung von allem.« Damit schrieb er der Nation gleichsam göttliche Attribute zu, verklärte sie und wollte ihr den verwaisten Platz zuweisen, den der entmachtete, schließlich geköpfte König hinterlassen hatte. Die Nation sollte »zum neuen politischen und spirituellen Integrationsbegriff der französischen Gesellschaft, ja zum Gegenstand eines Kultes, einer neuen Religion« werden (zitiert nach: ebenda, 38). Gemeint war die Nation als Ort der republikanischen Verfassung und der Freiheit. Doch auch der Nationalismus des 19. und 20. Jahrhunderts, der schließlich zu einer Pathologie der Moderne wurde, nahm von hier seinen Ausgang.

Es ist dies der Hintergrund, vor dem auch die positivistische Sozialwissenschaft der Gegenwart davon ausgeht, die Nation als rein ideologische Angelegenheit betrachten zu können. In einschlägigen Einführungen in die Soziologie kommt die Nation überhaupt nicht vor, in anderen wird sie nur als Ideologie, nicht als sozialwissenschaftliche Kategorie behandelt. Bei Schäfers‹ »Grundbegriffen der Soziologie« gibt es zwar das Stichwort: »Nachbarschaft« wie auch »Netzwerk, soziales«, dazwischen aber nicht »Nation« (Schäfers 1986). Die Einführung Wiswedes in die Soziologie hat »Nation« nicht einmal im Stichwortverzeichnis (Wiswede 1998). Die klassische Einführung Friedrich Fürstenbergs präsentiert lediglich »Nationalismus« als »Säkularreligion« neben »Kommunismus« (Fürstenberg 1978: 99, 138).

Und dies trotz der Tatsache, dass die Geschichtswissenschaft sich des Platzes der Nation in der Neueren Geschichte sehr wohl bewusst ist. So schreibt der Historiker John Lukács: »Ungeachtet der Theorien von Marx, Engels und großer Teile der Sozialwissenschaften in demokratischen Ländern gilt, dass die großen Kriege und Auseinandersetzungen des zwanzigsten Jahrhunderts nicht zwischen den Klassen, sondern den Nationen dieser Welt ausgetragen worden sind« (Lukács 1993: 21).

In Bezug auf Deutschland sah Karl W. Deutsch den Staat als Grundlage der Nation an und bestimmte diese als ein »Volk im Besitz eines Staates« (Deutsch 1972: 9). Auch Eric Hobsbawm stellte sich auf den Standpunkt, dass nicht die Nationen die Staaten hervorbrachten, sondern dass sich umgekehrt die Nationen aus den Staaten heraus entwickelten (Hobsbawm 1996: 21). In der älteren Literatur wurde verbreitet eine Vorstellung der Interdependenz vertreten. So bezeichnete der Staatsrechtler Hugo Preuß die »nationale Idee als treibendes Moment in der Staatenbildung« und zugleich die Staatsidee als wesentlichen »Faktor in der Gestaltung der Nationalität« (Preuß 1924: 23). Der konservative Historiker Heinrich von Treitschke (1834-1896) sah sowohl »die Tendenz eines jeden Staates«, Nation zu werden, als auch den »Drang« jeder Nation, einen eigenen Staat zu bilden (zitiert nach: Anker 1995: 131f.). Aus dieser wechselseitigen Begründung von Staat und Nation resultiert in hohem Maße die verbreitete Verwirrung der Begriffsbildungen von Nation, Nationalstaat und modernem Staat, die am Ende meint, ohne klare Kriterien und Definitionen auskommen zu können und schließlich darauf hinausläuft, dem Nationsproblem überhaupt ausweichen zu können. Dem steht allerdings entgegen, dass die Existenz von Nationen augenscheinlich nicht zu leugnen ist.

Eine Möglichkeit, diesem Dilemma auszuweichen, ist die Erklärung der Nation zu einer Sache reinen Bekenntnisses. Viel zitiert ist der berühmte Satz des französischen Schriftstellers Ernest Renan (1823-1892), die Nation sei »plébiscite de tous les jour«, ein jeden Tag stattfindendes Plebiszit. Für ihn ist die Nation »eine Seele, ein geistiges Prinzip«, eine Solidargemeinschaft, deren Mitglieder bereits gemeinsame Opfer gebracht haben und weitere zu bringen bereit sind. Zusammengehalten wird die Nation durch die gemeinsame Vergangenheit – in der Regel in glorreichen Mythen geronnen – und die Aussicht auf eine – ebenfalls glorreiche – Zukunft (Renan 1995: 56ff.). Von dem österreichischen Schriftsteller Robert Musil (1880-1942) wird überliefert, er habe die Nation überhaupt für »eine Einbildung« gehalten (Anker 1995: 130). Der Politikwissenschaftler Benedict Anderson definiert die Nation als eine »vorgestellte politische Gemeinschaft«. Vorgestellt jedoch nicht in dem Sinne, als gäbe es »wahre« und falsche Gemeinschaften, sondern vorgestellt in einem weiteren

Verständnis: »In der Tat sind alle Gemeinschaften, die größer sind als die dörflichen mit ihren Face-to-Face-Kontakten, vorgestellte Gemeinschaften. Gemeinschaften sollten nicht durch ihre Authentizität voneinander unterschieden werden, sondern durch die Art und Weise, in der sie vorgestellt werden.« (Anderson 1988: 14, 16.)

Hier aber erweist sich das Nationskonzept als äußerst doppeldeutig. Auf der einen Seite bahnte es im Innern als Konzept, das die Gesellschaft öffnete, den Weg in den demokratischen Verfassungsstaat. Auf der anderen Seite wies es – verkoppelt mit dem Konzept des Staates – den Weg in das imperialistische Zeitalter, zeigte es sich auch als Herrschaftskonzept nach außen. »In dem halben Jahrhundert vor der Französischen Revolution breitete sich die Auffassung aus, dass die Einheiten, in welche die Menschheit aufgeteilt ist, Staaten sein müssen – und verstärkt, dass Völker, die nicht in Staaten lebten, wie es außerhalb Europas der Fall war, minderwertigen Zivilisationen angehörten und kaum Menschen genannt werden könnten.« (van Creveld 1999: 212f.)

Zugleich bot die Nation eine Zugehörigkeit, die nicht auf eigener Leistung beruhte. War selbst der Gnadenstand in den kirchlichen Gemeinschaften des 16. und 17. Jahrhunderts gebunden an ein gottgefälliges Leben, einen frommen Lebenswandel, die regelmäßige Beichte oder den Kauf der richtigen Ablasszettel, so war die Zugehörigkeit zur nationalen Gemeinschaft quasi durch Geburt erworben. Die Problematik war bereits dem Philosophen Arthur Schopenhauer (1788-1860) bewusst. Er schrieb: »Die wohlfeilste Art des Stolzes hingegen ist der Nationalstolz. Denn er verrät in dem damit Behafteten den Mangel an individuellen Eigenschaften, auf die er stolz sein könnte, indem er sonst nicht zu dem greifen würde, was er mit so vielen Millionen teilt. Wer bedeutende persönliche Vorzüge besitzt, wird vielmehr die Fehler seiner eigenen Nation, da er sie beständig vor Augen hat, am deutlichsten erkennen. Aber jeder erbärmliche Tropf, der nichts in der Welt hat, darauf er stolz sein könnte, ergreift das letzte Mittel, auf die Nation, der er gerade angehört, stolz zu sein.« (Schopenhauer 1991: 357f.) Auf etwas anderem Wege stößt Anderson auf das gleiche Problem und bemerkt, auf den Nationalismus bezogen (der hier zunächst nur als ideologischer Ausdruck, als Ausdruck des Denkens von der, in der Regel »eigenen«, Nation verstanden werden soll): »Anders als andere Ismen hat der Nationalismus nie große Denker hervorgebracht – keinen Hobbes, keinen Marx und keinen Weber. Diese ›Leere‹ gibt kosmopolitischen und polyglotten Intellektuellen gerne zu einer gewissen Herablassung Anlass.« Es komme jedoch darauf an, wie man den Nationalismus zuordnet. Und hier schlägt Anderson vor, nicht den Nationalismus »als eine Weltanschauung unter vielen« einzuordnen. »Es würde die Angelegenheit leichter machen, wenn man ihn begrifflich nicht wie ›Liberalismus‹ oder ›Faschismus‹ behandelte, sondern wie ›Verwandtschaft‹ oder ›Religion‹.« (Anderson 1988: 15.)

Der Historiker Friedrich Meinecke (1862-1954) versuchte schon am Beginn des 20. Jahrhunderts dem Problem der Grundlagen der Nation auf eine Weise näherzukommen, dass er auf der einen Seite mit dem subjektiv-politischen Begriff konform ging, auf der anderen Seite jedoch ihre Grundlagen in der wirklichen Geschichte berücksichtigte. Er unterschied daher zwischen Staatsnation und Kulturnation (Meinecke 1969: 28). Nach diesem Konzept hat die Nation eine objektiv-kulturelle Dimension, so eine gemeinsame Sprache, Herkunft und Geschichte; zuweilen kann auch Religion eine (mit-)konstituierende Stellung bei der Nationsbildung innehaben. Diese Gemeinsamkeiten führen zum Entstehen einer Kulturnation, die zunächst nicht notwendig ein eigenes Staatsgebiet haben muss. Insofern kann die Kulturnation – in modernen Begriffen – auch als eine »vorpolitische« Nation angesehen werden (Lehmann 1994: 67). Historisch waren dies Deutschland und Italien vor der Einigung im 19. Jahrhundert (Und Deutschland wieder 1945-1990.) Die Staatsnation konstituiert sich aus dem Entschluss der Bewohner eines bereits definierten staatlichen Territoriums zur Bildung einer politischen Gemeinschaft; indem sie sich zur Staatsangehörigkeit bekennen, sind sie als Citoyens konstitutive Grundlage der Nation. Hier trifft sich das Konzept mit Renans »Plebiszit«. Frankreich ist das historische Beispiel.

Sieht man die erste Hälfte des 19. Jahrhunderts gleichsam als Startphase und Phase der Verallgemeinerung der Moderne zunächst in Europa an, so sind hier vielfältige Faktoren in Ansatz zu bringen. Der amerikanische Historiker Gordon A. Craig nennt neben den geistigen und politischen Nachwirkungen der französischen Revolution und der stetigen Ausbreitung der Maschinenindustrie insbesondere (1) Währungs- und Bankenreformen sowie Aktien- und Versicherungsgesetze, die dazu beitrugen, dass das für das Wirtschaftswachstum erforderliche Kapital zur Verfügung stand; (2) die Revolution im Transportwesen, Stichwort: Eisenbahn und Dampfschifffahrt; (3) den sozialen Wandel, der mit der aufstrebenden, selbstbewussten Bourgeoisie, gestützt auf ihre Kapitalakkumulation, und mit der sich entwickelnden Arbeiterschaft verbunden war, und (4) einen Faktor, der oft unterschätzt wird, die Bevölkerungsentwicklung: »Aus Gründen, die dem Historiker noch unbekannt sind, fand zwischen 1750 und 1850 eine regelrechte Bevölkerungsexplosion statt. (W.L. Langer hat dies darauf zurückgeführt, dass die Heiratshäufigkeit nach der Lockerung der Kontrollen im Rahmen der Grundherrschaft und des Zunftwesens stieg und das Nahrungsmittelangebot hauptsächlich durch den Kartoffelanbau vergrößert wurde [...].) In der ersten Hälfte des 19. Jahrhunderts wuchs die Bevölkerung um vierzig Prozent, von 188 Millionen im Jahr 1800 auf 266 Millionen im Jahre 1850. Dies schuf eine Unmenge an Problemen, brachte aber auch der Industrie die nötigen Arbeitskräfte und eine große Anzahl an Käufern.« (Craig 1989: 16ff. Zitat S. 17.) Es handelte sich hier um einen tiefgreifenden, revolutionären Wandel, der in seiner Produktivkraftdimension nur mit der neolithischen Agrarrevolution zu vergleichen ist, und der alle Bereiche des gesellschaftlichen, politischen und geistigen Lebens erfasste.

Der Historiker Jürgen Osterhammel kommt am Ende seiner umfangreichen Weltgeschichte des 19. Jahrhunderts zu folgenden Haupttendenzen: Industrialisierung, Urbanisierung, Nationalstaatsbildung, Kolonialismus und Globalisierung. Vor allem aber war das 19. Jahrhundert »ein Zeitalter asymmetrischer Effizienzsteigerung«. Vor allem auf drei Gebieten: erstens »stieg die Produktivität menschlicher Arbeit in einem Maße, das über Wachstumsprozesse früherer Epochen deutlich hinausging«. Ein zweites Gebiet war das Militärische. »Die Tötungskapazität des einzelnen Kämpfers wuchs. Dies war keine unmittelbare Folge der Industrialisierung, sondern ein Prozess, der sich zu ihr in verbundener Parallelität entwickelte. Neben waffentechnischer Innovation war ein Zuwachs an militärischem Organisationswissen und an strategischer Kunst eine eigenständige Ursache militärischer Effizienzgewinne. Hinzu musste schließlich der politische Wille treten, staatliche Ressourcen auf das Militär zu konzentrieren.« Womit wir wieder bei dem Zusammenhang von Nation und Staat wären, über den dieser Wille hergestellt wurde. Das dritte »Feld der Effizienzsteigerung war die zunehmende Kontrolle von Staatsapparaten über die Bevölkerung der eigenen Gesellschaft.« (Osterhammel: 2009: 1286ff.)

Bei aller Widersprüchlichkeit wurde diese Entwicklung am Ende als ein Aufstiegs-, ein Fortschrittsprozess wahrgenommen. Ist bereits in der Aufklärung ein säkularisierter Fortschrittsoptimismus bestimmend, so sieht Hegel Fortschritt als zentrales Moment der dialektischen Bewegung des Begriffs und damit des gesamten Weltgeschehens. Bei Marx wird daraus die Idee des gesetzmäßigen gesellschaftlichen Fortschreitens zum Kommunismus, bei Darwin ist es die Idee der Entwicklung der Arten und der Höherentwicklung in der biologischen Evolution. Der Pessimismus in Bezug auf die Fortschrittsidee datiert – etwa in Deutschland – mit Webers erkenntnistheoretischer Skepsis vom Ende des 19. Jahrhunderts, als Europa bereits in das Zeitalter des Imperialismus eingetreten war, und verstärkt sich nach den Konvulsionen und Verbrechen des 20. Jahrhunderts, etwa bei Bloch und Adorno. Der Nationalismus folgte dieser Kurve. Craig beschreibt die Gegner der internationalen Ordnung, die der Wiener Kongress 1815 geschaffen hatte, als Vertreter des Prinzips der nationalen Selbstbestimmung, die davon überzeugt waren, »dass Menschen mit einer gemeinsamen Geschichte, Sprache und Kultur die Errichtung einer selbständigen politischen Einheit (oder Nation) unter einem Herrscher ihrer Wahl zugestanden werden müsse«. Und weiter: »Der Nationalismus, aus dem diese Bestrebungen erwuchsen, hatte wenig gemeinsam mit der engstirnigen Arroganz oder dem Hurrapatriotismus der nationalistischen Bewegungen in der zweiten Hälfte des Jahrhunderts. Der Nationalismus des frühen 19. Jahrhunderts war beseelt von einer inbrünstigen, wenn auch idealistischen Überzeugung, dass ein nach wirklich nationalen Gesichtspunkten geordnetes Europa ein gesünderes und friedlicheres Europa sein würde als eines, in dem unterworfene Nationalitäten weiterhin unter fremder Herrschaft lebten.« (Craig 1989: 16.)

Eines der sozialtheoretischen Probleme, die bei Marx und Engels nicht hinreichend ausgearbeitet wurden, ist die Unterscheidung von *Gemeinschaft* und *Gesellschaft*. In der Soziologie und im weiteren Sinne in den Sozialwissenschaften geht diese auf Ferdinand Tönnies zurück. Der stellte fest, dass die vorgängige wissenschaftliche Terminologie Gemeinschaft und Gesellschaft ohne Unterscheidung nach Belieben zu verwechseln pflegte. Unter Verweis zunächst auf den umgangssprachlichen Gebrauch des Deutschen machte er die unterschiedliche Verwendung der beiden Wörter deutlich: »Alles vertraute, heimliche, ausschließliche Zusammenleben […] wird als Leben in Gemeinschaft verstanden. Gesellschaft ist die Öffentlichkeit, ist die Welt. In Gemeinschaft mit den Seinen befindet man sich, von der Geburt an, mit allem Wohl und Wehe daran gebunden. Man geht in die Gesellschaft wie in die Fremde […] Man leistet sich Gesellschaft; Gemeinschaft kann niemand dem anderen leisten […] Gemeinschaft der Sprache, der Sitte, des Glaubens; aber Gesellschaft des Erwerbes, der Reise, der Wissenschaften. So sind insonderheit die Handelsgesellschaften bedeutend; wenn auch unter den Subjekten eine Vertraulichkeit und Gemeinschaft vorhanden sein mag, so kann man doch von Handels-Gemeinschaft kaum reden. Vollends abscheulich würde es sein, die Zusammensetzung Aktien-Gemeinschaft zu bilden. Während es doch Gemeinschaft des Besitzes gibt: an Acker, Wald, Weide. Die Güter-Gemeinschaft zwischen Ehegatten wird man nicht Gütergesellschaft nennen […] Im allgemeinsten Sinne wird man wohl von einer die gesamte Menschheit *umfassenden* Gemeinschaft reden, wie es die Kirche sein will. Aber die menschliche Gesellschaft wird als ein bloßes Nebeneinander voneinander unabhängiger Personen verstanden.« (Tönnies 2005: 3f. *Hervorhebungen im Original.*)

Peter Ruben hat diesen Ansatz rekonstruiert und hervorgehoben, dass »die Gemeinschaft durch die unmittelbare Kooperation in der Erhaltung des physischen Lebens via Produktion realisiert« ist, »die Gesellschaft aber durch den Austausch, durch den Handel« (Ruben 1998: 6; Ruben 2022). An anderer Stelle betont Ruben, dass Gemeinschaft gleichsam »die naturhistorische Verbindungsweise zwischen Menschen [ist], die bereits allein auf Grund der sexuellen Reproduktion den Grund der Produktion menschlicher Individuen bildet. Gesellschaft dagegen ist Produkt des Handelns der Individuen als Personen, vermittelt durch den Kontrakt, den sie schließen. Das Individuum ist Teil der Gemeinschaft und zwar sein letzter unteilbarer Teil, wie es diese lateinische Übersetzung des griechischen *atomos* auch meint. Die Gemeinschaft ist gegen ihre Individuen daher auch in der Verteilung, in der Distribution wirklich. Die Gesellschaft wird […] durch den Austausch gebildet, der – in der rein theoretischen Annahme – wenigstens zwei gegeneinander verschiedene und miteinander in Verkehr tretende Gemeinschaften voraussetzt, die im Verkehr zumindest eine Preisverhandlung betreiben […] Mit dieser Beschreibung verzichte ich auf Tönnies' Bemühung des Willens und denke lieber an die Produktion und den Austausch, wenn ich seine Termini Gemeinschaft und Gesellschaft übernehme. Isolierte Individuen, so wissen wir, können nicht menschliche Generationen garantieren. Dies gelingt erst bei Gemeinschaften von etwa 500 Individuen, die mit interner Arbeitsteilung unmittelbar kooperativ zusammenwirken und in reiner Subsistenzwirtschaft sich bei passenden Umweltbedingungen auf Dauer, d.h. über Generationen hinweg, erhalten können. So ist die Gemeinschaft unerlässliche Bedingung individueller Existenz. Die Gesellschaft dagegen ist die eigentlich historische Erfindung, die mit der Entdeckung gemacht wird, dass Gemeinschaften Bedürfnisse mit fremden Gütern befriedigen können, wenn sie anderen Gemeinschaften eigene Güter zur Befriedigung fremder Bedürfnisse zu liefern fähig sind. Die Entwicklung der Gesellschaft impliziert die Produktion von Gütern über den Eigenbedarf hinaus. Sie ist daher die notwendige Bedingung der Entwicklung des Reichtums.« (Ruben 1993: 22; Ruben 2022.) Beide sind nicht Geschöpfe von Willensentscheidungen, sondern Ausdruck der wirklichen Existenz und Bewegung menschlicher Bindungen als positiver Verbindungen der Menschen in ihrem Lebensprozess, die wiederum aus den materiellen Lebensverhältnissen erwachsen.

Ist also davon auszugehen, dass die Einzelmenschen in Gemeinschaften Individuen, in Gesellschaften Personen sind, d.h. kontraktfähig und als solche Vertragspartner, so gilt: »Gemeinschaften sind durch gemeinsame Vermögen bestimmt, z.B. durch eine Gemeinschaftskasse […] Besondere Gesellschaften unterstellen die Assoziation von Teilen persönlicher Vermögen, die nicht zum Gruppeneigentum in dem Sinne werden, dass nur die Gruppe als solche über seine Verwendung entscheidet (die Geschäftsführung handelt im Auftrag der Gruppe, und nie kann die Geschäftsführung die Gruppenmitglieder entmündigen, ausschließen, kooptieren oder sonst in irgendeiner Form in ihre Funktionäre verwandeln, das gerade kann ein Gemeinwesen mit seinen Individuen in der Tat veranstalten) [...] Personen bringen Teile ihres Eigentums in eine geschlossene Gesellschaft ein, und sie bleiben darin die persönlichen Eigner«. (Ruben 1998: 7f.).

Bei Marx ist die Ununterschiedenheit der Gemeinschaft von der Gesellschaft Moment seines Konzepts der Entfremdung der Arbeit. So schreibt er: »Die gesellschaftliche Tätigkeit und der gesellschaftliche Genuss existieren keineswegs allein in der Form einer unmittelbar gemeinschaftlichen Tätigkeit und unmittelbar gemeinschaftlichen Genusses, obgleich die gemeinschaftliche Tätigkeit und der gemeinschaftliche Genuss, d.h. die Tätigkeit und der Genuss, die unmittelbar in wirklicher Gesellschaft mit anderen Menschen sich äußert und bestätigt, überall da stattfinden werden, wo jener unmittelbare Ausdruck der Gesellschaftlichkeit im Wesen ihres Inhalts begründet [...] ist.« (MEW 40: 538.) Ruben merkt dazu an, dass Marx hier das Adjektiv gemeinschaftlich durch die Wortfolge unmittelbar in wirklicher Gesellschaft mit anderen Menschen erklärt. Das zeigt, dass er die Möglichkeit der Unterscheidung von Gemeinschaft und Gesellschaft ausspricht, aber im eigenen Denken nicht wirklich bestimmt (Ruben 2002: 54; Ruben 2022).

Ist in diesem Sinne die Gemeinschaft unmittelbare Gesellschaft, so kann nur die vermittelte Gesellschaft nicht Gemeinschaft sein. Sie aber ist eben die, die das Individuum durch Gebrauch der Produkte anderer Individuen eingeht. Marx folgert demgemäß: »Es ist vor allem zu vermeiden die ›Gesellschaft‹ wieder als Abstraktion dem Individuum gegenüber zu fixieren. Das Individuum ist das gesellschaftliche Wesen.« Das läuft dann darauf hinaus, die Gesellschaft als Gemeinschaft zu denken bzw. als die »wahre Gesellschaft« im Gegensatz zur »falschen« oder »entfremdeten«. Konsequenz kann dann nur sein, diese Gesellschaft abzuschaffen. Der Einzelmensch ist dann als Individuum Element der Gemeinschaft, sein letzter unteilbarer Teil, gegen den sie das Ganze ist, er ist jedoch nicht mehr kontraktfähige Person in der Gesellschaft, die sich am Gütertausch beteiligt. Folgerichtig wurde in allen kommunistischen Ländern nicht nur das Privateigentum am Produktivvermögen beseitigt, sondern gerade in der Anfangsphase jede Form des »Schachers« am Staat vorbei streng geahndet.

Die Verortung der Nation im Geflecht der Verbindungsarten unter Menschen bedarf der Unterscheidung von Gemeinschaft und Gesellschaft. Unter der Voraussetzung, dass wir es hier mit dem entscheidenden Kriterium zu tun haben, folgt daraus für die Nation, dass sie zu jenen menschlichen Bildungen gehört, die unter den Begriff der Gemeinschaft zu subsumieren sind. »Die Nation ist, wenngleich die entsprechende Wortbildung oft genug verwendet wird, keine Gesellschaft, sondern eine Gemeinschaft. Sie ist das als Verein zur wechselseitigen Unterstützung ihrer Angehörigen ohne Rücksicht auf den individuellen Anteil in der Bildung des Unterstützungsfonds. Sie ist das als die Produzentin einer volks- oder nationalwirtschaftlichen Infrastruktur, wie sie geschichtlich zuerst unter Führung der Londoner City in England verwirklicht worden ist. Die Nationalwirtschaft bedeutet die ökonomische Realität der Nation, die für den Angehörigen einer fremden Nation in ihren Zollgrenzen fühlbar genug ist und eben in den Zolleinnahmen eine Quelle zur Verfügung hat, um Ausgaben im Interesse der Nation zu ermöglichen«. (Ruben 1993: 23.) Die Nationalwirtschaft und die Nation gehörten historisch zusammen, waren sich gegenseitig Voraussetzung.

Analog dazu bestimmt – das sei nochmals unterstrichen – auch Benedict Anderson die Nation, wenn er sie als in dreierlei Sinn »vorgestellt« ansieht:

Als begrenzt vorgestellt: Selbst die größte von ihnen (mit vielleicht einer Milliarde Menschen) lebt in genau bestimmten, wenngleich historisch durchaus variablen Grenzen; »Keine Nation setzt sich mit der Menschheit gleich. Selbst die glühendsten Nationalisten träumen nicht von dem Tag, da alle Mitglieder der menschlichen Rasse ihrer Nation angehören werden«.

Als souverän vorgestellt: Ihr Begriff wurde in einer Zeit geboren, da Aufklärung und Revolution die Legitimität des Gottesgnadentums zerstörten und selbst die frommsten Anhänger jeglicher Universalreligion mit dem tatsächlichen Pluralismus von Religionen und ihrer territorialen Ausdehnung leben mussten. Frei und gleich zu sein bedeutete, unmittelbar zu Gott zu sein. Der säkulare Ausdruck dessen war der souveräne Staat, den anderen Staaten gleich, und gleich selbstbestimmt. Als »Gemeinschaft vorgestellt, weil sie, unabhängig von realer Ungleichheit und Ausbeutung, als ›kameradschaftlicher‹ Verbund von Gleichen verstanden wird«. Anderson hält es weniger für bemerkenswert, »dass Millionen von Menschen für so begrenzte Vorstellungen« während der vergangenen zwei Jahrhunderte getötet haben, als vielmehr, dass sie für diese bereitwillig gestorben sind. Die in der Gemeinschaft liegende »Brüderlichkeit« sieht er als das eigentliche Geheimnis dessen an (Anderson 1998: 16f.).

Die Nation in diesem Verständnis konnte unter den gegebenen Bedingungen nur in Europa entstehen. Sie ist Moment des Aufstiegs Europas als des globalen Machtzentrums insofern, als dass dieses nicht aus einer imperialen Reichsstruktur hervorgehen konnte, sondern nur aus der Konkurrenz der verschiedenen Staaten, politischen Gemeinwesen, wirtschaftlichen Interessen, militärischen Rivalitäten sowie der religiösen Heilsangebote und kulturellen Prägungen. Zugleich jedoch setzte – dies ist Teil jener historischen Dialektik – die europäische Nationenbildung das immerhin bis 1806 existierende Reich (»der Deutschen«) als Gegenstand der Negation voraus, die realhistorisch in einer Reihe von Kämpfen ausgetragen wurde. Das der Nation zugrunde liegende Souveränitätsverständnis ist Kind der Aufklärung und der politischen Revolutionen, in den Niederlanden, in England und dann in Frankreich, wie der Nationalwirtschaft als Bedingung der industriellen Revolution und der Zollhoheit. Sie ist Gemeinschaftsbildung nicht in einem ursprünglich naturhistorischen Sinne, wie die Familie, der Clan oder der Stamm, sondern Ergebnis eines historischen Ausformungsprozesses, der jedoch nur in einem abstrahierend theoretischen Sinne als Willensprozess, als »Plebiszit« vorgestellt werden kann, in der Tat jedoch als gleichsam naturhistorischer Prozess von Vergemeinschaftung, der sich hinter dem Rücken der Akteure vollzogen hat.

Realgeschichtliche Dualität

Die Moderne konstituiert sich in der Dualität von Gemeinschaft und Gesellschaft. In der Wirtschaftsgesellschaft ist die zentrale Figur zunächst der Bürger als *Bourgois*. Er bildet sich aus in der bürgerlichen *Commune*, wie sie im Übergang zur Neuzeit etwa in Florenz, Genua, Augsburg oder Nürnberg entstand, die die Stadtwirtschaft entwickelt und das Land um sich herum unterwirft, wenn sie es denn kann, u.U. auch eine andere Stadt erobert, wie Florenz im Jahre 1406 Pisa. Die Bürgerschaft der Commune, die sich mit starken Stadtmauern gegen den Adel auf dem Lande schützt, macht den Bourgeois historisch möglich. In diesem Sinne ist der Aufstieg der Stadt das eigentliche »Wunder« der europäischen Geschichte. Der französische Historiker Braudel beschreibt dies so: »Das eigentliche Wunder der abendländischen Städteentwicklung liegt übrigens weniger darin, dass nach der fast vollständigen Zerstörung durch die Katastrophe des 5. Jahrhunderts vom 11. Jahrhundert an ein allgemeiner Aufschwung erfolgte: Ein solch langsames, Jahrhunderte umspannendes Auf und Ab mit Expansion, Geburt und Wiedergeburt der Städte lässt sich in der Geschichte mehrfach belegen, so für Griechenland vom 5. bis zum 2. Jahrhundert v.u.Z. und, wenn man so will, für Rom, für die islamischen Länder vom 9. Jahrhundert an und für China unter der Sung-Dynastie. Stets jedoch nehmen an diesem Wiederaufstieg zwei Wettläufer teil, der Staat und die Stadt, wobei normalerweise der Staat das Rennen gewinnt und die Stadt eisern niederhält. Das Wunder der ersten großen Jahrhunderte städtischer Entwicklung in Europa besteht im unumschränkten Sieg der Stadt, zumindest in Italien, Flandern und Deutschland. Sie führt ziemlich lang ein völlig eigenständiges Leben – ein Vorgang von überragender Bedeutung, dessen Beginn sich nicht eindeutig ausmachen lässt, dessen ungeheuer weit reichende Folgen aber deutlich in Erscheinung treten.« (Braudel 1990a: 560.)

Im Ergebnis langer politischer, sozialer und wirtschaftlicher Kämpfe wird auch der Eigentumslose vertragsfähig und sukzessive zugleich Besitzer von Eigentum. In der politischen Gesellschaft der Nation ist der Einzelmensch als Bürger *Citoyen* (von Cité, Stadt oder Gemeinwesen), eine Eigenheit, die mit der Ausdehnung des Wahlrechts auf alle Staatsbürger am Ende völlig unabhängig von den Vermögensverhältnissen verallgemeinert ist. Hier hat die imaginierte »Kameradschaft« Andersons ihren realen Untergrund. »In der Nation«, so nochmals Ruben, »bildet das Individuum seinen Geist, seinen Verstand und seine Vernunft, seinen kulturellen Habitus aus, wird es zum Staatsbürger und also zur Person, die den politischen Verkehr erlernt. Getrennt von der Nation oder als Glied einer unterworfenen Nation bleibt das Individuum vom politischen Verkehr ausgeschlossen, Teil einer Verfügungsmasse für Entscheidungen, deren Zustandekommen ohne seine Einflussnahme als ein äußerliches und fremdes Schicksal erfahren wird. Der Kampf um nationale Emanzipation ist daher immer auch der Kampf um die Anerkennung der Würde des Einzelmenschen als einer politisch handelnden Person.« (Ruben 1993: 29.)

Recht frühzeitig schon bildeten sich innerhalb der Gemeinschaft spezielle Gesellschaften heraus, so im antiken Rom, wenn »das Gemeinwesen, vertreten durch gewählte Beamte, Ausschreibungen für Unternehmungen vornimmt, die im Interesse der res publica auszuführen sind, aber nicht von ihr realisiert werden können. Die Selbstunterscheidung des Gemeinwesens von der Gemeinschaft, dessen Allgemeines es ist, liefert die Möglichkeit, ein Verhältnis zwischen den Individuen der Gemeinschaft und ihrem Gemeinwesen so zu begründen, dass daraus Gesellschaft entsteht. Die römische *societas* findet ihre historische Fortsetzung in der Seegesellschaft (*societas maris*) der mittelalterlichen italienischen Städte. Dieser Entwicklungsgang ist es, der uns den Begriff der bürgerlichen Gesellschaft (*societas civilis* oder *civil society*) liefert.« (Ruben 2002: 40f.)

Jeder besonderen Gemeinschaft, so auch der Nation, tritt die Gesellschaft zugleich als verallgemeinert menschliche Gesellschaft in Gestalt des Weltmarktes gegenüber. Er entsteht mit der Verstetigung des Austausches, indem der Austausch zwischen den verschiedenen Gemeinschaften regelmäßig und dauerhaft gemacht wird, bereits lange vor der europäischen Antike, etwa in Gestalt der Handelsverbindungen zwischen Ägypten, dem Zweistromland, dem Industal und China vor über 4000 Jahren (Braudel 1990b). Mit der Eroberung und Ausbeutung Amerikas wird die Weltwirtschaft nicht geschaffen, sondern globalisiert; die Unterwerfung unter die europäische Vorherrschaft macht sie dann zum Akkumulationsquell wie zum globalisierten Markt des industriellen und postindustriellen Zeitalters. Die Revolutionen des Transportwesens wie der Nachrichtenverbindungen erhöhen die Umschlagsgeschwindigkeiten und beschleunigen und intensivieren die Verbindungen zwischen den Akteuren auf dem Weltmarkt. Insofern ändert das, was heute »Globalisierung« geheißen wird, die Daseinsbedingungen der Nationen; diese haben bei ihrer Entstehung die Weltwirtschaft als ihre allgemeine gesellschaftliche Bedingung jedoch bereits vorgefunden.

Kontingenzen und Individualitäten

Als 642 die Stadt Alexandria, zum oströmischen Reich von Byzanz gehörend, von den Arabern erobert wurde, war für die Zeitgenossen nicht abzusehen, dass die hellenische Zeit ein für allemal ein Ende haben würde. *(Terminologisch folge ich hier dem von dem britischen Historiker Arnold J. Toynbee [1889-1975] entwickelten Verständnis der »großen Kulturen«, wonach die griechische, im engeren Sinne hellenistische Kultur, und die römische der »Romania«, einschließlich der oströmischen in Gestalt des Reiches von Byzanz, unter dem Begriff der »hellenischen Kultur« zusammengefasst werden können [Toynbee 2009])* Ägypten wurde arabisiert und islamisiert; die koptischen Christen wurden aus einer Bevölkerungsmehrheit zu einer Minderheit. Eroberungskriege, Völkerwanderungen, Entdeckungen, religiöse Auseinandersetzungen und Hungersnöte haben Bevölkerungen, ihre Siedlungsgebiete und auch ihre Kulturen verändert. Dass eine autochthone Bevölkerung über Jahrtausende hinweg in einer ethnischen und kulturellen Kontinuität und Tradition lebt und sich entwickelt, ist weltgeschichtlich eher die Ausnahme, unter den großen Völkern dieser Welt trifft dies nur für China in gewissem Maße zu, in Europa nur für einige eher kleine Völker, etwa die Basken oder Albaner. Das Beispiel Ägypten wurde auch deshalb gewählt, weil es zeigt, dass selbst bei physischer Fortexistenz einer durch Krieg unterworfenen Bevölkerung in einem gleichbleibenden Territorium auf dem Wege sprachlicher, religiöser und kultureller – dabei ist es gleichgültig, ob und inwiefern dies gewaltsam geschieht oder nicht – Überformung oder Neu-Prägung während eines historisch kürzeren Zeitraumes nur weniger Generationen dort plötzlich eine völlig andere Gemeinschaft lebt, jedenfalls in kultureller Hinsicht. Insofern erweisen sich die Gesichtspunkte, die nach Friedrich Meinecke (Meinecke 1969) als objektiv-kulturelle Dimension der Nationsentwicklung – Sprache, Herkunft,

Geschichte – figurieren, ihrerseits als eher kontingent; sie sind im Einzelfall sicher notwendig, aber nicht hinreichend, jedenfalls erscheinen sie als nicht erklärungsmächtig genug.

Nationen haben ethnische, territoriale, wirtschaftliche, kulturelle, sprachliche usw. Voraussetzungen. Diese bringen jedoch nicht notwendig eine bestimmte Nation hervor, die in einem vorgegebenen Territorium siedelt. Dass Korsika an Frankreich fiel, hatte keine ethnische Grundlage, sondern kam zustande, weil die Republik Genua die Insel angesichts ihrer Unabhängigkeitsstrebungen ohnehin nicht mehr beherrschen konnte und sie daher kurzerhand 1768 an Frankreich verkaufte – auf diesem Wege wurde der Korse Napoleon Franzose. Der König von Savoyen wurde zwar im Zuge der italienischen Einigung 1861 König von Italien, musste aber sein ursprüngliches Kernland an Frankreich abtreten, als Gegenleistung für die Waffenhilfe unter Napoleon III. gegen Österreich. Die »kleindeutsche Lösung« der deutschen Frage in Gestalt des Bismarck-Reiches war Ergebnis der Schlacht von Königgrätz und nicht etwa der Tatsache, dass die deutschsprachige Bevölkerung Österreichs schon immer eine »eigene Nation« gewesen sei (Crome 2019: 51ff.). Die Ausbildung der bulgarischen Nation nach der Beseitigung der osmanischen Herrschaft in den Grenzen, die wir heute kennen, d.h. bei einem eigenständigen Mazedonien und ohne Zugang zur Ägäis, war nicht etwa Resultat etwaig unüberbrückbarer historischer, sprachlicher, mentaler usw. Unterschiede zwischen Bulgaren und Mazedoniern, sondern des Berliner Kongresses von 1878, weil die anderen europäischen Großmächte Russland den Friedensvertrag von San Stefano mit der Türkei neideten.

So betont Etienne Balibar, keine Nation besitze eine ethnische Basis in dem Sinne, dass sie eine »natürliche Existenz aufgrund einer Abstammung, einer Kulturgemeinschaft oder vorgegebener Interessen« hätte. Es handele sich vielmehr um »ihre imaginäre Einheit gegen andere mögliche Einheiten im Realen (und damit im historischen Zeitverlauf)« (Balibar/Wallerstein 1992: 63). Jedes Volk sei »durch einen nationalen Prozess der Ethnisierung geschaffen« worden (ebenda, 129). Diesen Gedanken begründet er wie folgt: »Die Geschichte der Nationen, angefangen bei der unsrigen (*der französischen* – E.C.), liegt uns immer schon in der Form eines Berichts vor, der ihnen die Kontinuität eines fortlaufenden Handlungsstrangs verleiht. So stellt sich die Bildung der Nation als die Realisierung eines säkularen ›Projekts‹ dar, von Etappen und Bewusstwerdungsprozessen gekennzeichnet«. Derlei Darstellung sei jedoch »eine retrospektive Illusion«, und zwar eine zweifache. »Sie besteht einmal in der Annahme, dass sich die Generationen, die jahrhundertelang auf einem annähernd gleichbleibenden Territorium unter einer annähernd einheitlichen Bezeichnung aufeinander gefolgt sind, eine unveränderliche Substanz übermittelt haben. Und sie besteht außerdem in der Überzeugung, dass die Entwicklung, deren Elemente wir im nachhinein so anordnen, dass wir uns selbst als ihr Resultat begreifen, die einzig mögliche war, dass sie schicksalhaft war. Projekt und Schicksal sind die beiden symmetrischen Figuren über die nationale Identität.« Die Franzosen von heute seien jedoch mit den Untertanen Ludwig XIV. »kollektiv nur durch eine Folge von zufälligen Ereignissen verbunden, deren Ursachen nichts mit dem Schicksal ›Frankreichs‹, dem Projekt ›seiner Könige‹ oder den Bestrebungen ›seines Volkes‹ zu tun haben.« (Ebenda, 107.) Bei den vor-nationalen Strukturen und Bedingungen handelt es sich »um ein durch die Umstände bedingtes Beziehungsgeflecht und nicht um eine notwendige Evolutionslinie, die ihnen einen bestimmten Platz in der Vorgeschichte der Nation-Form zuweist.« (Ebenda, 109.) Für die Analyse der Nation als historische Form heißt dies: »wir müssen ein für allemal auf alle linearen Evolutionsschemata verzichten« (ebenda, 112). Immanuel Wallerstein zieht daraus die Schlussfolgerung, dass die Gemeinschaften, »denen wir alle angehören, aus denen wir unsere ›Werte‹ beziehen, denen gegenüber wir unsere ›Loyalität‹ bekunden und die unsere ›soziale Identität‹ bestimmen, samt und sonders historische Konstruktionen (sind). Und es sind, was besonders wichtig ist, Konstruktionen, die sich permanent im Umbau befinden. Das bedeutet nicht, dass es ihnen an Festigkeit oder Dauerhaftigkeit gebräche, oder dass es bloße Übergangserscheinungen wären. Im Gegenteil. Aber es sind niemals ursprüngliche Gemeinschaften, und von daher ist jede historische Beschreibung ihrer Struktur und ihrer Entwicklung durch die Jahrhunderte hindurch notwendigerweise eine Ideologie der Gegenwart.« (Ebenda, 273.)

Das bedeutet aber definitiv nicht, dass es jedem Ideologen anheimgestellt ist, was er hier nach Belieben darstellt. Festzuhalten bleibt vielmehr: auch wenn die Nation keine »ursprüngliche« Gemeinschaft ist, so ist sie doch keine beliebig oder künstlich konstruierbare. So wie jede einzelne Nation nunmehr ist, wurde sie nicht »gesetzmäßig« oder zwangsläufig oder weil ihr etwa ein spezifischer Genotyp eingeschrieben wäre, sondern weil sie im Gefolge einer eigenen historischen Entwicklung so wurde. Zu dieser gehörten Sternstunden und Verbrechen, große wissenschaftliche, kulturelle, wirtschaftliche oder auch militärische Leistungen, wie auch Kleinmut und Verrat von Politikern, Kapitaleignern oder Arbeiterführern. Aus der Gesamtgeschichte jeder Nation lassen sich dann nationale Mythen konstruieren, die zwar stets auf Identitätsstiftung zielen und insofern tatsächlich Ideologie sind, die jedoch von jeder Generation gleichsam neu geschrieben werden. Was bedeutet »Sedan« oder »Tannenberg« heute für eine deutsche Identität? *(Der Sieg der deutschen Truppen in der Schlacht bei Sedan am 2. September 1870, bei der auch Kaiser Napoleon III. gefangengenommen wurde, bot den Hintergrund für einen zentralen Reichsgründungsmythos [»Sedantag«] mit antifranzösischer Ausrichtung im deutschen Kaiserreich. Der Sieg deutscher Truppen in der Schlacht bei Tannenberg gegen russische Truppen, Ende August 1914, unter dem Oberbefehl von Hindenburg und Ludendorff war die Grundlage für den »Hindenburg-Mythos« zur ideologischen Beförderung der Kriegswilligkeit der deutschen Bevölkerung während des Ersten Weltkrieges und zur deutsch-nationalen Propaganda in der Weimarer Politik, die sowohl auf die Aufrechterhaltung der Dolchstoß-Legende zielte als auch die Wahl Hindenburgs zum Reichspräsidenten stützte.)*

Was heißt »1968« für einen heute Zwanzigjährigen in Deutschland oder für einen Westdeutschen, der 1968 zwanzig Jahre alt war?

Nationalgeschichten sind, und so sind Balibar und Wallerstein zunächst zu interpretieren, nicht schicksalhaft und als Zwangsläufigkeit sondern eher chaostheoretisch zu erklären: Wir können aus heutiger Sicht sagen, warum es aus welchen Gründen zu den jetzt vorfindbaren Verhältnissen oder Bedingungen kam. Hier sind die jeweiligen Ausgangsbedingungen am Beginn der Neuzeit bzw. zum Zeitpunkt der Begründung der jeweiligen Nation analytisch auszumachen und dann die verschiedenen Interaktionen – politische, militärische, kulturelle usw. – mit anderen Staaten, Völkern und

Nationen in der Geschichte Europas und der Welt nachzuvollziehen. Zugleich bildete Europa, trotz der national-staatlichen, konkurrenzförmigen Strukturiertheit immer auch ein Ganzes; »keine einzelne Nation noch ein einzelner Nationalstaat Europas kann eine Geschichte aufweisen, die aus sich verständlich ist«, betonte Arnold J. Toynbee (Ders. 2009, Teil 1: 1). Resultante ist das Sein bzw. So-Sein der verschiedenen Nationen heute unter einer weltgeschichtlichen Perspektive. Vergleichend kann man Verallgemeinerungen erarbeiten, unter dem Oberbegriff der Nation Untergruppen bestimmen, etwa typologisch den Entwicklungsweg der Nationen im Westen und im Osten Europas untersuchen. Auch Helmuth Plessners Darstellung der deutschen Nation als der »verspäteten«, was eigentlich die zu spät gekommene meinte und die Denkfigur des »deutschen Sonderweges« begründen half, ist Ausdruck eines solchen Vergleichs. Wenngleich er insbesondere unter dem Gesichtspunkt der Nations- und Staatsbildungsprozesse in Europa nach 1990 nichts erklärt. Ein Vergleich verdeutlicht aber vor allem nicht, aus welchen Gründen die Nation überhaupt entstand und zu dem wurde, was sie heute ist.

Umrisse der Nation (nach Gellner)

Eine plausible und in breitestem Sinne wissenschaftlich nutzbare Deutung bietet Ernest Gellner. Sein Ausgangspunkt ist zunächst die Verbindung von agrarischer Gesellschaft und Schriftkultur und eines damit verbundenen speziellen Gelehrtenstandes. Hegel paraphrasierend ordnet er den drei großen Zeitaltern der Menschheitsgeschichte Phasen zu: Zuerst konnte niemand schreiben und lesen, dann konnten es einige, am Ende alle. Die mittlere Phase bestimmt er als die der Agrargesellschaft, in der einige Menschen schreiben und lesen können. »Das geschriebene Wort scheint zusammen mit dem Rechnungsführer und dem Steuereintreiber in die Geschichte einzutreten: Der früheste Gebrauch des geschriebenen Zeichens scheint häufig mit dem Führen von Listen zusammenzufallen. Sobald diese Kunst sich jedoch einmal herausgebildet hatte, wird das geschriebene Wort auch zu anderen Zwecken genutzt, in der Gesetzgebung, für Verträge, in der Verwaltung. Schließlich legt Gott selbst seinen Vertrag mit der

Menschheit und seine Regeln für das Verhalten seiner Geschöpfe schriftlich nieder. Theologie, Gesetzgebung, Prozessführung, Verwaltung, Heilkunde: alle diese Künste bringen eine Klasse schriftkundiger Spezialisten hervor«. Diese haben unterschiedliche Traditionen, Doktrinen, Rekrutierungsmuster und Organisationsformen und stehen in oft recht unterschiedlichem Verhältnis zum Staat, eher zentralisiert oder auch locker, die Mitgliedschaft kann erblich sein oder offen zugänglich. »Die Schriftkultur, d.h. die Herausbildung einer einigermaßen dauerhaften und standardisierten Schrift, bedeutet im Effekt die Möglichkeit kultureller und kognitiver Speicherung und Zentralisierung. Die kognitive Zentralisierung und Kodifizierung, die durch Schriftkundige erreicht wird, und die politische Zentralisierung, welche der Staat ist, müssen nicht Hand in Hand gehen. Häufig sind sie Rivalen; manchmal übernimmt die eine Funktion die andere; aber häufiger noch sind Rot und Schwarz, die Spezialisten der Gewalt und jene des Glaubens, unabhängig voneinander operierende Rivalen, und ihre Territorien sind häufig nicht deckungsgleich.« Die Zentralisierung der Macht und die Zentralisierung der Kultur bzw. Erkenntnis nennt Gellner die »beiden entscheidenden Formen der Arbeitsteilung mit ihrer jeweiligen Eigenlogik«, die »weitreichende und je spezifische Auswirkungen auf die typische Sozialstruktur des schriftkundigen agrarischen Gemeinwesens« haben (Gellner 1991: 18f.).

Was bedeutet dies nun für die verschiedenen agrarischen Gemeinwesen? Hier ist, nebenbei bemerkt, für die ganze Welt noch zwischen dem 15. und dem 18. Jahrhundert davon auszugehen, dass angesichts des niedrigen Standes der Agrikultur, vergleichsweise niedriger Erträge usw. 80 bis 90 Prozent der Menschen ausschließlich von der Landwirtschaft leben (Braudel 1990a: 41). Insofern sind alle Oberschichten- und Kulturphänomene vor der Moderne ausschließlich oder zumindest vorwiegend Sache zahlenmäßig und prozentual kleiner Oberschichten. Gellner nimmt dies zum Ausgangspunkt und schreibt: »Im charakteristischen schriftkundigen agrarischen Gemeinwesen bildet die herrschende Klasse eine kleine Minderheit der Bevölkerung, die von der großen Mehrheit der unmittelbaren landwirtschaftlichen Produzenten oder Bauern rigide getrennt ist. Im allgemeinen übertreibt ihre Ideologie eher die Ungleichheit der Klassen und den Grad an Trennung von der herrschenden Schicht, als sie herunterzuspielen. Die herrschende Klasse lässt sich ihrerseits wieder unterteilen in eine Reihe spezialisierter Schichten: Krieger, Priester, Schriftgelehrte, Verwalter, Bürger [...]. Sowohl in der herrschenden Schicht insgesamt als auch in den verschiedenen Unterschichten wird nicht die Homogenität, sondern die kulturelle Differenzierung betont. Je differenzierter die verschiedenen Schichten – in allen möglichen Stilen – ausgeprägt sind, desto weniger Spannungen und Ambiguität werden zwischen ihnen herrschen. Das ganze System begünstigt somit horizontale kulturelle Abgrenzungen, und wenn diese fehlen, wird es sie erfinden und verstärken. Genetische und kulturelle Unterschiede werden Schichten zugeschrieben, die sich in Wahrheit nach ihrer Funktion ausdifferenziert haben, um ihre Differenzierung zu befestigen und ihr Autorität und Dauer zu verleihen.« (Gellner 1991: 20f.)

In einem solchen System, in dem Gegensätze, und zwar tiefe soziale, kulturelle, mentale, ja – nach dem Ende der großen Religionskriege – auch religiöse und sprachliche Differenzen nicht nur nicht stören, sondern eigentlich systemeigen, vorausgesetzt sind und – wo sie ursprünglich fehlen – im Nachgang geschaffen werden, ist der Unterschied konstitutiv. Es ist in diesem Sinne auch normal, dass die politisch-militärische Oberschicht, die »Spezialisten der Gewalt« bei Gellner, sich in einer eigenen Sprache unterhalten, in Europa im 18. Jahrhundert etwa in Französisch. Die Distinktion war stets beabsichtigt. Friedrich II. beispielsweise, der nicht nur am liebsten französisch sprach, sondern seine eigenen Texte auch in französischer Sprache schrieb, verlästerte in seiner Schrift »Über die deutsche Literatur« (1780) eben diese Literatur, die er eigentlich nicht wirklich kannte, und nannte die deutsche Sprache »eine noch halb barbarische [...], die in ebenso viele Dialekte zerfällt, wie Deutschland Länder und Gegenden aufzuweisen hat« (Friedrich II. 1985: 365; Vgl. Mittenzwei 1979: 197ff.). Die »Spezialisten des Glaubens« dagegen sprechen in einer anderen Sprache, in Europa, soweit die katholische Kirche reichte, lateinisch (auch in der Liturgie, dies bis zum 2. Vatikanischen Konzil 1963). Nach einem überlieferten Bonmot Karls V. sollte »das Spanische die rechte Sprache sein, um mit Gott zu sprechen, das Polnische, um den Teufel zur Hölle zu schicken, das Französische zur Unterhaltung, das Italienische für die Diplomatie und das Deutsche zum Befehlen – weshalb er zu seinem Pferd deutsch gesprochen haben soll« (Brühl 2001: 87).

Die Unterschichten, in aller Regel Analphabeten, sprechen ihre Volkssprachen. Insofern ist für derartige agrarische Gesellschaften – die in hohem Maße stationär sind und in denen Wanderungsbewegungen der Unterschichten, außer im Gefolge von Kriegseinbrüchen und Hungersnöten, kaum stattfinden – charakteristisch, dass soziale Unterschiede sich mit kulturellen, ethnischen, religiösen und sprachlichen überschneiden. Siebenbürgen mag hier exemplarisch genannt werden: seine aristokratische Oberschicht und die höhere Staatsbürokratie waren ungarisch, die ländlichen Unterschichten waren mehrheitlich walachisch (rumänisch), die großen Städte deutsch; die einen katholisch mit lateinischer Liturgie oder katholisch-uniert, die anderen orthodox, im Zeitalter der Reformation kam noch der Kalvinismus hinzu. Erst im 19. Jahrhundert, d.h. als die Idee der Nation bereits um sich zu greifen begonnen hatte, wurden die ethnisch-kulturell-sprachlichen Unterschiede als nationale verstanden und die soziale Kluft als nationale empfunden. Die Magyarisierungspolitik der ungarischen Herrscherschicht und der staatlichen Behörden wurde mit nationalen Gegenbewegungen der rumänischen, slowakischen und deutschsprachigen Bevölkerungsteile beantwortet.

Auch in Galizien, das heute größtenteils zur Ukraine gehört, waren soziale Schichtung und kulturelle, ethnische, sprachliche und religiöse Unterschiede verschränkt. Galizien war jener Teil des Königreichs Polen, der mit den Teilungen österreichisch geworden war. Hier war die angestammte aristokratische Oberschicht polnisch, die ländlichen Unterschichten waren im Westen ebenfalls polnisch, im Osten »ruthenisch«, was die damalige Bezeichnung für jene Ostslawen war, die nicht unter russischer, sondern unter erst polnisch-litauischer, dann österreichischer Herrschaft standen. Nach dem Ende der K.u.K. Monarchie verstanden sie sich zumeist als Ukrainer.

Für das Jahr 1880 werden für die Bevölkerung Galiziens 42,9 Prozent Ruthenen und 51,5 Prozent Polen angegeben. Außerdem lebten dort 686.600 Juden – Lemberg war traditionell das wichtigste Zentrum jüdischer Kultur und Religion in Osteuropa – sowie etwa 100.000 Deutsche, die überwiegend seit Joseph II. ins Land gekommen waren. Extra aufgeführt wurden 2.430 Armenier, die im Handel tätig oder »wohlhabende Großgrundbesitzer« waren. *(Angaben nach: Meyers 1888a: 844. Die Gesamtzahl der Einwohner wurde mit 5.958.907 angegeben. Damit ergäbe eine Rückrechnung der Prozentzahlen für Polen und Ruthenen auf absolute Zahlen addiert mit der Zahl der Juden und Deutschen eine Summe, die über sechs Millionen liegt. Dessen ungeachtet geben diese Zahlen in etwa eine Vorstellung von den Bevölkerungsanteilen in den letzten Dekaden des 19. Jahrhunderts.)* Zur Religionszugehörigkeit wurden über 2,7 Millionen Katholiken (überwiegend Polen im Westen Galiziens) und 2,5 Millionen Orthodoxe (überwiegend Ruthenen im Osten) gezählt. Damit überlagerten sich vor allem die sprachlich-kulturelle und die religiöse Zugehörigkeit, wobei unter den polnischen Katholiken sowohl die aristokratische Oberschicht als auch die bäuerlichen Unterschichten zu finden waren.

In die Reihe polnischer Aufstände, die abwechselnd in den russischen, preußischen und österreichischen Gebieten stattfanden, gehörte auch der in Krakow und Galizien 1846. Er stand, wie stets, unter der Führung polnischer patriotischer Adliger. Staatskanzler Metternich ließ die Demonstrationen durch österreichische Soldaten auflösen, »unterstützt von Sensen schwingenden Bauern, die ihre Kaisertreue bekundeten. [...] In Westgalizien griffen Bauernbanden Herrenhäuser sowie alle Reisenden an, die sie erwischen konnten, und massakrierten 2.000 polnische Landadlige, von denen die meisten keinerlei Kontakt zu den Verschwörern hatten – bevor die österreichische Obrigkeit eingriff und die Ordnung wiederherstellte.« (Zamoyski 2016: 506) Die österreichischen Behörden waren nie zimperlich, wenn es um die Befolgung des alten römischen Leitsatzes »divide et impera«, teile und herrsche, ging. Insofern war es nicht zufällig, dass ein Aufschwung ruthenischer, also ukrainscher Sprachpflege und Bildung, mit Schuleinrichtungen, Zeitungen und Erwachsenenbildung in Galizien nach 1848 zu verzeichnen war.

Kommen wir zurück zu Gellner, so gilt: Das Heraufkommen des Kapitalismus ändert die Rahmenbedingungen für diese Entwicklungen. Er braucht bei der Konstituierung der Nationalwirtschaft nicht nur einheitliche Maße und Gewichte und den Abbau von Binnenzöllen, was ja ein Argument für die deutsche Einheit im 19. Jahrhundert war, sondern auch ein einheitliches Gesellschafts- und Steuerrecht sowie eine einheitliche Währung, die zugleich konvertierbar sein muss. Zugleich bedarf er eigener, neuer kultureller Voraussetzungen. Da diese nicht vorgefunden werden können, müssen sie zielstrebig geschaffen werden. Aus der Gesellschaft, in der einige lesen und schreiben können, wird die, in der es – in einem idealtypischen Sinne – alle können. So wie versucht wird, die Nationalwirtschaft nach außen abzugrenzen, zunächst mit Schutzzöllen, um die heimische Industrie überhaupt aufblühen zu lassen, wird auch alles getan, die Grenzen des politischen Gemeinwesens und der Kultur in Übereinstimmung zu bringen. Die industrielle Gesellschaft ist die erste in der Geschichte, die auf ständiges und bewusst angestrebtes Wachstum ausgerichtet ist, das wiederum eine Besserung der Lage der Gesellschaftsglieder zur Folge hat. Die kulturellen Grundlagen und Folgen dieses Modernisierungsprozesses sind zumeist nicht genügend beachtet worden. Gellner betont: »In den geschlossenen lokalen Gemeinschaften der Agrar- und Stammeswelten waren Kontext, Tonfall, Gestik, Persönlichkeit und Situation ausschlaggebend, wenn es um Kommunikation ging. Kommunikation erfolgte ohne Beihilfe der präzisen Formulierung, für die der Durchschnittsmensch weder Neigung noch Fähigkeit zeigte. Klarheit des Ausdrucks und die Feinheiten präziser, regelrechter Formulierung blieben den Anwälten, Theologen oder Ritual-Spezialisten überlassen und gehörten zu ihren Berufsgeheimnissen.« (Gellner 1991: 54.)

Die Industriegesellschaft dagegen, die sich auf hochentwickelte Technologie und die Erwartung anhaltenden Wachstums gründet, beruht auf fluiden, mobilen Arbeitseinheiten, deren Mitgliedschaft sich räumlich und in der personellen Zusammensetzung beständig wandelt. Sie erfordert sowohl eine mobile Arbeitsteilung als auch eine »ständige, häufige und präzise Kommunikation zwischen Fremden«. Dazu gehört »die allgemeine Vorherrschaft expliziter Begriffe, die in einem Standardidiom und, wenn erforderlich, schriftlich übermittelt werden«. Eine »universelle Schriftkunde und eine hohes Niveau rechnerischer, technischer und allgemeiner Grundausbildung« gehören zu den funktionalen Erfordernissen einer solchen industriell basierten Gesellschaft. »Ihre Mitglieder sind mobil und müssen es sein, bereit, von einer Tätigkeit zur anderen zu wechseln, und sie müssen die Grundausbildung besitzen, die es ihnen ermöglicht, die Handbücher und Instruktionen einer neuen Tätigkeit oder eines neuen Berufs zu verstehen. Im Verlauf ihrer Arbeit müssen sie ständig mit einer großen Zahl anderer Menschen kommunizieren, mit denen sie häufig zuvor keinerlei Verbindung hatten, und diese Kommunikation muss daher explizit erfolgen, statt sich auf einen gemeinsamen Kontext verlassen zu können. Sie müssen auch fähig sein, mittels geschriebener, unpersönlicher, kontextfreier Botschaften zu kommunizieren. Von daher müssen diese Kommunikationen im selben gemeinsamen und standardisierten linguistischen Medium und derselben Schrift stattfinden.« Die Mitglieder dieser Gesellschaft bedürfen, wenn sie einen Arbeitsplatz finden und »das volle moralische Bürgerrecht genießen sollen«, einer hohen Kompetenz, die allerdings von Verwandtschafts- oder lokalen Einheiten nicht vermittelt werden kann. Das kann nur ein modernes, »nationales« Erziehungssystem leisten, dessen Klientel sich – idealtypisch – mit der Gesellschaft insgesamt deckt (ebenda, 55ff.).

Es entsteht nicht das »Zeitalter des Nationalismus« aus dem plötzlich und unerwartet auftretenden Erwachen der verschiedenen Nationen, sondern die Nationen entstehen, so Gellners Erklärung, wenn die allgemeinen sozialen und wirtschaftlichen Verhältnisse »nach standardisierten, homogenen und durch staatliche Zentralgewalt geschützten Hochkulturen rufen – nach Hochkulturen also, die die Gesamtbevölkerung und nicht nur die Minderheiten der Elite durchdringen –, eine Situation, in der klar definierte, durch Ausbildung sanktionierte und vereinheitlichte Kulturen fast schon die einzige Art Einheit bilden, mit der sich Menschen bereitwillig und häufig glühend identifizieren«. Unter diesen Bedingungen wollen Menschen »mit all jenen – und nur mit denjenigen – politisch vereinigt werden, die ihre Kultur teilen. Politische Staatswesen streben nunmehr danach, ihre Grenzen bis zu den Grenzen ihrer Kulturen zu erweitern und ihre Kultur in den Grenzen ihres Machtbereichs zu schützen und durchzusetzen. Die Fusion von Wille, Kultur und staatlicher Einheit wird damit zur Norm, die nicht leicht oder häufig verletzt wird. (Früher war diese Norm fast überall straflos verletzt worden, und dies blieb durchweg unbemerkt und unbestritten.) Diese Bedingungen definieren nicht die menschliche Situation als solche, sondern nur eine ihrer Varianten: die der Menschen in modernen Industriegesellschaften.« (Ebenda, 86f.)

In diesem Sinne ist dann auch die Frage, ob zuerst die Nationalökonomie oder der Staat oder die Nation da war, müßig und unter Verweis auf den Zusammenhang zu beantworten. Braudel hat in ähnlicher Weise auf das Dreieck: Stadtentwicklung – Kapitalismus – industrielle Revolution verwiesen. Es handele sich um ein »Verhältnis auf Gegenseitigkeit«: »Die Stadt schafft Expansion und wird im selben Maße durch sie geschaffen« (Braudel 1990a: 523). So ist auch die Nation Grundlage des Staates, Entwicklungsraum der Nationalökonomie und Fluchtpunkt eines »nationalen« Bildungswesens – was am Beispiel Frankreichs ja auch empirisch nachzuzeichnen ist, wo die Nation und die Sprache wesentlich durch Bildungswesen und Sprachpflege »gemacht« wurden (Schrader 1993: 40) – und zugleich Ergebnis von deren Entwicklung. Jedenfalls ist der historische Ort der Entstehung der Nation verbunden mit Kapitalismus, Nationalökonomie und moderner Massenbildung.

Nation und Nationalismus

Hobsbawm folgt zunächst der Argumentation Gellners, wonach (1) der Begriff des Nationalismus ein politisches Prinzip meint, das besagt, dass politische und nationale Einheiten deckungsgleich sein sollten; (2) Nation nicht als eine ursprüngliche oder unveränderliche soziale Einheit zu betrachten ist, sondern ausschließlich einer bestimmten und historisch jungen Epoche angehört und eine gesellschaftliche Einheit nur insofern bildet, als sie sich auf eine bestimmte Form des modernen Territorialstaates, den Nationalstaat, bezieht. »Kurz, aus Gründen der Analyse kommt der Nationalismus vor der Nation. Nicht die Nationen sind es, die Staaten und Nationalismen hervorbringen, sondern umgekehrt.« (3) Die nationale Frage »ist in jenem Bereich angesiedelt, in dem sich Politik, Technik und sozialer Wandel überschneiden. Nationen existieren nicht nur als Funktionen einer bestimmten Form des Territorialstaates oder des Strebens nach seiner Verwirklichung – grob gesagt des bürgerlichen Staates der Französischen Revolution –, sondern auch im Kontext einer bestimmten Phase der technischen und wirtschaftlichen Entwicklung.« (4) Nationen seien daher »Doppelphänomene, im wesentlichen zwar von oben konstruiert, doch nicht richtig zu verstehen, wenn sie nicht auch von unten analysiert werden, d.h. vor dem Hintergrund der Annahmen, Hoffnungen, Bedürfnisse, Sehnsüchte und Interessen der kleinen Leute, die nicht unbedingt national und noch weniger nationalistisch sind.« (Hobsbawm 1996: 20ff.).

Hier macht Hobsbawm denn auch seinen wichtigsten Kritikpunkt an Gellner fest: dessen »bevorzugte Perspektive einer Modernisierung« sei die von oben. Das verstelle jedoch den Blick von unten. Demgegenüber betont Hobsbawn, dass sich Nationalbewusstsein unter den gesellschaftlichen Gruppen und Regionen eines Landes ungleichmäßig entwickele. Unter Bezugnahme auf andere neuere Arbeiten, vor allem über die Nationalismen kleinerer Völker Europas im 19. Jahrhundert, sieht er – wieder idealtypisch – drei Phasen:

➤ eine Phase A: »rein kulturell, literarisch und volkskundlich, ohne dass sich daraus besonders politische oder gar nationale Folgerungen ergeben hätten«;

➤ eine Phase B: hier sind »eine Gruppe von Vorkämpfern und militanten Wortführern der nationalen Idee und die Anfänge eines politischen Werbens für diese Idee« zu verzeichnen;

➤ eine Phase C: nunmehr »gewinnen nationalistische Programme die Unterstützung der Massen oder zumindest eines Teils jener Massen, deren Repräsentanten zu sein« jene »Vorkämpfer« immer wieder behaupten.

Der Übergang von der Phase B zu Phase C ist nach Hobsbawm »ein entscheidender Augenblick in der Chronologie nationaler Bewegungen« (ebenda, 22f.). – Der größere Vielvölker-Staat wird unregierbar, wie die österreichische Reichshälfte vor dem Ersten Weltkrieg oder Jugoslawien ab 1989, oder aber die militanten Gruppierungen entscheiden sich, weil der »eigene Staat« nicht in greifbare Nähe gerückt ist, für Gewalt und Terror, wie die baskischen Nationalisten bis in die 1990er Jahre oder die albanischen im Kosovo und in Mazedonien seit den 1990er Jahren, um die Zentralmacht ihrerseits zu gewaltsamen Überreaktionen zu reizen, die international ausgeschlachtet und im eigenen Sinne genutzt werden. In diesem Zusammenhang macht Hobsbawm auf ein weiteres Problem aufmerksam.

In den im 19. Jahrhundert zunächst angestellten Überlegungen zum Nationalitätsprinzip wurde stillschweigend stets das »Schwellenprinzip« unterstellt: das Nationalitätsprinzip könne nur für Nationalitäten ab einer bestimmten Mindestgröße angewandt werden, weil wirtschaftliche Leistungsfähigkeit, staatlich geschütztes Bildungswesen usw. dies erforderlich machten. In der Mitte des 19. Jahrhunderts galten die Unabhängigkeit Belgiens oder Portugals als »lächerlich«. Der Vorkämpfer des Nationalitätsprinzips für Italien, Mazzini, wollte dieses für Irland nicht gelten lassen. Die Ansprüche noch kleinerer Nationalitäten, der Bretonen oder Waliser, galten als irrelevant; das Wort »Kleinstaaterei«, wie auch »Balkanisierung« als Synonym für die Aufteilung des europäischen Territoriums des Osmanischen Reiches in kleine, unabhängige Staaten, konnotierte negativ (ebenda, 42, 44). Ende des 19./Anfang des 20. Jahrhunderts hatte der Nationalismus in drei wesentlichen Punkten sein Erscheinungsbild verändert: erstens gab er das »Schwellenprinzip« auf: »Von nun an beanspruchte jede Gemeinschaft von Menschen, die sich als eine ›Nation‹ betrachteten, das Recht auf Selbstbestimmung, das letzten Endes das Recht auf einen eigenen, souveränen und unabhängigen Staat auf ihrem Territorium bedeutete.« Zweitens wurden ethnische Zugehörigkeit und Sprache zu den entscheidenden, schließlich alleinigen Kriterien für die potentielle Nation. Drittens wandte sich der Nationalismus – weniger in den nationalen Bewegungen ohne Staat, stärker in den etablierten Nationalstaaten – politisch nach rechts (ebenda, 122). Im Gefolge des Ersten Weltkrieges rückte das Nationalitätsprinzip in das Zentrum der Politik; den Alliierten schien es geraten, es »gegen die bolschewistische Karte auszuspielen« (ebenda, 155).

Mit dem Versailler System wurde der Versuch unternommen, den europäischen Kontinent, zumindest im Osten, vor allem auf den Trümmern des Habsburgerreiches, in säuberlich voneinander geschiedene Territorialstaaten aufzuteilen, die jeweils von einer ethnisch und sprachlich homogenen Bevölkerung bewohnt werden. Dabei zeigte sich sofort, dass sich das kaum in die Praxis umsetzen ließ. Logische Konsequenz dieses Versuches waren massenhafte Vertreibung und die Vernichtung von Minderheiten. Zudem war der ausgrenzende, abwertende Nationalismus kleinerer Völker gegenüber Minderheiten nicht geringer, als der vorherige »großnationale Chauvinismus« (ebenda, 157f.). Mit dem Zweiten Weltkrieg, insbesondere dem Vernichtungskrieg des Nazi-Reiches und der Stalinschen Machtpolitik, und in der Nachkriegszeit richteten sich Genozide und Vertreibungen gegen weitere Minderheiten.

Die Friedensverträge von 1947 bekräftigten in einer Reihe von Fällen den Status quo von Versailles. Davon abweichend wurden die deutschen und polnischen Ostgrenzen nach Westen verschoben, die deutschen Außengrenzen spätestens mit dem »Zwei-plus-Vier-Vertrag« 1990 als endgültig fixiert. Die Entwicklungen nach 1989 brachten in Gestalt der Nachfolgestaaten der Sowjetunion, der Tschechoslowakei und Jugoslawiens eine weitere Welle kleinstaatlicher Souveränitäten mit sich. Es ist dies der historische Hintergrund, vor dem Hobsbawm die nationalistischen Bewegungen des letzten Drittels des 20. Jahrhunderts als »im wesentlichen negativ, genauer gesagt separatistisch« ansieht. In ihnen könne man die Nachfolger oder Erben »der kleinstaatlichen Bewegungen sehen, die sich gegen das Habsburger, das Osmanische und das Zarenreich richteten«. Sie seien nur noch »Reaktionen aus Schwäche und Angst«, die »Barrikaden gegen die Kräfte der modernen Welt« errichten wollten (ebenda, 194f.). Im Grunde glaubte er weiter an das »Schwellenprinzip«. Aber dieses ist mit der Europäischen Union weithin überflüssig geworden; für diese ist die Größe der teilnehmenden Staaten und Nationen unwichtig, sie können Teil dieser Union sein, ohne sich als Nation aufgeben zu müssen.

Nation, Staat und Politisches

Aus dem Gellnerschen Modell folgt, dass »Nationalismus als solcher« zur Vorherrschaft bestimmt ist. Das sagt aber nichts darüber, welche konkrete Nationalismus dies jeweils ist (Gellner 1991: 74). Ich folge hier der Gellnerschen Verwendung des Terminus »Nationalismus«, der zunächst rein sachlich das Auftreten eines Denkens im Sinne der Nation, des Nationalen meint, im Grunde darüber hinaus auch das Handeln – politisch, im Bildungssystem, in der Sprachenpolitik usw. – zur Beförderung der jeweils eigenen Nation. Die Differenz, dass die Nation, wie jede menschliche Gestaltung, zum Guten wie zum Schlechten verwendet werden kann (Mit der Axt kann ich meiner Familie ein Blockhaus bauen, wenn ich es denn kann, aber auch den Nachbarn erschlagen.), ist hier nicht beschrieben, aber mitgedacht. Ruben will den Unterschied auch sprachlich deutlich machen. So spricht er von »Natio-nalbewusstsein« als dem Bewusstsein von der Nation und von »Nationalismus« im Sinne von »Chauvinismus«, nationaler Über-hebung, den er Feind der Humanität und daher auch der Nation nennt (Ruben 1993: 15).

Schon ein flüchtiger Blick auf das Verhältnis der Anzahl der Sprachen der Menschheit und das der Staaten zeigt das Ungleich-gewicht. Die Zahl der Sprachen werde auf etwa 8000 geschätzt, Staaten, alle pazifischen Zwergstaaten mitgerechnet, gibt es etwa 200; wenn man allerlei »einigermaßen effektive Nationalismen« in der Welt mitrechnet, käme man, sehr hoch gerechnet, auf 800 Nationalismen, was immer noch ein Verhältnis bedeutet von einem effektiven Nationalismus auf zehn potentielle (Gellner 1991: 70f.) Wie also entsteht diese Differenz? Gellner antwortet auf diese Frage, indem er betont, dass der Nationalismus eben »*nicht* das Erwachen einer uralten, latenten, schlafenden Kraft« ist, auch wenn er sich selbst gern so darstellt. »Er ist in Wirklichkeit die Konse-quenz einer neuen Form der sozialen Organisation, die sich selbst auf zutiefst verinnerlichte, von schulischer Ausbildung abhängige Hochkulturen gründet, von denen jede von ihrem eigenen Staat beschützt wird. Er benutzt *einige* der bestehenden Kulturen und wandelt sie in diesem Prozess um, aber er kann sie nicht alle benut-zen: Es gibt einfach zu viele. Ein funktionierender moderner Staat, der eine Hochkultur stützt, kann nicht unter eine gewisse Min-destgröße sinken (wenn er nicht Parasit an seinen Nachbarn ist); und es gibt auf der Welt nur begrenzten Raum für solche Staaten.« Der Nationalismus bedeutet »die Kristallisierung neuer Einheiten, die für die nun vorherrschenden Verhältnisse geeignet sind«. Zu deren Schaffung wird das kulturelle, historische und andere Erbe der vornationalistischen Welt »als Rohstoff« benutzt (ebenda, 76f. *Hervorhebungen im Original*).

Nun verläuft dieser Prozess der »Kristallisierung« keineswegs harmonisch und gewaltfrei, im Gegenteil, von vielerlei Gewalt begleitet und geprägt. Zunächst findet im 18. Jahrhundert gleich-sam ein »Gezeitenwechsel« statt: Mit dem Augsburger Religions-frieden von 1555 war für das Reich das Nebeneinander von katho-lischer und protestantischer Religion fixiert, durch den Westfäli-schen Frieden von 1648 bestätigt und erweitert. Obwohl auch im Erzbistum Salzburg Ende des 16. Jahrhunderts den Evangelischen der Aufenthalt gestattet worden war, versuchte der Erzbischof sie ab 1729 mit jesuitischer Hilfe zwangsweise zum katholischen Glauben zu bekehren und, als dies misslang, ließ er sie aus ihrer Heimat vertreiben. Über 30.000 Menschen mussten das Salzburger Land verlassen, 17.000 von ihnen fanden in Preußen eine neue Heimat. Dies war in der Geschichte des Übergangs zur Moderne der letzte große Gewaltakt aus religiösen Gründen. Nachdem nach dem Frieden von Paris 1763 Quebec dauerhaft zur britischen Kolonie Kanada gekommen war, wurden alle Franzosen aus der höheren Kolonialverwaltung entfernt. Es war dies der erste Ausschluss unter Anwendung des Kriteriums der nationalen Zugehörigkeit. *(Diesen Hinweis verdanke ich Peter Ruben; die Verwendung hier liegt allein in meiner Verantwortung.)*

Sebastian Haffner nennt jene Zeitspanne zwischen dem Westfälischen Frieden (1648) und der Französischen Revolution (1789) »das Pubertätsalter der europäischen Machtpolitik«, ein »Alter der wilden Triebe und der tollen Streiche. In ihr wechselten die Machtverhältnisse in Europa so kaleidoskopartig wie niemals vorher und nachher« (Haffner 1981: 134). Bezogen auf den Kontext der Nationsbildung kann man hier sagen, es war die Phase, da die Mächte der alten Gesellschaft die territorialen Besitzstände verteilten bzw. neu verteilten. Sie taten dies nicht um der Nation willen, sondern ganz frivol und aus rein machtpolitischem Egoismus, man denke etwa an die Aneignung Schlesiens durch Preußen unter Friedrich II. oder an die Polnischen Teilungen. Und dennoch wurden am Ende territorial-staatliche Bedingungen gesetzt, die der ursprünglichen Nationsbildung in Europa wichtige Rahmen gaben.

Gewaltförmig verlief der Nationsbildungsprozess in dreierlei Hinsicht. Zunächst fanden – die eben charakterisierten – Auseinandersetzungen um die territorialen Besitzstände statt, die als dynastische begannen und mit den Napoleonischen Kriegen zu nationalen geworden waren. Vorläufer waren im Grunde die Schweizerische Eidgenossenschaft und die Niederlande, die sich schrittweise innerhalb des Heiligen Römischen Reiches Deutscher Nation verselbständigt hatten und mit dem Westfälischen Frieden ihre volle Souveränität erhielten und endgültig aus dem Reichsverband ausschieden. Darüber hinaus setzten sich im Innern der Staaten, in denen sich die Nationen bildeten, die Kräfte der bürgerlichen Gesellschaft gegen die feudalen durch, oder nach dem

Modell Gellners (das in diesem Sinne eine Modifikation der Marx'schen Gesellschaftsvorstellung ist): die herrschenden Klassen der agrarischen Gemeinwesen traten nicht von selbst ab, sondern mussten von den Vertretern des heraufkommenden Industriezeitalters aus ihrer bevorzugten Stellung, die für die neuen Kräfte eine benachteiligende war, verdrängt werden. Dies geschah zunächst idealerweise mit politischen Revolutionen, der niederländischen Ende des 16. Jahrhunderts, der englischen, die erstmals 1649 einen angestammten König hatte enthaupten lassen, der französischen ab 1789, die 1793 jenem Beispiel gefolgt war und Ludwig XVI. der Guillotine überantwortet hatte.

Eine andere Variante war, dass Teile der herrschenden Klassen der Agrargesellschaften sich in Kapitalisten verwandelten, etwa in den Niederlanden und England über die Ostindischen sowie Westindischen Kompanien oder in Preußen über den mühsamen Weg, nach der Abschaffung der Leibeigenschaft am Beginn des 19. Jahrhunderts schrittweise verarbeitende Manufakturen oder Betriebe auf dem Dorf zu schaffen, die den Gütern und den Grundherren zugeordnet waren. Ähnlich die »Einführung« des Kapitalismus in Japan durch die »Meiji«-Reformen ab 1868; die Namen etlicher japanischer Großkonzerne sind heute noch die ehemals mächtiger Fürstengeschlechter.

Mit diesen Übergängen trat eine Verfassungsordnung an die Stelle des Gottesgnadentums und des Absolutismus, der Untertan wurde Bürger und erwarb schließlich das Wahlrecht, wenngleich der Prozess der Ausdehnung des Wahlrechts auf alle, ungeachtet des Eigentums, und auch auf die Frauen, bis weit in das 20. Jahrhundert hineinreichte. In diese Reihe der Revolutionen gehört auch die Gründung der USA (1776) nach der Erringung ihrer Unabhängigkeit von Großbritannien. Woodrow Wilson (1913-1921 Präsident der USA) beschreibt den Prozess der Nationswerdung der Vereinigten Staaten als zunächst einen der Abnabelung von der europäischen Tradition: »Erfahrene Politiker sprechen mit dem Tonfall einer in allen Künsten feinster Diplomatie eroberten Gewandtheit: in Ratszimmern, die in Blockhäusern untergebracht sind. Über die einsamen Fußpfade wüster Wälder schreiten Männer in Halskrausen, Spitzenmanschetten und mit sauber geputzten Schuhspangen. Durch die Stille der Wildnis tönt der Klang von Predigten, in denen sich die spitzfindigen Unterscheidungen der einzelnen Sekten mit den Gedankengängen einer metaphysischen Theologie vermählen«. Die Einwanderer aus der »zivilisierten« Welt mussten Bauern werden, die die »Arbeit primitiver Völker« verrichten, ihre Kinder wurden dann zu den harten Eroberern des Westens, die der Härte des unzivilisierten Lebens gewachsen waren (Wilson 1913: 207ff.).

Die USA, unter dem Gesichtspunkt der Nationsbildung oft als glückliche Ausnahme gepriesen, weil ihre Bewohner diesen Prozess nicht unter der Last – der institutionellen, der geistigen, ja auch der schieren Tradition – der alten Welt vollziehen mussten, zeigen insofern aber auch in reiner Form die dritte Dimension der Gewalt: die innere Harmonisierung des Gemeinwesens im Zuge der Nationsbildung ging in der Regel nicht ohne Gewalt ab. Balibar schreibt, es könne einfach kein Zufall sein, »dass der Genozid an den Indianern einen systematischen Charakter annahm, sobald die Vereinigten Staaten – die ›erste der neuen Nationen‹, nach dem berühmten Ausdruck von Lipset – unabhängig geworden waren« (Balibar/ Wallerstein 1992: 67). Ähnlich im Süden Amerikas: Die spanische Kolonialverwaltung hatte es angesichts des massiven Widerstandes der Mapuche und anderer indigener Völker aufgegeben, den Süden Lateinamerikas unter ihre Kontrolle zu bringen. Erst nach der Erringung der Unabhängigkeit wurde das Mapuche-Gebiet ab 1861 bis hinunter nach Feuerland gewaltsam in die Republik Chile eingegliedert. Analog in Argentinien in zwei Kampagnen, ab 1833 und dann 1877/78, bis auch dort der ganze Süden der Macht der Republik unterworfen war. Die heute aufgedeckten Verbrechen in Kanada und Australien, noch im 20. Jahrhundert die Kinder indigener Familien zwangsweise in von Weißen geführte Schulen einzuweisen, um sie »weiß« im Sinne von Moderne zu erziehen, gehören ebenfalls in diese Reihung.

Probleme der kulturellen Vereinheitlichung

Der Prozess der Harmonisierung erfolgt in unterschiedlichen Formen; die ursprünglichste ist die Ausrottung der »Anderen«, im Falle der USA eben der indianischen Ureinwohner, die als nicht assimilierbar galten und zugleich als Hindernis auf dem Wege der Modernisierung angesehen wurden; die Lebensweise der nordamerikanischen Indianer auf der Grundlage großräumiger Büffel-jagd in der Prärie und die Interessen der weißen Einwanderer, Land für die Agrikultur, für den Eisenbahnbau und für die Industrialisierung anzueignen, waren schlichtweg nicht kompatibel. Das Ergebnis war ein Völkermord, an den man heute nicht gern erinnert werden will. Die abgemilderte Form unmittelbarer Gewalt ist die Vertreibung, oder, wie es heute euphemistisch heißt, die »ethnische Säuberung«, in großem Maßstab im 20. Jahrhundert erstmals angewandt im Gefolge des griechisch-türkischen Krieges mit dem Frieden von Lausanne (1923), als etwa 400.000 als Türken geltende Muslime aus Griechenland und über 1,2 Millionen Griechen aus der Türkei ausgesiedelt und in das jeweils andere Land »ausgetauscht« wurden.

Der Friedensforscher Johan Galtung unterscheidet zwischen sichtbarer und unsichtbarer Gewalt, wobei er die sichtbare als direkte (oder auch personale) Gewalt bezeichnet, während er bei der unsichtbaren zwischen struktureller und kultureller Gewalt unterscheidet (Galtung 1997: 171). Dabei bestehen Wechselverhältnisse: Strukturelle und kulturelle Gewalt sind Ursachen direkter Gewalt; direkte Gewalt verstärkt strukturelle und kulturelle Gewalt. Gleichwohl sind den modernen Gesellschaften eher die unsichtbaren Gewaltformen eigen: strukturelle Gewalt, die den Einzelnen Herrschaftsinstitutionen, sozio-strukturellen Zwängen und Markterfordernissen unterwirft, denen er nicht entrinnen kann, und die ihn dennoch in einem Herrschaftsverhältnis halten; kulturelle Gewalt, die ihn Denk- und Kulturmustern unterwirft. Letztere dient vor allem dazu, direkte und strukturelle Gewalt zu rechtfertigen. Diese Rechtfertigung erfolgt symbolisch, in Alltagsargumentationen und in wissenschaftlichen Systemen, in religiösen Denkmustern und in der politischen Rhetorik. Diese kulturelle Gewalt ist nach Galtung in der Tiefenkultur der Gesellschaften verankert, sie prägt Lebens-, Arbeits- und Herrschaftswelten, kognitive, normative und institutionelle Muster, in denen Momente direkter Gewalt wie auch Verhältnisse struktureller Gewalt sozusagen unhinterfragt eine Rolle spielen. Die Vorstellungen einer Gesellschaft, einer Zivilisation oder eben einer Nation von Frieden und Konflikt, Rechtsordnung, Entwicklung und sozialer Gerechtigkeit sind von den in ihnen verankerten kulturellen Codes bestimmt.

Genau dies geschieht im Zuge der Nationskonstituierung, insoweit deren Voraussetzung eben nicht Mord und Vertreibung sind: es werden die kulturellen Codes ausgeprägt, und dies geschieht über die Institutionalisierung. Der Staat bestimmt das Schulsystem, dessen Aufbau, die Lehr- und Lerninhalte. Dies beginnt bereits mit der Entscheidung für eine bestimmte Sprache und deren Durchsetzung. In der Habsburger Monarchie antwortete der ungarische Reichsteil am Ende auf die Bevorzugung des Deutschen durch die Josephinischen Reformen, von Kaiser Joseph II. (1741-1790), mit einer Magyarisierungspolitik der ungarischen Aristokratie und Nationalisten, auf die ihrerseits die Rumänen in Siebenbürgen, Kroaten, Slowaken usw. mit ihren nationalen Bestrebungen, auch und vor allem zunächst in der Sprachenpolitik reagieren. In Russland wurden seit dem Zaren Alexander III. (1845-1894) die Sprachbestrebungen nicht nur in Polen und im Baltikum, sondern auch der Ukrainer unterdrückt. Die Rolle der Schule und der Sprachpflege bei der Konstituierung der französischen Nation war schon genannt.

Das Gellner'sche Modell entstand durch die Korrelation von drei Faktoren: Macht, Ausbildung und gemeinsame Kultur. In einer Konstellation wie der Habsburgischen war jedoch das Bestreben, etwa Joseph II., im ganzen Reich eine Sprache, dort das Deutsche, als einheitliche Amtssprache einzuführen, in der Tat nicht nationalistisch intendiert. Der ungarische Politiker und Publizist Oszkár Jászi schrieb dazu 1929: »Eine einheitliche Sprache, die alle Teile seines Reiches miteinander verband, erschien ihm (*Joseph II. – E.C.*) zwingend erforderlich. Angesichts dieser Notwendigkeit konnte er sich nur für die deutsche Sprache entscheiden, da sie allein über eine umfassende Kultur und Literatur verfügte und von Teilen der Bevölkerung in allen Provinzen gesprochen wurde. [...] Die Habsburger waren keine bewusst und konsequent germanisierende Macht.« Sie ließen sich in ihrem Handeln »nicht von irgendeinem nationalistischen Interesse« leiten, »ihre Maßnahmen waren vielmehr vom Streben nach Einigung und Universalismus in ihrem Reich bestimmt« (zitiert nach: Anderson 1988: 89). Nachdem das Deutsche jedoch eine doppelte Stellung erhalten hatte, »universal-kaiserlich« zum einen und »partikular-national« zum anderen, geriet das Problem in die fatale innere Logik des nationalistischen Vorurteils, eines Nationalismus, der zu jener Zeit noch wesentlich ein Volksnationalismus war, der dem Staats-Nationalismus des späten 19. und des 20. Jahrhunderts historisch voraufging: Je mehr die Habsburger-Dynastie die erste Eigenschaft betonte, desto mehr schien sie die deutschsprachigen Untertanen zu bevorzugen, und erregte den Unwillen der anderen. Wenn sie sich zurückhielt und Konzessionen gegenüber anderen Sprachen machte, wie gegenüber den Ungarn, erlitt sie Rückschläge bei der Einigung und traf auf die Entrüstung der Deutschsprachigen – was wiederum angesichts des verbreiteten Einigungs-Nationalismus der Deutschen (vor 1866) ebenfalls ein erhebliches Risiko für die Monarchie war.

Zu diesem Dilemma und seinen Folgen schreibt Gellner: »Die Machthaber haben privilegierten Zugang zu der zentralen Hochkultur, die tatsächlich ihre eigene ist, und zu allen Möglichkeiten des Wohlergehens unter modernen Bedingungen. Den Machtlosen fehlt auch der Zugang zur Ausbildung. Diese Schicht oder einzelne ethnische Gruppen dieser machtlosen Schicht verfügen nur über gemeinsame Volkskultur(en), die mit einiger Anstrengung und Propaganda in eine rivalisierende neue Hochkultur umgewandelt werden können – ob sie nun durch die reale oder erfundene Erinnerung an eine historische politische Einheit, die angeblich einmal um diese selbe Kultur oder eine ihrer Varianten bestand, gestützt werden oder nicht. Die Intellektuellen/Erwecker dieser ethnischen Gruppe(n) widmen sich sehr energisch den erforderlichen Anstrengungen; und schließlich errichten diese Gruppen (oder einige von ihnen), falls und wenn die Umstände günstig sind, ihren eigenen Staat, der die neugeborene oder auch wiedergeborene Kultur erhält und beschützt.« (Gellner 1991: 146f.)

Der »Erwecker« ist bei Gellner eine, oder besser: die zentrale Figur des Nationalismus. Der Kulturwissenschaftler Wolfgang Geier spricht für den Osten Europas eher vom »nationalen Erwachen« und »nationalen Wiedergeburten«, die ihrerseits »Trägerschichten« und tragende Bewegungen haben. Zum Unterschied zu den historisch anders verlaufenen Nationsbildungsprozessen im Westen Europas betont Geier, »dass die Rückbesinnung auf die eigene Sprache, Kultur und Geschichte für die (meisten) slawischen Völker im 19. Jahrhundert eine weitaus größere Bedeutung haben musste als für jene, welche den historischen Weg von Sprach- und Kultur- zu Staatsnationen bereits über einen langen

Zeitraum gegangen waren. Die meisten slawischen Völker lebten noch unter Fremd- oder Vorherrschaften; für sie waren die Beschäftigung mit der eigenen Sprache, Kultur und Geschichte, die Herausbildung eines Nationalbewusstseins untrennbar mit dem Kampf um die nationale, die politisch-staatliche Befreiung verbunden.« (Geier 1995: 92.)

Das gilt nicht nur für die slawischen Völker Ostmittel- oder Südosteuropas. Nachdem unter großen Anstrengungen deutscher, französischer und englischer Gelehrter bis Mitte des 18. Jahrhunderts die großartigen Leistungen der griechischen Klassik erschlossen worden waren, beförderte das philhellenische Europa im 19. Jahrhundert nicht nur die staatliche Selbständigkeit, sondern auch die »Entbarbarisierung« der modernen Griechen. Die nach französischem Vorbild geschaffene Russische Akademie erstellte Ende des 18./Anfang des 19. Jahrhunderts das erste große Wörterbuch der russischen Sprache und eine offizielle Grammatik. Ende des 18. Jahrhunderts erschien auch die erste Geschichte und systematische Darstellung des Tschechischen.

Die ersten Grammatiken, Wörterbücher und Geschichten der rumänischen Sprache tauchten ebenfalls im späten 18. Jahrhundert auf. (Anderson 1988: 77f.) Absichtlich wurden das lateinische statt des kyrillischen Alphabets benutzt, um sich von den slawischen Nachbarn abzusetzen, slawische Wörter durch »romanische« Neuschöpfungen ersetzt und die Grammatik romanisiert. Das ist jedoch keine osteuropäische Besonderheit; bei den deutschen »Erweckungen« nach dem Dreißigjährigen Krieg und nach den Napoleonischen Kriegen waren ja auch die »welschen« Worte eliminiert worden. Analog hatte Atatürk der Türkischen Republik 1928 nicht nur die lateinische Schrift verordnet, sondern zugleich Tausende Wörter arabischer und persischer Herkunft durch neue Kunstbildungen ersetzen lassen. So war Sprachen- und Kulturpolitik in all diesen Entwicklungen Moment nationaler Erweckung, zugleich Voraussetzung und Folge der Politik nationaler Unabhängigkeit. Der »Erwecker« ist, neben solch einflussreichen Reformpolitikern wie Kemal Atatürk, zunächst eher der Dorfschullehrer oder der Pfarrer, der Lieder, Märchen und Sagen sammelt und die ersten systematisierenden Sprachbeobachtungen aufschreibt. Mit diesem Material ausgestattet agieren dann die politischen Repräsentanten der Idee der nationalen Unabhängigkeit.

Für eine solche Entwicklung ist es gleichgültig, ob es sich um tatsächliche Unterdrückungsverhältnisse einer Nation oder Nationalität über andere handelt, oder um wechselseitige Vorurteilsstrukturen. Entscheidend ist zweierlei: dass (1) die »nationale« Elite der bisher »unterdrückten« Nation darauf hinarbeitet, den existierenden größeren Staat zu zerstören, um selbst, gestützt auf die neue, nunmehr zu schaffende Nation, in Elitenpositionen einzurücken, die ihr zuvor verschlossen waren; und dass (2) relevante Bevölkerungsteile der Völkerschaft, die den neuen Staat konstituieren soll, glauben, dass es ihnen besser ginge, haben sie nur erst diesen neuen, als eigenen angenommenen Staat. Die im Hintergrund stehenden Vorurteile sind tatsächlich in der Regel wechselseitig. Wenn wir den historischen Kontext der K.u.K.-Monarchie verlassen und etwa auf die zerfallende Sowjetunion oder die auseinanderlaufende südslawische Föderation Ende der 1980er Jahre schauen, so zeigt sich, dass die Russen angesichts der neuen nationalen Bezogenheit der Letten, Litauer und Esten sowie der Georgier und Armenier plötzlich feststellten, dass sie die einzigen waren, die nicht wirklich eine eigentliche Staatlichkeit hatten. Die anderen hatten ihre eigene Republik, nur die Russen waren auf die Sowjetunion verwiesen, die jedoch eigentlich allen gehörte. So empfanden die Russen die Entsendung ihrer Ingenieure und Facharbeiter nach Mittelasien oder das Baltikum nachträglich eher als eine Art Entwicklungshilfe; dieses Personal hätten die weniger entwickelten Regionen Russlands auch gut gebrauchen können. Dagegen sahen die Letten oder die Kirgisen in den bei ihnen angesiedelten Russen plötzlich die Vertreter einer Besatzungsmacht, die man lieber heute als morgen zurückschicken sollte.

Das kommunistische Herrschaftssystem hatte diese Differenzierung bewusst aufrechterhalten, schon aus Gründen der Machtsicherung. Ob jedoch die kommunistische Herrschaft tatsächlich eine Russifizierungspolitik angestrebt hatte, oder nicht vielmehr, analog zu Joseph II., lediglich eine lingua franca für das Riesenreich im Sinn hatte, müssen weitere historische Forschungen zeigen. Auch für das Jugoslawien Titos gilt, dass er, schon als gebürtiger Kroate, nicht serbische Vorherrschaft anstrebte, sondern die Befestigung der Föderation. In diesem Sinne war auch die Umverteilung von Nationaleinkommen, das in Kroatien oder Slowenien produziert wurde, in den Kosovo nicht Moment serbischer Vorherrschaft, sondern von Föderationspolitik. – Aus heutiger Sicht ist es wohl eine Frage des politischen Systems, der Diagnose fehlender Demokratie: wenn die Betroffenen nicht tatsächlich mitentscheiden können, betrachten Geber wie Nehmer den Umverteilungsvorgang nicht als den ihren und tendenziell ablehnend. – Erst Slobodan Milosevic ging den Weg der nationalistischen Gewalt; nachdem ihm klar war, dass die anderen Völker aus dem Bundesstaat hinausstrebten, sollte das übrigbleibende Großserbien so groß wie möglich sein. Die Schaffung der Tschechoslowakei nach 1918 war von ihren Gründern als historische Errungenschaft gepriesen worden. Als 1992 beide Seiten auseinandergingen, hatte jede Seite den Eindruck, das für sich Beste getan zu haben.

Von latenten zu bestimmenden Nationalismen

Vielleicht war es bei der K.u.K.-Monarchie ebenso, wie mit den kommunistischen Föderationen: nicht die Nation war der Fluchtpunkt, sondern die Aufrechterhaltung des Herrschaftssystems. In diesen Zusammenhang gehört, dass die Personalunion der Habsburger, zunächst als Kaiser des Reiches, dann als Vorsteher des Deutschen Bundes einerseits und als Herrscher des Gesamtgefüges der Donau-Monarchie andererseits (Ungarn, Siebenbürgen, Galizien usw.) ihre Machtposition wechselseitig begründete. Jahrhundertelang hatten die Habsburger bei all ihrem Tun und Lassen im Osten immer das große Deutschland im Rücken; erst nach der Erzwingung der »kleindeutschen Lösung« mit Königgrätz 1866, als die Deutsch-Österreicher aus der Nationaleinigung der Deutschen ausgeschlossen waren, wurden sie auch zur offensichtlichen Minderheit innerhalb der Habsburger Monarchie, was ihren Abstieg einerseits und den Aufstieg der nationalen Fragen der anderen Völker andererseits beschleunigte. Verallgemeinernd könnte man sagen: Wenn die Macht des alten, größeren Staatswesens schwindet, steigen die Chancen für den neuen, meist kleineren. Am deutlichsten kam dies in der »polnischen Frage« zum Ausdruck. Die drei Teilungsmächte – Russland, Preußen und Österreich – hatten Ende des 18. Jahrhunderts das Land unter sich aufgeteilt, weil sie alle drei zusammen ungleich stärker waren als Polen, und meinten – im Sinne des oben, bei Haffner zitierten

Zeitgeistes –, dies ungehindert tun zu können. So bedurfte die Wiedergeburt des polnischen Staates der deutlichen Schwächung der Teilungsmächte, und zwar aller drei. Das hatten diese im Gefolge des Ersten Weltkrieges selbständig und freiwillig vollbracht. Die erfolgreiche Wiederbegründung des polnischen Staates war die Konsequenz.

Dieses polnische Beispiel lässt die zentrale Bedeutung der Korrelation zwischen Staats- und Nationsentwicklung erneut ins Blickfeld rücken. Hier ist nochmals an die Einlassung von Gerhard Simon zu erinnern, der Anfang der 1990er Jahre, noch in zeitlicher Nähe zum Geschehen, unter Bezugnahme auf die westeuropäischen Integrationsprozesse die Frage stellte, ob es denkbar gewesen wäre, »dass die Völker auf dem Territorium der Sowjetunion und in Ostmitteleuropa koordiniert und im Freiheitswillen geeint die Diktatur überwinden und eine demokratische, liberale Ordnung errichten?« Diese Frage verneinte er und unterstrich, die Ideale von Demokratie, Rechtsstaat und Marktwirtschaft »allein sind nicht stark genug, um die Völker zu mobilisieren«. Es hätte vor allem der Nation bedurft. »Nur mit Hilfe der nationalen Idee konnte der Widerstand gegen die sowjetische Diktatur mobilisiert werden«. »Während dies für Ungarn oder Polen lediglich die Wiedergewinnung der vollen Selbständigkeit im Inneren und nach außen bedeutete, sprengten die Nationalbewegungen auf dem Territorium der Sowjetunion den Staat und traten an seine Stelle.« (Simon 1993: 19) Dies stimmte weder in der Tatsachenbeschreibung, noch in der Bewertung, jedenfalls nicht in dieser Generalisierung. Gewiss, es gab auch relevante Nationalbewegungen, so in den baltischen Republiken und in Georgien. Gleichzeitig sind Republiken wie Belarus oder, wenn wir aus dem unmittelbar sowjetischen Bereich hinausgehen, die Slowakei jetzt Staatswesen, die es zuvor nie gegeben hatte (im Falle der Slowakei abgesehen von Hitlers »Neuordnung Europas«). Es kam zu dem stattgefundenen Zerfall der Sowjetunion gegen den – bekanntermaßen bestanden habenden – Willen der Mehrheit der Bevölkerung, mit Ausnahme wohl der baltischen Republiken, im Gefolge des Machtkampfes zwischen Jelzin und Gorbatschow; nur wenn er die Union beseitigte, konnte Jelzin die gesamte russische Macht in die Hände nehmen. Beim Zerfall der Tschechoslowakei war die Mehrheit der Bevölkerung ebenfalls für den Erhalt der Föderation, aber nach den Parlamentswahlen von 1992 waren die politisch konsolidierten Mehrheiten in den Landesteilen, unter Klaus in Tschechien und Meciar in der Slowakei, nicht kompatibel.

Auch hier erwies sich wieder: aus welchen latenten Nationalismen tatsächliche wurden, ergab sich nicht aus den Nationalismen an sich, sondern aus der historischen Gesamtkonstellation. Zugleich zeigte sich hier dreierlei: (1) Für das aktuelle Sein der Staaten, die auf den Trümmern des kommunistischen Herrschaftssystems entstanden, ist es gleichgültig, ob es sich tatsächlich um »historische Nationen« handelt, wie Polen und Ungarn, die vor langer Zeit bereits eigene Staatlichkeiten hatten, oder um völlig neue, deren »Erwecker« jetzt mit großem Krampf daran arbeiteten, neue Mythen zu drechseln. (2) Die vorherigen Staatengefüge zerfielen nicht entlang klar ausmessbarer ethnischer, kultureller oder sprachlicher Grenzen, sondern entlang der oft willkürlichen Verwaltungsgrenzen, die das alte System fixiert hatte.

Das war übrigens keine Besonderheit des Zerfalls des »sowjetischen Imperiums«. Auch das weströmische Reich zerfiel in ähnlicher Weise. Unter solch vergleichender Perspektive gilt dann als nicht überraschend, »dass Reiche an ihren administrativen Nähten auseinanderreißen. Mit dem Kollaps imperialer Kontrolle fällt die Macht jener administrativen Ebene zu, auf der effektives praktisches Regieren allein noch möglich ist.« (Bakka 1995: 14.) Dabei waren die ursprünglich höheren administrativen Ebenen bevorzugt. Es waren die Unionsrepubliken der Sowjetunion und die Föderativen Jugoslawischen Republiken, die die volle Souveränität für sich in Anspruch nahmen, während sie den niedereren Staatlichkeiten, die einen Autonomiestatus innerhalb der Republiken gehabt hatten, verwehrt wurde; weder die Tataren oder Tschetschenen in Russland, noch die Abchasen oder Südosseten in Georgien, die Krim in der Ukraine oder die Kosovaren in Serbien sollten aus der Sicht der neuen Herren unabhängig sein. Wo sich dies änderte – Südossetien, Abchasien, Kosovo, Krim – geschah dies im Gefolge späterer, in der Regel gewalttätiger bzw. militärischer Konflikte und unter Mitwirkung mächtiger Akteure von außen, hier Russlands bzw. der NATO.

Hätte man tatsächlich abgerundete nationale Staatlichkeiten auf der Grundlage ethnischer und kultureller Kriterien schaffen wollen, wären beispielsweise sowohl eine Angliederung Moldawiens an Rumänien als auch ein Zusammenschluss aller albanisch bewohnten Territorien naheliegend gewesen. Dass es nicht dazu kam, und die militanten albanischen Nationalisten später auch im Westen »Terroristen« geheißen wurden, obwohl sie gegen die Republik Mazedonien nicht anderes zu tun bestrebt waren, als sie zuvor gegen Serbien taten, da es noch von Milosevic regiert wurde, ist ein Zeichen dafür, dass auch hier die staatlichen Grenzen der nationalen Entwicklung vorgängig sind.

Schließlich sind (3) beim Zerfall der multinationalen Staaten Sowjetunion, Jugoslawien und Tschechoslowakei nach dem Kommunismus die gleichen Paradoxien aufgetreten, wie nach dem Zerfall der Habsburger Monarchie im Gefolge des Ersten Weltkrieges: Unter der Flagge der »Lösung der nationalen Frage« und der selbständigen Nationalstaatlichkeit sind die neuen, kleineren Staaten gegründet worden; jeder von ihnen reproduziert jedoch in seinem Inneren wiederum die nationale Problematik in Gestalt der unterschiedlichen nationalen Minderheiten, die ihrerseits jeweils um ihren Status zu kämpfen haben, die Frage nach angemessener politischer Beteiligung, nach Amtssprache und Gebrauch der eigenen Sprache stellen und auf die Nachbarländer sehen, die oft gerade der Nationalstaat der eigenen Ethnie sind, etwa die Ungarn in der Slowakei, in Siebenbürgen (Rumänien) und der Vojvodina (Serbien).

Die demokratische Perspektive

All dies ist jedoch nur dann ein Problem, wenn man davon ausgeht, dass ethnische Herkunft und Sprache die ursprünglichen Kriterien des Einschlusses und des Ausschlusses sind. Es gehört zu den tragischen Momenten der Ergebnisse der sozialistischen Bewegungen, dass sie dieses ethnische Denken konserviert haben. (Das kommunistische Herrschaftssystem hat die nationalen Fragen nicht geschaffen oder bewirkt, wie aus rein ideologischen Gründen heute immer wieder gern behauptet wird, aber es hat sie eben auch nicht lösen können.) Allein schon der Hinweis auf die Schweiz, die vier Amtssprachen hat: Deutsch, Französisch, Italienisch und Rätoromanisch – obwohl letztere Sprache nur etwa ein Prozent der Bevölkerung spricht –, und auf die USA, die angesichts ihrer Konstituierung durch Einwanderung auch bei größter Bemühung nicht ethnisch zu definieren sind, macht deutlich, dass Sprache und Ethnos nicht die alleinigen Kriterien einer Nationskonstituierung sein müssen.

Der Soziologe M. Rainer Lepsius unterschied in diesem Sinne zwei Typen von Nationen: Die Volksnation »konstituiert sich über ethnische Abstammung einer Kollektivität von Menschen. Dazu müssen die Eigenschaften des Volkes bestimmt werden, damit das Volk von anderen ethnischen Gebilden unterschieden werden kann und die Volksangehörigen untereinander in eine Beziehung der Gleichheit treten können.« Dazu werden in der Regel kulturelle Eigenschaften, Sprache, Religion oder »noch undeutlichere Kriterien wie die einer historischen Schicksalsgemeinschaft« hinzugezogen. Die »ethnische Homogenität einer ›Nation‹ ist daher nichts ›Naturwüchsiges‹, sondern weitgehend das Produkt einer kulturell behaupteten Identität und einer politisch durchgesetzten Gleichheit«. Die so hergeleiteten Eigenschaften, durch die ein Volk zur Nation wird, »betreffen ein Kollektiv. Das ›Volk‹ wird als eine vorpolitische Wesenheit gedacht, der einzelne über seine zugeschriebene Merkmalsgleichheit dieser Kollektivität subsumiert.« Hier entsteht demzufolge die Nation »nicht als politisch verfasster Solidaritätsverband von Staatsbürgern, sondern erscheint als eine dem Individuum gegenüber höherrangige vorpolitische Wesenheit«, mit der Folge, dass die Volksnation »verfassungsindifferent« ist. »Ihrer Begründung nach ergibt sich keine Notwendigkeit, die politische Binnenordnung über gleiche Bürgerrechte und demokratische Teilhaberechte zu legitimieren.« (Lepsius 1990: 235ff.)

Hier stellt Lepsius gleichsam idealtypisch eine Denkfigur vor, die in den politischen, staatsrechtlichen und anderen Debatten des 19. und 20. Jahrhunderts in Deutschland und anderswo eine zentrale Rolle gespielt hat, bis hin zu der mörderischen Konstruktion des Nationalsozialismus von der »Volksgemeinschaft«. Bei näherem Hinsehen sind »Volk« oder Ethnos das Resultat von Zuschreibung, der Selbstzuschreibung und stärker noch der Fremdzuschreibung und einer entsprechenden Abgrenzung vom Fremden im Innern. Das hat wenig mit einer angeblich naturwüchsigen Abstammung zu tun. Es sind kulturelle – selbstverständlich nicht voraussetzungslose – Konstrukte, weshalb nicht nur Nationen auch heute noch entstehen können, denken wir nur an die Nationsbildungsprozesse nach dem Zerfall der Sowjetunion und Jugoslawiens, sondern auch Ethnien, was derzeit an der Ethnisierung der Ostdeutschen in Deutschland zu besichtigen ist.

Am anderen Pol steht die Staatsbürgernation. Sie »konstituiert sich über die individuellen staatsbürgerlichen Gleichheitsrechte und die Verfahren der demokratischen Legitimation der Herrschaft durch die Staatsbürger. Die Außenabgrenzung ergibt sich durch den räumlichen Geltungsbereich der Verfassungsordnung, und zwar unabhängig davon, ob außerhalb der Staatsgrenzen Personengruppen leben, die ethnisch oder kulturell oder historisch eine Merkmalsgleichheit mit dem demokratisch verfassten Staatsvolk haben.« Hier ergeben sich erhebliche Folgen für die Binnenordnung: Die Staatsbürgernation ist nicht verfassungsneutral. »Die Gewährleistung der individuellen Bürgerrechte und die verfassungsmäßig kontrollierte Legitimationsgabe für das Herrschaftssystem sind unverzichtbar, da diese ja gerade die Kriterien sind, über die sich die ›Staatsbürgernation‹ konstituiert.« (Ebenda, 242f.) So ist die Frage nach der Nation nicht weiter zu diskutieren, ohne die Demokratiefrage zu stellen.

Ein Fazit

Bisher wurde deutlich, dass die Nation eine geschichtlich vergleichsweise neue politisch-kulturelle Innovation ist, die im Westen Europas und in Nordamerika entwickelt wurde. Der Prozess der Bildung von Nationen schritt in Europa in Wellen voran, insbesondere nach dem Zerfall des Russischen, Osmanischen und Habsburgerreiches infolge des Ersten Weltkrieges sowie nach dem Ende des Kalten Krieges, gleichsam von Westeuropa nach Osteuropa fortschreitend. Von Europa und den USA aus drängte dieser Prozess mit dem Ende der spanischen Kolonialherrschaft (in den 1820er Jahren auf dem südamerikanischen Subkontinent, 1898 auf Kuba und Puerto Rico) auch in Amerika in Richtung Süden; alle unabhängigen neuen Staaten Lateinamerikas wollten Republiken werden, meist mit einer Präsidial-Verfassung nach US-amerikanischem Vorbild. Trotz gemeinsamer spanischer Sprache bildeten sich unterschiedliche Staaten, im Grunde ebenfalls entlang der früheren spanischen Verwaltungsgrenzen. Brasilien, das von

Portugal stets als ein Ganzes verwaltet worden war, blieb in seinem territorialen Gesamtbestand erhalten, nahm einen Umweg als ein selbständiges »Kaiserreich Brasilien« und wurde dann ab 1889 ebenfalls Republik.

Mit dem Zusammenbruch der imperialistischen Kolonialsysteme nach dem Zweiten Weltkrieg ergriff die Nationsidee auch die neuen, national befreiten Staaten Asiens und Afrikas. Diese Staaten hatten völkerrechtlich verbindlich vereinbart, die vom Kolonialismus vorgefundenen Grenzen nicht zu verschieben, um nicht in endlosen Kriegen um Grenzen zu versinken. (Im Grunde gab es nur zwei Ausnahmen: in Asien zerfiel das frühere Pakistan aus West- und Ostpakistan – eine Gründung am Ausgang der britischen Kolonialherrschaft nach religiösen Kriterien: die Republik Indien mit mehrheitlich hinduistischer Bevölkerung und Pakistan mehrheitlich muslimisch – in Pakistan im Westen und Bangladesch im Osten. Dies allerdings nicht ohne militärische Mitwirkung Indiens. Die andere Ausnahme ist der Zerfall Sudans in Afrika in Sudan und Südsudan nach langandauernden, mörderischen Bürgerkriegen.) So musste der Nationsbildungsprozess in Asien und Afrika in vorgegebenen Grenzen erfolgen, wie auch in Europa.

Dort, wo die nun befreiten Staaten nicht alte Staats- und Kultursubjekte waren, wie China, der Iran, Ägypten oder Thailand (Siam), Vietnam, Laos und Kampuchea, kollidierten diese Nationsbildungsprozesse oft mit Stammes- und Sprachgrenzen. Hier verlief die Nationsbildung oft ungleich schwieriger, als in Europa, wo es in der Regel eine Mehrheitsbevölkerung mit gleicher Herkunft und Sprache gab. Deshalb blieben, vor allem in Afrika, die neuen Staatlichkeiten oft fragil, führten Demokratiekonzepte zu Vorherrschaften und Unterordnungen nach Stammesgesichtspunkten, zu Militärputschen und Diktaturen. Bürgerkriege, Armut und gescheiterte Staaten waren die Folge. Gleichwohl geht es hier auch weiterhin um Prozesse der Nationsbildung unter der Voraussetzung eines eigenen Staates, einer eigenen Verfassungs- und Rechtsordnung, eines eigenen Schulwesens. Da es um eine überkommene »Volksnation« nicht gehen kann, gilt es den Weg der »Staatsbürgernation« zu gehen. Als Rahmen für und Voraussetzung von Bürger- und Freiheitsrechten, Menschenrechten, Demokratie und Rechtsstaatlichkeit, so rudimentär diese heute auch noch sein mögen.

Kapitel 4

Reich und Nation

Der Nationsbildungsprozess, der im Westen Europas begann, sich dann im Osten wellenförmig bis heute fortsetzte und zu Beginn des 21. Jahrhunderts nach Westen zurückschwappte, hatte um Deutschland zunächst einen Bogen gemacht – weshalb es vor den neuerlichen Nations-Konstituierungen (nach 1990) die Vorstellung gab, die Deutschen hätten einst den richtigen Zug verpasst. Am Beginn des 20. Jahrhunderts schien es das deutsche Dilemma zu sein, ähnlich dem des alten Reiches bis zum Westfälischen Frieden von 1648: Deutschland größer und an Ressourcen reicher als jeder andere europäische Staat (abgesehen von Russland), aber schwächer als die anderen europäischen Staaten zusammen; vermeintlich zu groß, um sich einfach einzureihen in das alltägliche Gefüge; nicht groß genug, die anderen Staaten und Nationen in der Tat dominieren zu können. In diesem Sinne war die »deutsche Frage« für die Deutschen immer die Frage ihrer Einheit (und war in diesem Sinne mit der staatlichen Vereinigung von 1990 nunmehr erledigt), für die anderen Staaten und Völker Europas aber die Frage nach dem Schutz vor Deutschland bzw. vor seiner Dominanz bzw. Hegemonie auf dem Kontinent (Crome 2019: 51ff.).

Das Reich in der Mitte

Die letztliche Besonderheit Deutschlands war, dass es sich über Jahrhunderte nicht als national geprägte Einheit verstand, sondern als Kaisertum mit gesamteuropäischen Ansprüchen, sozusagen das Reich in der Mitte Europas: War es stark, bemühte es sich, seine Macht in alle Richtungen auszudehnen; war es schwach, versuchten seine Nachbarn, in seine inneren Verhältnisse einzugreifen und es zu beherrschen. So war der Dreißigjährige Krieg (1618-1648) nicht nur ein Religionskrieg und ein Krieg um die Hegemonie in dem damaligen deutschen Reich, sondern auch ein Kampf der europäischen Mächte um Vorherrschaft auf dem Kontinent, der auf deutschem Boden ausgetragen wurde. Er wurde mit dem Westfälischen Frieden (1648) beendet und kostete fünf bis sechs Millionen Menschen das Leben.

Die Kaiserwürde hatte ihrerseits eine eigene Geschichte. In der Spätphase des Römischen Reiches gab es zwei Kaiser, einen im Westen, in Rom, und einen im Osten, in Byzanz. Nach dem Ende des Westreiches (476) gab es nur noch den einen Kaiser im Osten. Jahrhunderte später hatten die Franken im Westen ein neues Reich geschaffen, das weite Teile des heutigen Frankreichs und Deutschlands umfasste. Deren König Karl wurde im Jahre 800 durch den Papst in Rom zum Kaiser gekrönt. Damit gab es wieder zwei Kaiser in Europa. Nach der Teilung des Frankenreiches kam der Kaisertitel im 10. Jahrhundert an das ostfränkische Reich, das nicht nur deutsche Territorien umfasste. Folgerichtig nannte sich das Reich dann »Heiliges Römisches Reich«, seit dem Ende des 15. Jahrhunderts mit dem Nachsatz: »deutscher Nation«. Als juristische Gestalt bestand es bis 1806, als Napoleon, inzwischen Kaiser von Frankreich, den deutschen Kaiser zur Abdankung zwang. Der zweite Kaiser, der im Osten, war nach dem Ende des oströmischen Reiches (1453) der russische Kaiser (Zar), der in Moskau bzw. später in Sankt Petersburg residierte. Der Habsburger war der symbolischen Bedeutung von Napoleons Ansinnen jedoch ausgewichen, indem er sich künftig »Kaiser von Österreich« nannte. Insofern gab es dann drei Kaiser, wie von 1871 bis zum Ende des Ersten Weltkrieges erneut.

Für die Entwicklung Deutschlands zu einem modernen Staat war die Reichsgestalt kein Vorzug, sondern eine Belastung. Während die Konstituierung der Nation in Frankreich und England einigermaßen eindeutige äußere Grenzen sowie ein Macht- und Wirtschaftszentrum vorfand, hatten die Deutschen beides nicht. Volk und Nation konnten keine Einheit bilden, so dass die Entwicklung einer Staatsnation – wie in Frankreich – verunmöglicht war; die »Reichsnation« war der Reichsadel, der innerhalb der Reichsgrenzen seine eigene territoriale Staatsbildung betrieb, nicht die anderen Klassen oder Stände. Der Machtzerfall des Reiches auf der einen und die Stärkung der Territorialherrschaften auf der anderen Seite bedingten sich gegenseitig; am Ende zerstörte die Konkurrenz zwischen Preußen und Österreich das Reich. Dabei war die alte römisch-christliche Reichsidee, als Verbindung von Reich und mit sakralem Glanz umgebener Kaiserwürde, als Sinnbild des christlichen Abendlandes bereits am Ausgang des Mittelalters verblasst.

Dennoch bezog sich das Denken über die Nation in Deutschland seit dem Ende des 18. Jahrhunderts immer wieder auf jenes alte Reich. Im Prozess seines Werdens zur Nation ist Deutschland kein »normaler« Territorialstaat, immer nur teilidentisch mit sich selbst, das es wurde, und zugleich mit einem ganz anderen, das es eigentlich und wahrhaftig sein sollte oder wollte. So ist die Nationalstaatsbildung in Deutschland durch drei Faktoren geprägt:

➤ Realpolitisch haben die Napoleonischen Kriege (Anfang des 19. Jahrhunderts) den Deutschen deutlich gemacht, dass sie eine Nation werden müssen, um nicht dauerhaft der gefestigten französischen zu unterliegen, was den überwiegenden nationalen Bestrebungen eine antifranzösische Ausrichtung gab, die bis 1945 anhielt;

➤ sie weiß sich in ihrer Identitätsbildung nicht selbstsicher in der Geschichte zu verorten, weil ihr historischer Bezug das diffuse alte Reich ist, das alles mögliche war, nur nicht Vorläufer einer Nation;

➤ sie hat weder im geographischen Raum, was die Grenzen anbetrifft, noch im sozialen Raum, was ihre gesellschaftlichen und politischen Träger sind, klare Konturen.

Besonders tragisch wirkte sich dies im Scheitern des Versuchs der Revolution von 1848/49 aus, über einen Verfassungsprozess (Paulskirchenverfassung) Nationalstaatsbildung zu betreiben. Hinzu kamen zwei weitere Probleme. Das eine war eine seit dem Wiener Kongress (1815) konsolidierte Stellung eines zahlreichen und ausgeprägt selbstbewussten Adels, der bevorzugten Anspruch auf die Besetzung hoher, einflussreicher Positionen in Militär, Gerichtsbarkeit, Kirche und Verwaltung hatte. Dadurch war bis zur Revolution 1918 die Gleichheit der Personen nicht gegeben (ebenda, 59). Das andere war die durch Preußens Geschichte und Entwicklung herausgehobene Stellung des Militärs und alles Militärischen, was am Ende dazu führte, dass die staatliche Einigung als Rahmen für die Nation schließlich als Reichseinigung zwischen 1864 und 1871 durch drei siegreiche Kriege Preußens erfolgte, unter Federführung des preußischen Junkers Otto von Bismarck.

Die Grundsituation der deutschen Revolution 1848/49 beschrieb *Der Spiegel* 150 Jahre nach den damaligen Ereignissen so: »17 Monate lang, vom März 1848 bis zum Sommer 1849, schien er zum Greifen nahe, der Traum von einem demokratischen und geeinten Deutschland. Nie zuvor waren die Deutschen so selbstbewusst und ihrer Bürgerrechte so sicher gewesen. Nie zuvor auch hatten sie sich mutiger an die Reform ihres in 39 Staaten zersplitterten Landes gemacht, und nie zuvor wurden die autoritätshörigen Deutschen so verunsichert wie in den Wochen und Monaten dieser Revolution.« (Nr. 7, 9. Februar 1998) Der Hintergedanke der *Spiegel*-Redaktion war gewiss, dass hier der eigentliche historische Bezug der demokratischen Verfasstheit der heutigen Bundesrepublik Deutschland liege. Doch es war auch der damalige Geist der Zeit. »Mit Stolz soll jeder Deutsche auf eine Versammlung blicken, die der reife Volkswille bestellte«, ließ ein Kandidat einen Tag vor den Wahlen, am 24. April 1848 in die Zeitung setzen (zitiert nach: Richter 2021: 89).

Das Problematische begann, wie in anderen Revolutionen auch, so der englischen oder französischen, mit der Frage nach der Souveränität. »Als Souveränität wird die dem modernen Staat eigentümliche, höchste, nicht abgeleitete, allumfassende, unbeschränkte Hoheitsgewalt bezeichnet. Der Staat hat sie nach außen (völkerrechtlich), welches zum einen die rechtliche Unabhängigkeit bedeutet, d.h. ausschließlich dem eigenen Willen unterworfen zu sein. Zum anderen postuliert die äußere Souveränität auch die formale Gleichheit aller Staaten. Allerdings kann die formale Souveränität der Handlungen, besonders nach außen, durch die außenpolitischen sowie die wirtschaftlichen Abhängigkeiten und Verflechtungen mit anderen Staaten oder Bündnissen eingeschränkt werden.« (Mohr 1997: 617.) Souveränität des Staates nach innen (staatsrechtlich) dagegen bedeutet, dass er die Verfügungsgewalt über seine inneren Angelegenheiten hat. In Bezug auf die innere Souveränität ist Träger der Souveränität grundsätzlich derjenige, der über das Recht verfügt, Kompetenzen zuzuweisen oder zu verändern (Kompetenzkompetenz). In der klassischen Begründung durch Jean Bodin ist dies ein Souverän, der von Gott eingesetzt und sein Beauftragter auf Erden ist, der Fürst, der nur durch Gott beschränkt wird. Mit dem Voranschreiten der Idee der Volksherrschaft, der Demokratie und des Republikanismus wurde daraus die Vorstellung von der Parlaments- bzw. Volkssouveränität.

Bei wem sollte nun aber die Souveränität liegen? Nach der Staatstheorie fehlt den Gliedstaaten eines Bundesstaates die Souveränität, umgekehrt sind im Staatenbund nur die Gliedstaaten, nicht der Bund oder Gesamtstaat souverän, und genau dies war 1848 das größte Problem, maßgebliches Hindernis. Die Entscheidung der Frage nach der Kompetenz der Nationalversammlung einerseits und der der Fürsten andererseits, nach der »Kompetenzkompetenz« war eine der entscheidenden Weichenstellungen, die das Schicksal der Revolution bestimmten. Fraktionen im heutigen Sinne gab es nicht. Im Parlament saß eine konservative Rechte, die eigentlich das Vorrecht der Fürstenherrschaft verteidigte, neben einer liberalen Mitte, die im Grunde die parlamentarische Vertretung des liberalen Bürgertums war. Sie stellte durch ihre Erfolge in den Wahlen die zahlenmäßig stärkste und tonangebende parlamentarische Gruppierung in der Paulskirche und war an der Durchsetzung günstiger Bedingungen für eine Entwicklung kapitalistischer Verhältnisse interessiert. Eine Revolution mit Waffengewalt und Guillotine lehnte sie allerdings – verängstigt durch die Erfahrungen der Französischen Revolution – strikt ab. Ihre Einstellung zur Volkssouveränität war daher ambivalent. Wie der französische Historiker Francois Furet betonte, lag der Schatten der französischen Revolution von 1789 über dem ganzen 19. Jahrhundert. Nichts fürchtete der Bürger 1848 mehr als neuerliche »Unordnung«. So wird der Bürger »aus Angst zum Traditionalisten«. »Zwar hat er die Menschenrechte aus der Taufe gehoben, doch heute macht ihm die Freiheit und noch mehr die Gleichheit angst. Er war der Vater der Demokratie, in der jeder Mensch allen anderen gleichgestellt und durch das soziale Gefüge mit ihnen verbunden ist [...] Doch die Demokratie hat die Instabilität ihrer Regierungen und die Bedrohung durch die Masse, das heißt die Armen, offenkundig gemacht. Nun verunsichern die Prinzipien von 1789, die dem Bürger einst seinen aufsehenerregenden Eintritt in die Weltgeschichte ermöglichten, diesen mehr denn je.« (Furet 1996: 25f.)

Die gemäßigten Liberalen waren keine demokratischen Republikaner; mehrheitlich traten sie für einen deutschen Bundesstaat mit einer starken Zentralgewalt ein und waren bereit, in der inneren Staatsorganisation die Beibehaltung des Dualismus von fürstlicher Regierungsgewalt und gewählter Volksvertretung als »konstitutioneller Monarchie« zu akzeptieren (Ribhegge 1998: 16). Der wirtschaftliche und gesellschaftliche Fortschritt sollte möglichst ohne revolutionäre Störungen auf dem Wege von Reformen und im Einvernehmen mit dem Adel herbeigeführt werden. Sie forderten daher, bei Erhaltung der monarchischen Grundgestalt, die Eingrenzung der Rechte des Herrschers, die Gründung eines deutschen Bundesstaates, die Verankerung bürgerlicher Freiheiten und die Sicherung wirtschaftlicher Entfaltungsmöglichkeiten und somit die Verabschiedung einer bürgerlich-fortschrittlichen Verfassung (Hildebrandt 1986: 66). Allerdings reflektierten die Meinungen innerhalb der Fraktion den preußisch-österreichischen Dualismus hinsichtlich der Führung des künftigen deutschen Bundesstaates: Die einen waren für Preußen an der Spitze, die anderen für Österreich. Allein die demokratische Linke trat für eine demokratische Republik ein und vertrat am entschiedensten den Gedanken der Volkssouveränität. Doch auch ihre Losung hieß: demokratischer Fortschritt mit Mäßigung! Das bedeutete, die Herrschaft des Adels zu beseitigen, aber möglichst ohne die Anwendung revolutionärer Gewalt, die Macht der Könige zu beenden, aber mit Hilfe von Gesetz und Verfassung.

Als es darum ging, dem deutschen Gefüge rasch einen obersten Repräsentanten zu geben, stand der liberalen Mehrheit die erste Probe auf das Gelingen ihrer Kompromisslösung mit Adel und Fürsten bevor. Zunächst wollten sie die Meinung der Monarchen und Minister einholen und ggf. deren Forderungen berücksichtigen. Man müsse, so formulierte die bürgerlich-liberale Deutsche Zeitung diesen Standpunkt, wenn es um die Bestellung eines Reichsoberhauptes gehe, den Fürsten die Mitsprache einräumen, »denn das deutsche Reichsoberhaupt soll nicht allein über ein Volk gesetzt sein, sondern auch über eine Reihe von Königen und Fürsten, die über die Fürstenverfassung also notwendig ein Recht haben müssen mitzusprechen« (ebenda, 83). Die Fürsten sollten bewogen werden, die von der Paulskirche eingesetzte Reichsgewalt zu respektieren. Heinrich von Gagern (1799-1880) sagte in seiner Eröffnungsrede als Präsident der Nationalversammlung: »Wir haben die größte Aufgabe zu erfüllen. Wir sollen schaffen eine

Verfassung für Deutschland; für das gesamte Reich. Der Beruf und die Vollmacht zu dieser Schaffung, sie liegen in der Souveränität der Nation.« Damit hatte er, als eine zentrale Figur des damaligen Liberalismus, die verfassungsgebende Gewalt allein für die Nationalversammlung in Anspruch genommen. Über seine Formulierung: »Souveränität der Nation« wurde später diskutiert, was er damit gemeint habe. »Man hat Gagern unterstellt er habe bei dieser Äußerung einen versteckten Unterschied zwischen National- und Volkssouveränität gemacht«, mit diesem Ausdruck habe er die »Souveränität der Fürsten« nicht geleugnet, sondern sie »als einen Bestandteil in die Souveränität der Nation aufgenommen« (Huber 1988: 621). Jedenfalls hat er die Souveränität der Nationalversammlung gemeint. Das war Geltungsanspruch gegenüber Adel und Fürsten auf der einen und gegenüber der revolutionären Volksbewegung auf der anderen Seite.

In der Frage des Staatsoberhauptes wurde der Antrag auf ein Direktorium bald abgelehnt, Preußen bzw. die Fürsten bestanden auf einem der ihren als Reichsverweser, im Gegenzug setzte von Gagern durch, dass das Parlament und nicht die deutschen Fürsten den Reichsverweser zu wählen hatten. Dies wurde dann der österreichische Erzherzog Johann (1782-1859), der schon gegen Napoleon gekämpft hatte, der als vergleichsweise liberal galt, und der das Amt auch ernst zu nehmen sich anschickte.

Die Territorialfrage als Sprengsatz

Sein Scheitern – und mit ihm das des Paulskirchenprojektes – resultierte aus der Schwierigkeit zu bestimmen, welche Territorien zu einem geeinten Deutschland gehören sollten, und wer als Deutscher zu gelten habe. Die Gründung des deutschen Nationalstaates stand vor dem Problem seiner äußeren Grenzen und geriet dabei in Konflikt mit den Nationalbewegungen seiner Nachbarn. Dies waren zunächst »die Polenfrage« und die »tschechische Frage«. Die Politik Preußens gegenüber Polen gehörte zu den schwierigsten politischen Komplexen, mit denen sich die Paulskirchenversammlung befassen musste. Polen, Ende des 18. Jahrhunderts zwischen Preußen, Österreich und Russland aufgeteilt, genoss noch Anfang der 1830er Jahre große politische Sympathie in Deutschland. *(Nach dem »Novemberaufstand« 1830/31 in »Kongresspolen«, dem russisch beherrschten Teil Polens, und seinem Scheitern flohen zehntausende polnische Patrioten ins Ausland. In den deutschen Kreisen, die für die eigene nationale Einigung und demokratische politische Verhältnisse eintraten, gab es eine beachtliche »Polenbegeisterung«, Hunderte »Polenvereine« und an die tausend »Polenlieder« wurden gezählt [Koenen 1993: 79ff.])* Bis 1848 waren alle Versuche des polnischen Volkes, seine Unabhängigkeit wiederzuerlangen, niedergeschlagen worden. Im Frühjahr 1848, im Umfeld der europäischen Revolutionen, erhoben sich nun im Großherzogtum Posen, dem von Preußen besetzten Teil Polens, die polnischen Patrioten gegen die Teilungsmacht. Im Vorparlament zur Frankfurter Nationalversammlung war noch bekräftigt worden: »Die Versammlung erklärt die Teilung Polens für ein schmachvolles Unrecht. Sie erkennt die heilige Pflicht des deutschen Volkes, zur Wiederherstellung Polens mitzuwirken.« (Hildebrandt 1986: 29.) Unter den kleinbürgerlich-demokratischen Kreisen, auch den Abgeordneten hatten viele ihre Sympathie gegenüber der polnischen Aufstandsbewegung bekundet. Konservative und z.T. liberale Nationalisten in Deutschland sprachen dagegen in aller Öffentlichkeit gegen die Unabhängigkeit Polens. Die Parteinahme für Polen sei »allein schon deswegen verwerflich, weil sie dazu beitrage, das Ansehen Preußens und seines Königs in den Augen des deutschen Volkes herabzusetzen« (ebenda, 116). Die Niederwerfung des Posener Aufstandes durch preußische Truppen war der erste größere Erfolg der europäischen Konterrevolution.

Die Frankfurter Nationalversammlung musste sich mit dieser Situation auseinandersetzen. Billigte sie die nationalrevolutionären Bewegungen in Posen, stellte sie sich gegen Preußen; nahm sie den Standpunkt gegen die polnische Nationalbewegung ein, stellte sie – selbst die Institutionalisierung der Revolution in Deutschland – sich auf die Seite der Konterrevolution. Ein beträchtlicher Teil des (in Bezug auf die deutschen Dinge) liberalen Bürgertums befürchtete zudem, dass bei einem Erfolg der Bewegung in Polen ihre wirtschaftlichen und militärischen Interessen beeinträchtigt würden, und hatte bereits in Reichskategorien zu denken begonnen (ebenda, 115). In der Polendebatte der Nationalversammlung stellten sich schließlich die meisten Redner der

Liberalen und der Rechten auf die Seite Preußens. Hatten die Anträge des von den Liberalen beherrschten völkerrechtlichen Parlamentsausschusses noch den Passus enthalten, den in Westpreußen lebenden Polen eine »ungehinderte volkstümliche Entwicklung« und »die Gleichberechtigung ihrer Sprache« zu gewähren, so nahmen die Redner der Konservativen »kein Blatt vor den Mund« und erklärten, die Polenfrage könne nicht nach Recht und Gesetz entschieden werden, denn »die Pflicht der eigenen Selbsterhaltung« und »das Gebot der nationalen Ehre« sprächen dafür, dass Posen in der Hand der Deutschen bleiben müsse (ebenda, 120).

Auf der Linken entgegnete der Abgeordnete Arnold Ruge (1802-1880), namhafter demokratischer Publizist und Schriftsteller, dass die deutsche Nation nicht frei werden könne, wenn sie fortfahre, ein Volk wie das polnische zu unterdrücken. »Es würde nichts nützen, wenn wir hier unsere Freiheit allein feststellen, diese Politik wäre unedel, sie wäre reaktionär, und sie wäre unvorteilhaft. Wir müssen nicht wider, sondern mit den anderen Völkern handeln, und die neuen Verhältnisse in dieser Sache nur durch Verträge mit den anderen Völkern festsetzen.« (Zitiert nach: ebenda, 122.) Ruges Plädoyer hatte die Nationalisten nicht sonderlich beeindruckt, die Nationalversammlung bestätigte das preußische Vorgehen, doch hatte er den wunden Punkt getroffen. Die Deutschen wollten den neuen deutschen Staat konstituieren, beanspruchten demzufolge für ihn Souveränität, und genau diese wollten sie anderen Nationen nicht gewähren. Friedrich Engels kommentierte dies in der Neuen Rheinischen Zeitung mit der Feststellung, die Versammlung habe die polnischen Teilungen sanktioniert und damit deren Schmach »von den Schultern der deutschen Fürsten auf ihre eigenen Schultern gewälzt« (MEW 5: 319).

Ähnlich verhielt es sich bei der »tschechischen Frage«. Nach dem Boykott der Wahlen zur Nationalversammlung in den tschechischen Ländern, der von den habsburgischen Behörden wohlwollend geduldet wurde, beschäftigte sich die Frankfurter Nationalversammlung in den Sommermonaten 1848 auch mit der Entwicklung in den tschechischen Ländern. Teile des tschechischen und des in Böhmen lebenden deutschen Bürgertums wollten eine begrenzte Selbständigkeit der tschechischen Länder. Nationalistisch und anti-tschechisch eingestellte Kreise der deutsch-böhmischen Bourgeoisie plädierten dagegen für einen engen Anschluss Böhmens an Deutschland. In der Debatte der Frankfurter Nationalversammlung zur »tschechischen Frage« wurde betont, dass Böhmen, Mähren und Mährisch-Schlesien – mit überwiegend tschechischer Bevölkerung – zu Recht Bestandteil des Deutschen Bundes seien und auch bleiben müssten; die österreichische Regierung erhielt freie Hand in den tschechischen Gebieten. Eine eigenständige nationale Vertretung wurde den Tschechen nicht zugestanden.

Es war dies Moment der größeren Frage, was denn nun »Deutschland« sein sollte. Ein deutschnational-hegemoniales Modell (kleindeutsche Lösung) ging davon aus, dass die Deutschösterreicher in den deutschen Bundesstaat einbezogen werden sollten, und die übrigen von Österreich beherrschten Gebiete diesem als weiterem Bund zugeordnet werden sollten. Auf der anderen Seite standen die Vertreter einer großdeutsch-mitteleuropäischen Vorstellung (großdeutsche Lösung), wonach eine enge Verbindung zwischen einem – gegebenenfalls – föderativ aufgegliederten, österreichischen Gesamtstaat mit dem deutschen Bundesstaat angestrebt wurde. Die Nationalversammlung war in ihrer großen Mehrheit davon ausgegangen, dass die Deutschösterreicher dem deutschen Nationalstaat angehören. Eine kleindeutsche Lösung, die Österreich außerhalb des neuen Bundesstaates beließ, wurde von der großen Mehrheit der Abgeordneten und ebenso von der deutschen Öffentlichkeit abgelehnt. Aber eine befriedigende Lösung, die den österreichischen Interessen Rechnung trug, konnte nicht gefunden werden.

Bald war der Habsburgische Reichsverweser wieder von der Bildfläche verschwunden, am Ende gab der österreichische Staatskanzler Schwarzenberg einer zentralistischen Gesamtstaatsverfassung eine Absage und der preußische König schlug die Krone eines kleindeutschen Staatswesens aus der Hand der Paulskirchenversammlung aus. »Im Nachhinein ist festzuhalten, dass die Unfähigkeit, die deutsche Frage in befriedigender Weise zu lösen, wesentlich zum Scheitern der Revolution von 1848/49 beigetragen hat, nicht zuletzt wegen der vielfach allzu massiven nationaldeutschen, und zuweilen ausgesprochen imperialistischen Begehrlichkeiten der Akteure, die auf die nationalen Interessen der anderen europäischen Völker nur unzureichend Rücksicht nahmen.« (Mommsen 1998:

8.) Die letzte Sitzung der Nationalversammlung wurde am Abend des 18. Juni 1849 geschlossen, weitere wurden per Militärbefehl unterbunden. Die »Reichsverfassungskampagne«, der bewaffnete Kampf für eine Durchsetzung der Verfassung, vornehmlich in Süddeutschland, endete mit der Kapitulation der Festung Rastatt am 23. Juli 1849 und der anschließenden Exekution jener Revolutionäre, derer man habhaft werden konnte.

Die Folgen

In den Zwiespältigkeiten des Scheiterns der Revolution von 1848/49 waren wesentliche Konfliktlinien der nachmaligen deutschen Geschichte vorgezeichnet. Ihre Niederlage hatte weitreichende Folgen für den Verlauf der Nationsbildung. »In Deutschland gab es nur ein übergreifendes Bedürfnis, den Wunsch nach einem Einheitsstaat, und zwar in überwältigender Mehrheit nach einem Kaiserreich und nicht nach einer Republik«, resümierte der Historiker Zamoyski. Und weiter: »In Deutschland wurde durch die Unterdrückung der nationalen Einheitsbestrebungen, die folgerichtig aus Napoleons Demütigung des deutschen Nationalstolzes erwachsen waren, der berechtigte Patriotismus und das Nationalgefühl in eine defensive, verbitterte Subkultur gedrängt, die ohne legitime Äußerungsmöglichkeiten zunehmend zornig und aggressiv wurde – mit verheerenden Folgen für die ganze Welt im 20. Jahrhundert.« (Zamoyski 2016: 537, 541.) Vier Punkte sind hier besonders hervorzuheben:

Erstens hatte diese Niederlage die Botmäßigkeit des deutschen Bürgertums unter Fürstenhäuser und Adel erhärtet und die Ängste vor den Unterschichten bekräftigt. Je stärker der Widerspruch zwischen Kapital und Arbeit, Bourgeoisie und Arbeiterschaft (oder –klasse) mit dem Voranschreiten der kapitalistischen Wirtschaft die gesellschaftlichen Verhältnisse prägte, desto mehr lehnte es sich an den vom Adel beherrschten Staat an. Otto von Bismarck, seit 1862 preußischer Ministerpräsident, ging bald ein Bündnis mit der bürgerlichen Nationalbewegung ein, um ihren wirtschafts-, zoll- und währungspolitischen Forderungskatalog zu erfüllen, zugleich aber die Realisation des demokratisch-gesellschaftspolitischen Teils zu verhindern. Dazu hatte er bereits am 3. Dezember

1850 in einer Landtagsrede betont: »Die preußische Ehre besteht nach meiner Überzeugung nicht darin, dass Preußen überall in Deutschland den Don Quijote spiele für gekränkte Kammerzelebritäten, welche ihre lokale Verfassung für gefährdet halten. Ich suche die preußische Ehre darin, dass Preußen vor allem sich von jeder schmachvollen Verbindung mit der Demokratie entfernt halte, dass Preußen in der vorliegenden wie in allen Fragen nicht zugebe, dass in Deutschland etwas geschehe ohne Preußens Einwilligung [...]« (Bismarck 1925: 186). Seinem »revolutionären« Programm, das er 1866 auf den berühmten Satz brachte: »Soll Revolution sein, so wollen wir sie lieber machen als erleiden« (Engelberg 1985: 617), unterwarf sich das Bürgertum bereitwillig. Nach seiner Verwirklichung 1871 sollte diese Subordination des Bürgertums unter den junkerlich-preußischen Staat von Dauer sein. Es war nicht der Akteur der Nationsbildung, der es historisch hätte sein sollen. Deutschland war ein Wirtschaftsgebilde, das eine hohe Dynamik möglich machte, politisch aber war es nicht an Menschen- und Bürgerrechten oder demokratischen Mitwirkungsrechten orientiert.

Das Deutsche Reich in seinem inneren Zustand war daher, wie Sebastian Haffner anmerkte, ein Staat »unter falschem Management. Die wirtschaftlich absinkenden, langsam parasitär werdenden preußischen Junker, die nicht wussten, wie ihnen geschah, hatten plötzlich einen modernen Industriestaat zu führen. Das kapitalistische Bürgertum, seit 1849 an Verantwortungslosigkeit gewöhnt und durch Verantwortungslosigkeit verwöhnt, suchte draußen die Macht, die ihm drinnen verwehrt war, und drängte auf außenpolitische Abenteuer. Und die sozialdemokratischen Arbeiter, objektiv die stärkste Reserve der Nation, die willigen Erben der Verantwortung, auf die das Bürgertum verzichtet hatte, waren ›Reichsfeinde‹.« (Haffner 1993: 7f.) Diese Unterwerfung hielt bis zur militärischen Niederlage Deutschlands, Resultat jener außenpolitischen Abenteuer, im Jahre 1918 an. Es folgten die sozialdemokratische Revolution im November 1918 und die Weimarer Reichsverfassung, die recht eigentlich Folge der Revolution war. Ein Dutzend Jahre später fanden sich weder im Bürgertum noch in der Arbeiterschaft genügend Kräfte, die bereit waren, die junge Demokratie zu verteidigen. Das Hitlerregime stellte gleichsam den Status quo ante wieder her, den der Verantwortungslosigkeit für das Bürgertum, verkoppelt mit dem Drang zu außenpolitischen Abenteuern, und es hatte gegenüber dem Bismarck-Reich den zusätzlichen »Vorzug«, dass die eigenständigen Organisationen der Arbeiterschaft, deren Kraft in den Schicksalstagen des Novembers 1918 spürbar war, zerschlagen wurden. Das Resultat war der 8. Mai 1945.

Zweitens hatte die Art und Weise der von Bismarck durch Königgrätz 1866 erzwungenen kleindeutschen Lösung der »deutschen Frage« zur Folge, dass einerseits all jene ausgeschlossen waren, die im Sinne der vorgefundenen ethnisch-kulturellen Verhältnisse bzw. der »Kulturnation« sich eigentlich dazurechneten, 1848 auch dazugerechnet worden waren, jetzt aber ferngehalten wurden, insbesondere die Deutschösterreicher und die Sudetendeutschen im von Habsburg beherrschten Böhmen und Mähren. Nach 1918 sollte sich zeigen, dass die Österreicher (in den Grenzen des Versailler Systems) sich für nicht allein lebensfähig ansahen und den Anschluss an Deutschland anstrebten, der dann von Hitler auf seine Weise 1938 vollzogen wurde, und die Sudetendeutschen sich zu willigen Mitwirkenden an der Zerschlagung der Tschechoslowakei erboten. Andererseits lebten in jenem Deutschen Reich auch zahlreiche Angehörige anderer Nationalitäten, Polen im Gefolge der polnischen Teilungen, Dänen und Franzosen im Ergebnis der Kriege von 1864 und 1870/71 und der mit diesen erzwungenen Grenzziehungen. Nach der Volkszählung von 1880 hatte das Deutsche Reich 45,23 Millionen Einwohner, unter diesen 3,25 Millionen »Nicht-Deutsche« (7,18 Prozent der Gesamtbevölkerung), darunter 2,65 Millionen Polen, Litauer und Tschechen (5,86 Prozent), 140.000 Dänen (0,31 Prozent) und 280.000 Franzosen (0,62 Prozent) (Meyers 1888: 814).

Die Bevölkerung des Reiches stieg bis 1914 auf 67,8 Mill., d.h. gegenüber 1871 um 28 Millionen Das war eine Steigerung um insgesamt 70Prozent; das mittlere jährliche Bevölkerungswachstum lag um ein Prozent. So waren die Deutschen um die Jahrhundertwende das im Durchschnitt jüngste und am schnellsten wachsende Volk auf dem europäischen Kontinent. (Nipperdey 1991: 9; Stürmer 1987: 85.) Im langfristigen Vergleich (1913 = 100) lag die Gesamtproduktion Deutschlands 1870 bei 29,9, 1896 schon bei 59,0, die Leistung von Industrie und Handwerk 1870 bei 18,8 und 1896 bei 49,9 (Nipperdey 1991: 271).

Drittens führten die fehlende Identität des Bürgers als Staatsbürger, statt des Untertanen, und die mangelnde demokratische Verfasstheit einerseits sowie die innere Ungewissheit, wo denn die Grenzen Deutschlands liegen, andererseits, zu einem ethnischen Verständnis der Zugehörigkeit zur deutschen Nation. Das ethnische Argument war bereits im 19. Jahrhundert Moment der offiziellen Politik. Demgegenüber verwies schon Friedrich Engels, in der Polemik gegen die preußische Volkstumspolitik in Posen 1848/49, darauf, dass es historisch falsch ist, die Bevölkerungszahlen nach ethnischen Gesichtspunkten zusammenzustellen. So sei es ein wesentlicher Unterschied, ob es sich um preußische Beamte handelt, die im Gefolge der Teilungen Polens dorthin geschickt worden waren, oder aber um ehemalige Untertanen des polnischen Königs, die seit 200 Jahren in dieser Gegend lebten. (Das Problem tauchte nach 1990 wieder auf, mit der Frage nach den in den Osten entsandten Westbeamten und den ostdeutschen Werktätigen, die der Arbeit nach in den Westen gingen.) Die Deutschen seien, so weiter Engels, seit dem Mittelalter in die verschiedensten Richtungen ausgewandert. Es wurde gleichsam zu ihrem »Beruf, die Pfahlbürger der Weltgeschichte zu werden«, was sie namentlich dadurch bewiesen, »dass sie bis auf den heutigen Tag den Kern der Kleinbürgerschaft von ganz Ost- und Nordeuropa, ja von Amerika bilden. In Petersburg, Moskau, Warschau und Krakau, in Stockholm und Kopenhagen, in Pest, Odessa und Jassy, in New York und Philadelphia sind die Handwerker, Krämer und kleinen Zwischenhändler zum großen, oft zum größten Teil Deutsche oder von deutscher Abkunft. In allen diesen Städten gibt es Stadtviertel, wo ausschließlich deutsch gesprochen wird. [...] Die Sachlage ist gerade in Polen am klarsten. Die deutschen Spießbürger, die dort seit Jahrhunderten ansässig sind, haben sich von jeher ebensowenig zu Deutschland gerechnet wie die Deutschen in Nordamerika. [...] Sie sind, soweit es in den dezentralisierten Zeiten des 17. und 18. Jahrhunderts möglich war, Polen geworden, deutsch redende Polen, sie hatten längst vollkommen verzichtet auf allen Zusammenhang mit dem Mutterlande.« (MEW 5: 320f.)

Nach neueren Schätzungen sind seit 1600 über sieben Millionen Deutsche nach Nordamerika, in das Gebiet der heutigen USA, ausgewandert; insgesamt etwa sechzig Millionen US-Amerikaner gelten als deutschstämmig (Bindenagel 1996: 107). Kein vernünftiger Mensch kommt heute auf die Idee, diese seien einem – wie auch immer gearteten – »deutschen Projekt«, um einen modernen Terminus zu benutzen, zuzuordnen. Die Deutschstämmigen in den USA sind Teil der US-amerikanischen Nation.

Dies gilt von der Sache her ebenfalls für die Deutschstämmigen im Osten Europas. Hier aber hatte Hitler versucht, die deutschen Minderheiten aus Rumänien, Ungarn usw. zum Spielball seiner Volkstumspolitik im Gefolge des betriebenen Eroberungskrieges zu machen. Die in rassistischem Sinne ethnisch definierten Deutschen wurden bereits in den ersten Kriegsjahren massenhaft umgesiedelt; die Vertreibungen begannen nicht mit dem Vormarsch der Sowjetarmee auf deutsches Territorium in der Schlussphase des Krieges, sondern beispielsweise mit der Umsiedlung von Rumäniendeutschen in das besetzte polnische Gebiet, um dort die Zusammensetzung der Bevölkerung zu verändern.

Dieses ethnische Verständnis der Volkszugehörigkeit wurde erleichtert durch das überkommene, von den Nazis vorgefundene Verwaltungsdenken, wie es etwa im deutschen Reichs- und Staatsangehörigkeitsgesetz von 1913 zum Ausdruck kam, das in der NS-Zeit nochmals verschärft wurde. Diese Staatsangehörigkeit wurde durch Geburt erworben, wenn die Eltern bzw. ein Elternteil Deutsche sind, bei nichtehelichen Kindern, wenn die Mutter die deutsche Staatsangehörigkeit hat; durch Annahme an Kindes statt durch einen Deutschen oder durch Einbürgerung, über die die Behörden zu entscheiden haben. Das Grundgesetz der Bundesrepublik Deutschland legte in diesem Sinne fest (Art. 116 GG), dass Deutscher im Sinne des Grundgesetzes sei, »wer die deutsche Staatsangehörigkeit besitzt oder als Flüchtling oder Vertriebener deutscher Volkszugehörigkeit oder als dessen Ehegatte oder Abkömmling in dem Gebiete des Deutschen Reiches nach dem Stande vom 31. Dezember 1937 Aufnahme gefunden hat«. Der gewollte Unterschied zwischen den Deutschen, die diese Staatsangehörigkeit schon haben, und den »Volkszugehörigen«, die sie rasch und unkompliziert erwerben können, ist hier konstitutiv. Er bot der Bundesrepublik in der Zeit des Kalten Krieges die Möglichkeit, jeden DDR-Bürger einzubürgern, wie auch die massenhafte Einbürgerung von Rumäniendeutschen seit den 1970er Jahren oder von Russlanddeutschen seit den 1980er Jahren zu vollziehen, auch wenn deren Vorfahren im 14. oder 18. Jahrhundert dort hingewandert waren und mit dem »Mutterland« Jahrhunderte lang nichts zu tun hatten. Es handelte sich hier um ein vorpolitisches, vornationales »Volkszugehörigkeits«-Verständnis, das bis nach dem Ende des Kalten Krieges praktiziert wurde, etwa in Gestalt der Zuwanderung jener »Spätaussiedler'«

Das Völkerrecht kennt grundsätzlich zwei Grundlagen des Erwerbs der Staatsbürgerschaft: das ius sanguinis (lat. »Recht des Blutes«, das Personalitätsprinzip, nach der Abstammung) und das ius soli (lat. »Recht des Bodens«, das Territorialitätsprinzip). Das deutsche Staatsangehörigkeitsrecht von 1913 war im Kern ein Abstammungsrecht, auch wenn es ebenfalls durch Heirat oder Einbürgerung erworben werden konnte, während zum Beispiel die USA und Frankreich grundsätzlich auf dem ius soli bestehen, d.h. alle auf dem Territorium des Landes geborenen Kinder sind grundsätzlich Staatsbürger des Geburtslandes (außer Diplomaten-Kinder anderer Staatsangehörigkeit). Mit der Staatsangehörigkeitsreform aus dem Jahre 2000 hat Deutschland neben das Abstammungsprinzip Elemente des Territorialitätsprinzips gestellt, um Angehörigen der »zweiten Einwanderergeneration«, die hier geboren sind und deren Eltern sich längerfristig und rechtmäßig ein Deutschland aufgehalten haben, einen erleichterten Zugang zur deutschen Staatsangehörigkeit zu ermöglichen. Davon ausgenommen sind Bürger anderer EU-Staaten und der Schweiz, die in Deutschland leben.

Viertens schließlich zog die Niederlage der Revolution von 1848/49 auch ein gestörtes Verhältnis der sozialistischen Arbeiterbewegung zu dieser deutschen Nation nach sich. Nach den Vorstellungen von Marx und Engels sollte der große deutsche Nationalstaat – im Sinne jener Revolution, mit republikanischer Verfassung und demokratischen Rechten – der Boden sein, auf dem der Kampf um die anvisierte soziale Frage auszutragen war. Der Internationalismus der Arbeiterbewegung wurde vorgestellt als gleichberechtigter Verkehr zwischen national organisierten Arbeiterparteien. Insofern war eine starke Arbeiterpartei in einem großen Deutschland, das gleichrangig neben anderen europäischen Nationen steht, der beste Beitrag der deutschen Arbeiter zur internationalen Sache des Sozialismus. Die Gründung des kleindeutschen Staates, die zudem durch »Blut und Eisen« und nicht von unten, darunter die Arbeiterschaft, erfolgte, wies der Arbeiterbewegung einen Platz in der Ecke der »vaterlandslosen Gesellen«, der »Reichsfeinde« zu. Diese antwortete, indem sie Preußen eine deutsche Sendung grundsätzlich absprach. Franz Mehring bezeichnete den altpreußischen Staat als eine »russische Satrapie«, emporgekommen in dem »jahrhundertlangen Verwesungsprozesse des Heiligen Römischen Reiches Deutscher Nation«, »selbst ein Produkt der Verwesung, deren Spuren er an Haupt und Gliedern trug« (Mehring 1961: 39). Das war natürlich etwas anderes, als die offiziellen Selbstüberhöhungen des preußisch-kaiserlichen Staatswesens. Zugleich vergaß die Arbeiterbewegung der Bourgeoisie ihr Versagen 1848/49 nicht, sah in dieser jedoch die historisch zum Untergang verurteilte Klasse, die mit »Nationalitätenhass und Chauvinismus« auf einen Krieg zusteuern musste.

Das Nationale wurde, seit jener frühen Zeit, den Rechten überlassen. Das Verhältnis der deutschen Linken zur Nation war so – traditionell und mehrheitlich – ablehnend, zugleich verknüpft mit antipreußischer Aversion einerseits und antibürgerlicher Perspektive andererseits. Die Bewilligung der Kriegskredite 1914 durch die SPD, die seitens der Parteirechten durchgesetzt wurde, erwies sich als untauglich, den Geruch nationaler Unzuverlässigkeit loszuwerden, wie die Geschichte der Weimarer Republik zeigen sollte. Zugleich scheiterten die Bestrebungen der KPD, das Nationale wieder von links zu besetzen, Ende der 1920er/Anfang der 1930er Jahre wie in Gestalt des »Nationalkomitees Freies Deutschland« während des Zweiten Weltkrieges, das zu stark als Ausprägung sowjetischer Interessen wahrgenommen wurde. Auch der bei ihrer Gründung erhobene Anspruch der SED, die »beste nationale Kraft« zu sein (Grundsätze und Ziele 1948: 10), wurde ihr in der Mehrheit der deutschen Bevölkerung nicht so recht abgenommen. Im Westen misslang derweil Kurt Schumachers Versuch, die Politik der SPD auf einer Linie nationaler deutscher Interessen zu verorten. Adenauer machte die »Westbindung« populär, der gegenüber die SPD wiederum als nicht der patriotischen Aufgabe des Tages gewachsen denunziert wurde.

*

Zu Wahl des gesamtdeutschen Bundestages 1848 betonte die Historikerin Hedwig Richter: »ohne Nationalismus hätte es kaum

Demokratisierung geben können«. Die Nation wirkte »als Gleich-macherin«. »Nicht zufällig hatte die kurzlebige polnische Verfassung vom 3. Mai 1791, die erste in Europa, die Idee der Gleichheit in Form der ›Nation‹ bewahrt, von der ›jede Gewalt‹ auszugehen habe«. Die Gleichheit verband sich mit der »Brüderlichkeit«, die schon in der französischen Revolution von 1789 beschworen wurde: »Nation schenkt Identität, Zugehörigkeit und in gewisser Weise Geborgenheit«. Sie schließt öffentliche Kommunikation und eine wehrhafte Bürgerschaft mit ein. Zugleich wäre ohne nationale Identität das Parlament nicht praktikabel gewesen. Die Wählenden und die Gewählten mussten eine Gemeinschaft bilden, was zugleich die Exklusion aller, die nicht zur Nation gehörten, mit einschloss. »Ein Parlament konnte nicht die Menschheit vertreten; rein prak-tisch war das nicht möglich, und auch ideell gab es dafür keine Grundlage.« (Richter 2021: 87.)

In Bezug auf die Gründung der BRD stellt Richter die rheto-rische Frage, ob den Westalliierten hier ein Wunder gelang, das »aus dem Nichts« kam. Ihre Antwort lautet, dass »amerikanische Idealisten, rückkehrende Exilanten, humanistische Intellektuelle, alle Schattierungen an Demokraten« ihre Ideale zur Geltung brachten, und zwar in anderer Weise, »als das etwa in den vom Rassismus beherrschten Vereinigten Staaten möglich gewesen wäre«. Das funktionierte am Ende aber nur, »weil die Deutschen längst demokratische Verfahren geübt hatten und in allen Län-dern parlamentarische und partizipative Traditionen bis weit ins 19. Jahrhundert zurückreichten«. Richters Folgerung: »Demokra-tie ist ein mühsames Lern- und Selbsterziehungsprojekt, das nicht über Nacht und erst recht nicht durch externe Mächte installiert werden kann, wie sich in der Weltgechichte immer wieder beob-achten lässt.« (Ebenda: 257.)

Das Reich im Osten

Russland, das Reich im Osten, hat dasselbe Grundproblem, wie es das Reich in der Mitte des Kontinents hatte. Seit Jahrhunderten ringen Imperium und Nationsbildung miteinander – im Unter-schied zu Deutschland allerdings bis in das 21. Jahrhundert hin-ein, mit offenem Ausgang. Am Ende der Sowjetunion wurde dies aufmerksamen russischen Intellektuellen erneut bewusst. »Die Rus wurde Rossija geopfert«, klagte der Kulturhistoriker Georgi Gatschew 1991. »Rossija ist das Verhängnis der Rus, Rossija übt Anziehungskraft aus, ist ein Ideal, dem man dient – ist aber auch Abgrund und Verdammnis. Rossija hat das russische Volk entwurzelt, aus der Rus weggelockt, den Bauern in einen Soldaten, einen Organisator, einen Unternehmer verwandelt.« (Zitiert nach: Hosking 2000: 19. Hervorhebungen im Original.)

Mitte des 19. Jahrhunderts hieß es: »Alles: Ruhm, Macht, Wohlhabenheit und Aufklärung verdanken wir dem Geschlechte Romanow« und deshalb sollten »das Reich Romanowien« und seine Bewohner »Romanowzen« heißen (Bulgarin 1859: 100). Allerdings steht das in den Memoiren eines Mannes, der polnischer Adliger war, 1812 in Napoleons Armee gegen Russland kämpfte und 1820 in Russland wieder auftauchte, dann als einflussreicher Journalist und bekannter Spitzel der russischen Polizei. Die Aussage schreibt er einem Grafen Cancrin zu. Der wiederum war ein Deutscher, der seit Anfang des 19. Jahrhunderts in russischen Diensten stand, während der napoleonischen Kriege »Generalintendant« der russischen Armee im Generalsrang war (das war der Verantwortliche für die Versorgung der Truppen im Kriege) und von 1823 bis 1844 russischer Finanzminister. Als solcher betrachtete er die staatliche Industrie als die beste Quelle, dem Staat Einkünfte zu erschließen, und benachteiligte grundsätzlich die Privatwirtschaft. Cancrin war es auch, der in Russland breiter das Papiergeld einführte, zunächst mit einem Inflationseffekt, was den Widerstand des russischen Adels hervorrief. Genau betrachtet allerdings wurde hier ein Gespräch zwischen einem Polen und einem Deutschen über Russland erinnert, nicht eines zwischen Russen. Da ersterer jedoch Einflussagent der russischen Geheimpolizei war, dürfte dies Ausdruck des Selbstverständnisses seiner Auftraggeber gewesen sein.

Die russischen Fürstentümer waren Mitte des 13. Jahrhunderts unter mongolisch-tatarische Herrschaft geraten. Iwan III., Großfürst von Moskau 1462-1505, erkannte die Oberherrschaft der Mongolen 1480 nicht mehr an und begann mit der »Sammlung der russischen Erde«, die anderen russischen Staatswesen, wie Nowgorod, Twer und Rjasan wurden Moskau unterworfen. Zugleich hatte er eine Nichte des letzten byzantinischen Kaisers,

Sophia Palaiologos, geheiratet. Iwan III. übernahm von Byzanz die theokratische Staatsauffassung *(danach ist der Herrscher von Gott erwählt und zugleich der oberste Hüter der Gläubigen; eine Trennung von Staat und Kirche ist ausgeschlossen)*, das prunkvolle Hofzeremoniell und den imperialen Anspruch. Die osmanische Eroberung Konstantinopels (1453) befreite die russische Kirche von der religiösen Subordination unter Byzanz. Der Metropolit von Moskau wurde Patriarch und damit Oberhaupt einer eigenständigen Kirche (Stölting 1990: 78). Bereits Iwan III. ließ die Legende verbreiten, der byzantinische Kaiser habe dem Kiewer Großfürsten Wladimir Monomach die Reichsinsignien und die Krone übertragen. Damit sei Moskau rückwirkend über Kiew Erbe des Kaisertums des Römischen Reiches, die Thronfolge reiche also bis zum Kaiser Augustus zurück. Anfang des 16. Jahrhunderts erhielt das den religiösen Segen, Moskau sei das »Dritte Rom« (Hosking 2000: 35). Für die Erstellung dieser Legende werden zwei unterschiedliche Quellen angegeben, ein Kloster-Starez (Abt) in Pskow und ein Kiewer Mönch namens Filofej (Geier 1996: 20). Daraus wurde dreierlei abgeleitet: (1) Moskau besitze das natürliche Recht, alle Territorien zu beanspruchen, die jemals von einem Fürsten der Rus regiert wurden; (2) im übrigen Europa sei durch das katholische Papsttum und die Reformation das Christentum vom »rechten Glauben« abgefallen, weshalb Moskau nicht nur das kaiserliche »Dritte Rom« geworden war, sondern auch das Zentrum des wahren christlichen Glaubens; (3) die Selbstherrschaft des Herrschers war »von Gottes Gnaden«. In diesem Sinne ließ sich dann Iwan IV. (»der Schreckliche«) 1547 als Sechzehnjähriger zum Zaren (von Caesar) von Russland krönen (Zar bis 1584).

Peter der Große (Zar 1682-1721) nannte sich dann ausdrücklich Kaiser (Imperator). Seine Reformen zielten darauf, das Reich zu modernisieren und zugleich zu vergrößern, insbesondere gegen Schweden und um einen Zugang zur Ostsee zu erkämpfen. Er gründete Sankt Petersburg als neue Hauptstadt des Reiches. Nachfolgende Zaren und Zarinnen, insbesondere Katharina II. (1762-1796), setzten die Politik der Erweiterung des Reiches fort, einige auch die Reformpolitik. Gleichwohl blieben signifikante politische und kulturelle Differenzen zum Rest Europas erhalten. Der russische Philosoph Pjotr Tschaadajew schrieb 1836: »Wir gehören keiner der großen Familien des Menschengeschlechts an: wir gehören weder dem Westen noch dem Osten an und [...] sind von der universalen Erziehung des Menschengeschlechts unberührt geblieben. [...] Die geschichtliche Erfahrung existiert nicht für uns: Geschlechter und Jahrhunderte sind ohne Nutzen für uns verflossen. [...] Heutzutage bilden wir eine Lücke in der intellektuellen Weltordnung.« (Zitiert nach: Geier 1996: 34.)

Peter d. Gr. hatte 1711 die Bojarenduma abgeschafft *(die Bojarenduma war seit dem Mittelalter Beratergremium des Großfürsten von Moskau bzw. des Zaren. In ihr waren Bischöfe, Stadtälteste, Vertraute des Herrschers, Spitzen der Verwaltung und einflussreiche Adelsfamilien vertreten)* und ein neues System der Ämter geschaffen. Nach dieser im 19. Jahrhundert mehrfach modifizierten Rangliste gab es bis 1917 14 militärische und ebenso 14 zivile Ränge. So sollten Angehörige des Erbadels für den Staatsdienst gwonnen werden. Zugleich konnten Personen anderer Stände in Dienst gekommen und ihnen Adelspatente verliehen werden. Zar Peter hatte so einen neuen, ihm verpflichteten Dienstadel geschaffen, der zu einem neuen Erbadel wurde (ebenda, 80f.). Die Dienstpflichten, auf die hin dieser Adel ursprünglich geschaffen worden war, wurden 1762 abgeschafft. Das ermöglichte es den Adligen, sich auf ihre Güter zurückzuziehen, wann immer sie wollten. Sie verwandelten sich nun »in eine müßiggängerische, gebildete Oberschicht«. Reformen der Lokalverwaltung unter Katharina II. gestanden ihnen eigene Körperschaften und festumrissene Funktionen in den Gemeinden zu (Hosking 2000: 187).

Die sogenannte Zweite Leibeigenschaft, deren Einführung bereits unter Iwan III. und Iwan IV. begonnen hatte, wurde von Peter d. Gr. mit dem Erlass neuer gesetzlicher Bestimmungen perfektioniert, die Bindung an die Scholle und die Kopfsteuer mit allen Mitteln durchgesetzt. Galten in früheren Zeiten entlaufene Leibeigene bei den Kosaken am Don – »u kraina«, an der Grenze – als sicher und wurden nicht ausgeliefert, so war das nicht mehr gewiss. Unter Katharina II. wurden die »grundherrschaftlichen Rechte des Adels, auch hinsichtlich der absoluten physischen Verfügungsgewalt über die zu einem Adelsbesitztitel gehörenden Leibeigenen [...] verstärkt: So konnten der grundbesitzende Adel und andere Besitzer von Leibeigenen diese verkaufen, vertauschen, verspielen, die Frauen vergewaltigen, Frauen wie Männer beliebig und ungestraft töten« (Geier 1996: 85, 91). Da die Gutsherren in der Regel nicht in die Landwirtschaft investierten, waren sie von der überkommenen Produktivität der Bauern abhängig und konnten nur die Ergebnisse der Fronarbeit eintreiben. Dafür waren sie in der Regel auf die Kommunikation mit dem gewählten Dorfältesten angewiesen. Die Bauern waren an Ertragssteigerung nicht interessiert, und der Gutsherr oder sein Verwalter hatte oft keine Ahnung von moderner Agrikultur und Buchführung, weshalb produktive und nichtproduktive Ausgaben nicht voneinander unterschieden werden konnten. Der »müßiggängerischen Oberschicht« blieb nur, den Bauern höhere Abgaben abzupressen, Teile des Gutes »zu verkaufen oder zu verpfänden oder den Staat um Kredite zu bitten«. Wie in Preußen wollte der Staat die ihn tragende Adelsschicht nicht im Stich lassen. 1754 wurden eine Adelsbank geschaffen und Kreditlinien eingerichtet. Um ein Leben in Luxus zu genießen, wurden oft staatlich geförderte Anleihen aufgenommen. Ergebnis war eine wachsende Verschuldung: 1820 war ein Fünftel aller Leibeigenen bei der Adelsbank verpfändet, 1842 die Hälfte und 1859 zwei Drittel (Hosking 2000: 193f.). Nach der Zählung der kopfsteuerpflichtigen Männer gab es in Russland 1795 1,5 Prozent Adlige, 3,5 Prozent Stadtbewohner und mehr als 90 Prozent Bauern; die Differenz waren Kosaken, Nomaden, Sträflinge und andere, die außerhalb der Erreichbarkeit der »Seelen-Steuer« lebten. Die Leibeigenschaft war auch in der Ukraine und den anderen gewonnenen Gebieten eingeführt worden. Am Ende der Regierungszeit von Katharina II. gab es in Russland nahezu keinen freien Bauern mehr (Geier 1996: 91).

Der Krieg Russlands gegen Napoleon hatte zwei nachhaltige Folgen. Die eine betraf den modernisierten Teil des Adels. »Eine ganze Generation junger russischer Offiziere aus den besten Familien des russischen Adels hatte die Kriege gegen Napoleon als erregendes ›Europaerlebnis‹ erfahren. Sie hatten vielen Ländern zur Freiheit verholfen, und sie hatten erfahren, welchen Gebrauch die europäischen Völker von ihrer neuen Freiheit machen wollten. Sie selbst waren mit unklaren Vorstellungen von politischer Freiheit, aber mit der Hoffnung auf Verbesserungen in ihre Heimat zurückgekehrt.« Diese aber wurde bitter enttäuscht. Zar Alexander I. (1801-1825), der »Befreier Europas«, gab zwar Finnland und Polen, die neu unter russische Herrschaft gekommen waren, Konstitutionen, nicht aber Russland (Alexander/ Stökl 2018: 415f.). Die andere Folge betraf die Bauern. Festgestellt wurde, dass »die Bauern unabhängig von Befehlen von echtem Patriotismus erfüllt waren«. Es wäre nicht gelungen, die Feinde zu verjagen, »wenn die Leute so passiv geblieben wären, wie sie es gewohnt waren«. Etliche hatten sich in der Überzeugung zum Militär gemeldet, »dass der freiwillige Dienst für das Vaterland ihnen die Freiheit von der Knechtschaft bringen werde«. Sie hatten das Vaterland vom Tyrannen befreit und wurden erneut von den einheimischen Herren tyrannisiert (Hosking 2000: 202). So waren nach den Napoleonischen Kriegen zwei entscheidende Punkte auf die Tagesordnung gerückt: eine politische Ordnung jenseits der Selbstherrschaft und die Abschaffung der Leibeigenschaft.

Die Folge waren die »Dekabristen«, benannt nach dem gescheiterten Aufstand im Dezember 1825 in Petersburg. Es ist jedoch irreführend, die Bewegung nur von ihrem kläglichen Ende her zu betrachten. Unter Alexander I. waren Freimaurer in Russland wieder geduldet. Insofern kamen jüngere Offiziere in St. Petersburg 1816 auf die Idee, einen »Rettungsbund« zu gründen. Er sollte Vorschläge entwickeln und das Wohlwollen des Zaren erringen. Er vertrat zunächst »ein engbegrenztes, nicht imperiales Konzept der Nation« und rief zum »Widerstand gegen die Deutschen im russischen Staatsdienst« auf. 1818 wurde er in einen Bund zur »Wohlfahrt Russlands« umbenannt. Die lasse sich am besten durch Aufhebung der Leibeigenschaft und Umwandlung der Autokratie in eine konstitionelle Monarchie erzielen. Der Bund war nach dem Modell einer Freimaurerloge organisiert, Mitglieder wurden sorgsam ausgewählt. Sie mussten russische Staatsbürger sein und Christen; die Standeseinteilung der russischen Gesellschaft sollte ignoriert werden, aber Leibeigene wurden nicht aufgenommen (ebenda, 203ff.). Der »Wohlfahrtsbund« wurde 1821 offiziell aufgelöst, an seine Stelle traten jedoch zwei konkurrierende Komitees, die in der Literatur als Nordbund und Südbund geführt werden. Zu den Gründen finden sich zwei Lesarten. Nach der einen war Pawel I. Pestel, Adjutant von Graf Wittgenstein, der Oberbefehlshaber des russischen Heeres war, zu dominierend, was anderen Aktivisten zuviel war. Er wird als Vertreter eines »jakobinischen Standpunktes« dargestellt, der auch um den Preis der Ermordung des Zaren und der Einsetzung eines diktatorischen Übergangsregimes realisiert werden sollte. Die Mehrheit dagegen präferierte das »englische Modell«, ein allmähliches, moderates Vorgehen (ebenda, 204f., 207).

Nach der anderen Lesart waren inhaltliche Differenzen entscheidend. Der Nordbund entwickelte das »Projekt einer Konstitution«. Danach sollte die künftige Ordnung Russlands eine Föderation nach Art der USA sein, wobei aber der konstitutionelle Monarch weniger Machtbefugnisse haben sollte als der US-Präsident. Das aktive und passive Wahlrecht sollte an einen hohen Zensus gebunden sein (Alexander/ Stökl 2018: 417). Für den Südbund dagegen vertrat Pestel ganz entschieden den Standpunkt des russischen Patrioten: »Was im besonderen Russland betrifft, […] so muss man (um die Verderblichkeit einer föderativen Staatsbildung zu erkennen) nur daran erinnern, aus welchen verschiedenartigen Teilen dieser gewaltige Staat besteht. Seine Provinzen werden nicht nur durch verschiedene Institutionen verwaltet und nach verschiedenen bürgerlichen Gesetzen gerichtet, sondern sprechen vollkommen verschiedene Sprachen und bekennen sich zu vollkommen verschiedenen Religionen; ihre Bewohner sind verschiedener Herkunft und gehörten einstmals zu verschiedenen Staaten; wenn man diese Verschiedenartigkeit durch eine föderative Organisation des Staates noch mehr verstärkt, so ist daher leicht vorauszusehen, dass sich die verschiedenartigen Teile dann rasch vom russischen Kern lösen werden und Russland nicht nur seine Macht, Größe und Kraft, sondern vielleicht sogar seine Existenz unter den großen und wichtigen Staaten verlieren wird.« (Zitiert nach: ebenda, 418.) Pestel wird hier nicht ausführlich zitiert, weil er die einflussreichste Gestalt in diesem Netzwerk war, sondern weil er bezüglich der Reform des Staates, seiner Verteidigung und der Entwicklung der Nation das weitestgehende Konzept vertrat. Seine Darstellung liest sich aus heutiger Sicht, wie zweihundert Jahre später Putins Vorwürfe an die Sowjetmacht, durch Föderalisierung und Schaffung verschiedener Sowjetrepubliken, die Staatsqualität erhielten, die Größe Russlands verspielt zu haben.

Pestel bezog sich wie seine Widersacher unter den Dekabristen auf die USA und die Französische Revolution, allerdings unter dem Gesichtspunkt, »dass die Regierung dazu da sei, das Wohl ihrer Untertanen zu befördern«. Wenn sie das tue, habe »sie das Recht, absoluten Gehorsam von ihnen zu verlangen«. Sein Ziel war der neue Nationalstaat, wie ihn beide geschaffen hatten, der von der ursprünglichen Nationalität oder Herkunft absieht und nur noch Staatsbürger mit gleichen Rechten und Pflichten kennt. Neben den Russen nannte er Kleinrussen *(»Kleinrussen« war im zeitgenössischen Verständnis jener Teil des »dreieinigen russischen Volkes« [bestehend aus Großrussen, Weißrussen und Kleinrussen], der auf dem Gebiet der heutigen Ukraine lebte. Der Dichter Nikolai Gogol würzte seine Geschichten mit »kleinrussischen« Redensarten, um bäuerliches Lokalkolorit zu liefern, verstand sich selbst jedoch zeitlebens als Russe [(Stölting 1990: 80]. Die Termini Ukrainer, Kleinrussen und Ruthenen [zuweilen gab es noch weitere] sind in der entsprechenden Literatur der vergangenen 200 Jahre unterschiedlich, zum Teil sich überlappend verwendet worden und ihre Abgrenzung voneinander hält einer klaren kulturwissenschaftlichen Analyse aus heutiger Perspektive nicht stand. Im Sinne der Nationalitätenpolitik der Sowjetmacht galt das Konzept des »dreieinigen russischen Volkes« als Attribut des Zarismus, konservativen Nationalismus' und weißgardistischer Konterrevolution. Im Kampf Lenins gegen den »großrussischen Nationalismus« wurden Ukrainer und Belarussen als eigenständige Völker bestimmt, Kleinrussen unter die Ukrainer eingeordnet. In diesem Sinne ist die einheitliche ukrainische Nationalität und Sprache in der Tat ein Ergebnis von siebzig Jahren Sowjetunion),* Weißrussen, Ukrainer und Ruthenen. Pestel ging davon aus, dass das »pränationale Formen [waren], Stämme, die eigene Dialekte besaßen und sich auf natürliche Weise auflösen würden, sobald eine einheitliche Nation geschaffen sei«. Oberstes Gesetz der Wohlfahrt sei die Sicherheit des Staates, der seine Grenzen verteidigen müsse. »Das heißt, die Finnen, Letten, Georgier, Tataren et cetera sollten für immer zum Russischen Reich gehören.« Nicht im Sinne einer eigenen nationalen Existenz unter einem gemeinsamen russischen Dach, sondern es gelte, »sie zu einer einzigen Nation zu machen und alle Unterschiede in einer einzigen allgemeinen Masse aufgehen zu lassen, damit die Einwohner auf dem ganzen Territorium des russischen Staates alle Russen sind.« Es sollten überall die gleichen Gesetze gelten, alle ethnischen Bezeichnungen abgeschafft werden und Russisch überall die vorherrschende Sprache sein. Nur zwei Ausnahmen sah er, sie hielt er für nicht russifizierbar: den Polen wollte er eine Eigenständigkeit unter russischer Oberhoheit zuerkennen und die zwei Millionen Juden wollte er ausweisen (Hosking 2000: 207ff. *Hervorhebung im Original*).

Der Fehlschlag im Dezember 1825 war entscheidend im Kampf zwischen Imperium und Formierung des Volkes zur Nation in Russland, die ordnungspolitische Konkurrenz zwischen Reich und Nation war zugunsten des Reiches entschieden. Die Dekabristen wollten die Aufklärung und eine bürgerliche Gesellschaft in Russland durchsetzen, »wussten jedoch, dass sie hierfür nicht auf Unterstützung durch das einfache Volk rechnen konnten. Das war ein Grund für ihre Geheimbündelei und ihr unentschlossenes Handeln. Ihr Scheitern war ein weiteres Indiz für die tiefe Kluft zwischen Oberschicht und Volk.« (Ebenda, 174.) Das bestimmte die russische Geschichte bis 1917.

Zar Nikolaus I. (1825-1855), um dessen Thronbesteigung sich der Dekabristenaufstand gerankt hatte, machte verschiedene Öffnungen seines Vorgängers und älteren Bruders rückgängig. Der Paradekult, starke Polizeipräsenz und eine restriktive Zensur wurden wieder eingeführt. Zugleich sah er in dem Dekabristenaufstand »nicht [...] das verzweifelte Zucken einer im Entstehen unterdrückten bürgerlichen Gesellschaft«, sondern den »Auswuchs einer europaweiten Verschwörung«, die gegen die legitime Monarchie sowie die moralischen und religiösen Prinzipen gerichtet war (ebenda, 175). Analogien zum Russland Anfang des 21. Jahrhunderts sind gewiss nicht zufällig. Zar Nikolaus war besonders von der Illoyalität von Teilen des Adels enttäuscht und wollte die Gründe erfahren. So verfolgte er genau die Untersuchungen, nahm zum Teil selbst an Verhören teil und studierte Vernehmungsprotokolle. Der Schriftsteller Alexander D. Borowkow, selbst Freimaurer und vom Zaren zum Sekretär des Untersuchungsausschusses berufen, wurde beauftragt, eine Zusammenfassung der Ansichten der Dekabristen zu erarbeiten. Auf dieses Dokument kam der Zar in seiner langen Regierungszeit häufiger zurück. Er teilte die politischen Ansichten der Dekabristen nicht, hatte aber ihre Analyse der herrschenden Missstände zur Kenntnis genommen. Zu seinen Folgerungen gehörten die Veröffentlichung einer einheitlichen Gesetzessammlung und die Erweiterung des Netzes von Eliteschulen zur Ausbildung der Staatsdiener (ebenda). Zugleich wurde die Erarbeitung einer Staatsideologie in Auftrag gegeben. Sie sollte aus »Rechtgläubigkeit«, »Autokratie« und »Volksverbundenheit« bestehen. Der Minister für Volksaufklärung, Sergei S. Uwarow, hatte 1831 in einem offiziellen Rundschreiben erklärt: »Ich bin überzeugt, dass jeder Professor und Lehrer, durchdrungen vom gleichen Gefühl der Hingabe für Thron und Vaterland, alle seine Kräfte aufbieten wird, um ein würdiges Werkzeug der Regierung zu werden und ihr vollständiges Vertrauen zu erwerben« (ebenda, 177).

Die Leibeigenschaft sah auch der Zar als problematisch an, nannte sie 1842 »ein Übel«, meinte aber, »sie jetzt anzutasten, würde natürlich noch Schlimmeres bedeuten«. Er ließ ein Programm allmählicher Reformen entwickeln. Dazu gehörten eine Umwandlung der Kopfsteuer in eine Bodensteuer und eine Verbesserung der Hygiene, der Lebensweise und der landwirtschaftlichen Methoden. Das sollte zunächst auf den staatlichen Domänen realisiert werden, die Bauern wurden »zu freien Bewohnern auf den Ländereien der Krone ernannt«, später sollte das auf die Adelsgüter erstreckt werden. Dazu kam es dann nicht mehr. Die europäischen Revolutionen von 1848 ließen erneut die Gefahren von Nationalismus und Republikanismus aufscheinen, machten aber um Russland einen Bogen. Nikolaus I. griff erneut zu jenen Maßnahmen, die sein Vater Paul I. schon gegen die französische Revolution von 1789 veranlasst hatte: die Zensur wurde verschärft, Auslandsreisen wurden erschwert und die Einfuhr von Büchern verboten. Das Philosophiestudium an der Universität wurde untersagt und Vorlesungen über Logik und Psychologie wurden Theologen übertragen. Die Zulassung zum Universitätsstudium wurde stark beschränkt und Absolventen wurden rasch in den Staatsdienst übernommen, um zu verhindern, dass sie »die zweifelhafte Laufbahn von Journalisten« wählen. Russische Truppen halfen, den ungarischen Freiheitskampf und die Erhebungen in den Donaufürstentümern niederzuschlagen (ebenda, 179f.).

Die Niederlage Russlands im Krimkrieg (1853-1856), in dem Großbritannien und Frankreich sowie Sardinien-Piemont sich mit dem Osmanischen Reich verbündet hatten, um weitere Gebietszuwächse Russlands auf dessen Kosten zu verhindern, hatte seine wirtschaftliche, industrielle, infrastrukturelle und soziale Rückständigkeit deutlich gemacht. Zar Alexander II. (1855-1881) veranlasste eine Reihe von Reformen, zentral war die Abschaffung der Leibeigenschaft. Nachdem er 1881 bei einem Attentat ermordet wurde, trat sein Sohn Alexander III. (1881-1894) an seine Stelle.

Russland war nun in eine Zeit weitreichender Modernisierung eingetreten. Die Landwirtschaft wurde ertragreicher, Industrien entstanden, Eisenbahnen wurden gebaut. Die Grundsteinlegung für die Transsibirische Eisenbahn, die längste Bahnstrecke der Welt, erfolgte 1891. Leitlinien Alexanders III. waren Autokratie, Orthodoxie und Vaterland, in seinem Weltverständnis verschmolzen Slawentum und Russentum zu einer Einheit, der Russe galt »als auserwählter Führer in eine neue Welt […], die europäische Dekadenz und Frivolität überwindet« (Straub 1999: 335). Unmittelbar nach dem Attentat auf Alexander II. kam es in ganz Russland zu antijüdischen Pogromen, offensichtlich geduldet oder ausgelöst von der Polizei und den Behörden. Im Mai 1882 erließ der neue Zar die sogenannten Maigesetze. Sie wurden als »zeitweilig begrenzte Maßnahmen« verkündet, aber erst mit der Februarrevolution 1917 aufgehoben. Juden wurde der Besuch höherer Schulen und eine Reihe von Universitätsstudien, die Ausübung akademischer Berufe, der Zugang zum Militär und zum Staatsdienst und zu einigen Handwerken untersagt, Landbesitz verboten. Ehen mit Christen waren nicht mehr erlaubt. Es handelte sich um einen systematischen Angriff, um Juden aus der Gesellschaft zu entfernen. Ausgangspunkt war das Verständnis, das die Unzufriedenheit im Lande nicht von illoyalen russischen Untertanen käme, sondern dass Fremde, wie Juden, Finnen, Polen und Deutsche verantwortlich seien. Insbesondere Juden würden den sozialen Umsturz vorbereiten. Der administrative Terror kalkulierte ein, dass bei konsequenter Verfolgung »ein Drittel der jüdischen Bevölkerung umkäme, ein Drittel emigrierte, ein letztes Drittel durch Taufe unschädlich gemacht werde« (ebenda, 335f.). Eine Folge war die jüdische Massenemigration aus dem Russischen Reich, insbesondere in die USA und Kanada. Gegen die »anarchistischen Unruhestifter« und die »revolutionären Agitatoren« wurde 1881 die Geheimpolizei Ochrana gegründet. Ihre Agenten waren in vielen oppositionellen Gruppierungen und Organisationen unterwegs, und sie sorgte für die Verbannung Missliebiger nach Sibirien.

Da Alexander III. die Hauptursache für die innenpolitischen Probleme in der Überfremdung sah, förderte er die Unterwerfung aller Untertanen unter die russische Sprache und Kultur – was natürlich, im Sinne des Gellner'schen Modells, auch eine Bedingung für die moderne Industrie und die Ausweitung des allgemeinen Verkehrs war. Gleichwohl zeigte sich in Russland, wie früher schon in Österreich, ein paradoxes Ergebnis der Bemühungen um eine Vereinheitlichung in Sprache, Religion und Sitte: »Die herkömmliche Großzügigkeit eines viele Völker umfassenden Reiches ging verloren, und die rücksichtslose politisch-religiöse Missionierung schuf Unzufriedenheit oder erst recht nationale Begehrlichkeiten, die früher schlummerten. Unter dem beginnenden Druck erkannten die vielen Minderheiten, dass sie jeweils auch eine Nation sein könnten, was allein Russland unterband. So war Alexander III. Paradoxerweise zum Erwecker verschiedenster Nationalismen geworden, indem er sich dem russischen verschrieb.« (Ebenda, 335.)

*

Lenin charakterisierte den Imperialismus nicht einfach als Grundcharakteristikum des kapitalistischen Weltsystems, das auf kolonialer Ausbeutung großer Teile der Welt beruht, sondern als »höchstes Stadium« und »sterbenden Kapitalismus«. Verstärkt durch den allgemeinen Ruin, den der Krieg hervorgerufen hatte, diagnostizierte er eine »weltweite revolutionäre Krise«, die nicht anders enden könne »als mit der proletarischen Revolution und deren Sieg«. Er meinte, die »Ungleichmäßigkeit der ökonomischen und politischen Entwicklung« des Kapitalismus werde den »Sieg des Sozialismus zunächst in wenigen kapitalistischen Ländern oder sogar in einem einzeln genommenen Land möglich« machen. Hier sah er Russland als das »schwächste Glied« in der Kette des Imperialismus an.

Dass Russland für eine sozialistische Gesellschaft im Sinne Marxens nicht reif war, wurde ausgeklammert. Der Zusammenbruch des Kapitalismus war aus dem Weltzustand, wie er im Weltkrieg zum Ausdruck kam, nicht aus einer Hochentwicklung kapitalistischer Verhältnisse in Russland abgeleitet. Eine rein russische Revolution, als nachholende der französischen von 1789, hätte eine globale Wirkung niemals erreicht. Insofern war die Frage, ob die von Lenin geführte Revolution die im Sinne der Marxschen Lehre »richtige« sozialistische war, völlig verfehlt, aber eine wirkungsvolle Verkleidung für die 1917 tatsächlich gemachte.

Die Sowjetunion wurde jahrzehntelang in aller Welt als Gegenmacht zu der des Imperialismus unterstützt. Sie hatte bleibende Veränderungen im Weltsystem bewirkt. Dazu gehörten: (1) Der maßgebliche Anteil am Sieg über den Hitlerfaschismus im zweiten Weltkrieg. (2) Die industrielle Modernisierung Russland, ohne die die Sowjetunion diesen Sieg nicht hätte erringen können. Der wesentliche Grund für die Unterlegenheit Russlands gegenüber Deutschland im ersten Weltkrieg war der wirtschaftlichen und zivilisatorischen Rückständigkeit geschuldet. (3) Die zentrale Rolle bei der Schaffung eines Völkerrechts in Gestalt der UNO-Charta, das auf dem Prinzip des Friedens beruht und ein »Recht auf Krieg« ablehnt. (4) Die indirekte Wirkung des »Arbeiterstaates« auf die westlichen Länder, ohne die der moderne Wohlfahrtsstaat nicht hätte erkämpft werden können. (5) Die direkte Unterstützung des Kampfes der kolonial unterdrückten Völker zur Zerschlagung des Kolonialjochs.

Die Rücknahme der Revolution in ein kapitalistisches Russland nach dem Ende der Sowjetunion, das einige Attribute des westlichen Parlamentarismus und die Institution einer quasi-plebiszitären Wahl des Präsidenten übernommen hatte, machte deutlich, dass Russland von 1917 bis 1991 am Ende den längstmöglichen Weg des Übergangs vom Feudalismus zum Kapitalismus zurückgelegt hat. Gleichwohl blieb das Spannungsproblem zwischen Imperium und Nation ungelöst.

Ukrainische Konfigurationen

Der Soziologe und Osteuropakenner Erhard Stölting (der aus Westberlin kam, das ist für eine Verortung im Jahre 1990 wichtig) schrieb in der Schlussphase der bereits zerfallenden Sowjetunion ein kenntnisreiches Buch über deren Bestandteile. Das Kapitel über die Ukraine beginnt so: »Es bedarf goldener Frühzeiten, um historische Identität und gegenwärtige Ansprüche einer Nation zu begründen. Unglücklicherweise beanspruchen der russische und der ukrainische Nationalismus die selben Ursprünge: die 989 christianisierte ›Kiewer Rus‹. Angesichts der glänzenden Kultur dieses mittelalterlichen Reiches ließe sich denken, dass es zwei oder mehrere Nachkommen mit Traditionen hätte versorgen können. Aber in diesem Falle schließen die Ansprüche einander tendenziell aus. Für den russischen Nationalismus ist Kiew die ›Mutter der russischen Städte‹, die Ukraine ein besonderer Teil Russlands mit einer eigenen Folklore und das Ukrainische ein russischer Dialekt. Dem ukrainischen Nationalismus zufolge hat sich Russland das symbolische Erbe der Rus ebenso unrechtmäßig angeeignet wie das Land; und einer der Beweise dafür, dass die ukrainische Nation ein Recht auf souveräne staatliche Existenz hat, ist ihre voll ausgebildete und literarisch erprobte Sprache.« (Stölting 1990: 74.)

Abgesehen davon, dass in dem in diesem Buch verhandelten Sinne der »russische Nationalismus« Stöltings ein »Reichs-Nationalismus« ist, während der ukrainische einen »ordinären« National-Ismus darstellt, gibt dieses Zitat exakt jene Ausgangslage wieder, die jetzt bis zu dem Krieg Russlands gegen die Ukraine geführt hat. Das hätte sich vor dreißig Jahren niemand träumen lassen. Mitte der 1990er Jahre diskutierten wir im Osteuropa-Institut der Freien Universität Berlin (OSI) Hintergründe, Auslöser und Folgen der Kriege in Jugoslawien, die gerade begonnen hatten, insbesondere zwischen Serben und Kroaten. Zu der Frage, ob das auch zwischen Russen und Ukrainern passieren könnte, sagten alle Experten, aus dem Osten wie aus dem Westen, auch nicht gerade kommunismus-freundliche Exilukrainer, das werde niemals geschehen. Leider haben alle geirrt.

Obwohl wir es mit fließenden Entwicklungen und Übergängen zu tun haben, Gelegenheitsstrukturen und auch historischen Zufällen, soll aus Sicht entschlossener Nationalisten in Bezug auf die eigene Nation alles »festgemauert in der Erden« sein, linear, folgerichtig und seit den »goldenen Frühzeiten« bestehend. In diesem Sinne wurde in der *Frankfurter Allgemeinen Zeitung* (24. Februar 2022) versucht, Rosa Luxemburg für Putins Krieg gegen die Ukraine in Haftung zu nehmen. Zitiert wurde: »Der ukrainische Nationalismus war« – hier wurde in der *FAZ* weggelassen: »in Russland ganz anders als etwa der tschechische, polnische oder finnische« – »nichts als eine einfache Schrulle, eine Fatzkerei von ein paar Dutzend kleinbürgerlichen Intelligenzlern, ohne die geringsten Wurzeln in den wirtschaftlichen, politischen oder geistigen Verhältnissen des Landes, ohne jegliche historische Tradition, da die Ukraine niemals eine Nation oder einen Staat gebildet hatte, ohne irgendeine nationale Kultur [...]. Und diese lächerliche Posse von ein paar Universitätsprofessoren und Studenten bauschten Lenin und Genossen durch ihre doktrinäre Agitation mit dem ›Selbstbestimmungsrecht bis einschließlich‹ usw. künstlich zu einem politischen Faktor auf.« Der Text, der in der *FAZ* hier abbricht, geht aber noch weiter: »Sie verliehen der anfänglichen Posse eine Wichtigkeit, bis die Posse zum blutigen Ernst wurde: nämlich nicht zu einer ernsten nationalen Bewegung, für die es nach wie vor gar keine Wurzeln gibt, sondern zum Aushängeschild und zur Sammelfahne der Konterrevolution. Aus diesem Windei krochen in Brest die deutschen Bajonette.« (Luxemburg 1974: 351.)

In der anti-linken Greuelpropaganda der *FAZ* wird weiter behauptet: »Diese unlängst von der Rosa-Luxemburg-Stiftung unkommentiert wiederaufgelegte Hetzschrift liest sich besonders schräg in der Zeit, in der man alle historischen Figuren im Hinblick auf ihre kolonialen oder rassistischen Ansichten infrage stellt.« Die polnische Jüdin, von deutschen Rechten ermordet, soll nun den ukrainischen National-Propagandisten nicht im Wege stehen. Eine solche politische Korrektheit folgt stromlinienförmig dem spätbürgerlichen Mainstream.

Tatsächlich ist festzustellen: Erstens, es handelt sich nicht um eine »Hetzschrift«, sondern um den berühmten Text: »Zur russischen Revolution« aus dem Jahre 1918, in dem sie die Chancen, Perspektiven und Probleme der russischen Revolution vor dem Hintergrund der Machtausübung durch die Bolschewiki analysiert und deutlich macht, dass die Abschaffung der Demokratie dazu führt, dass eine Diktatur, nicht des Prolatariats, sondern die einer Handvoll Politiker entsteht, die das politische Leben im Lande erdrückt. Zweitens ist dieser Text weltweit unzählige Male kommentiert worden. Das ist auch in den Werksausgaben Luxemburgs geschehen und vielfach nachzulesen. Dieses Fahrrad muss der politisch korrekte Kleinbürger von heute nicht neu erfinden. Drittens bildet Luxemburgs Darstellung des Nationalismus-Problems, darunter des ukrainischen Nationalismus, nur eine Facette ihrer Gesamtanalyse der Ergebnisse der Herrschaft der Bolschewiki.

Luxemburgs Standpunkt war immer und ist auch hier der der sozialistischen Revolution. Und hier erklärt sie, dass das Eingehen der Bolschewiki auf die Wünsche des »kleinbürgerlichen Intellektuellen-Nationalismus« die Einheit der Arbeiter im Kampf um die Revolution geschwächt habe, dass wegen dieser Schwächung der konterrevolutionäre Nationalismus Oberwasser bekommen konnte. Am Ende kritisiert sie – als entschiedene Internationalistin – vor allem den deutschen Imperialismus. Der hatte – das konnte sie ja auch im Gefägnis an der Landkarte sehen – nach dem Frieden von Brest-Litowsk mit Sowjetrussland (März 1918) nochmals große Teile der Ukraine und Russlands besetzt. Hier war, so ihr Argument, die nationale Zersplitterung ein Moment der Schwächung Sowjetrusslands: das »Windei«, aus dem die deutschen Bajonette krochen. Ein linker Standpunkt ist auch heute nicht, sich dem einen oder dem anderen Nationalismus anzudienen, sondern die Ablehnung eines jeden Nationalismus.

*

Eine europäische Großmacht war über Jahrhunderte Polen, besser die seit Ende des 14. und abschließend im 16. Jahrhundert geschaffene Union Polens und Litauens mit gemeinsamem Monarchen, Parlament (Sejm) und Geldwesen. Dieser Staat reichte von der Ostsee bis zum Schwarzen Meer und er war noch 1683 stark genug, die Türken vor Wien zu schlagen. Insofern ist es völlig falsch, Polen nur unter dem Gesichtspunkt seiner späteren Schwäche und seiner Teilungen zu betrachten. Dieses Polen und Russland kämpften als Großmächte jahrelang um die Beherrschung des ostslawischen Europas. Die Krönung Iwans IV. zum Zaren und den Anspruch Moskaus, das »Dritte Rom« und »damit legitimer Herr aller rechtgläubigen Christen« zu sein, sah Polen als direkte Bedrohung seiner ostslawischen Positionen an. Dessen religionspolitische Untersetzung durch die Erhebung des Moskauer Metropoliten zum Patriarchen betrachtete Polen als Gefahr bezüglich der Beherrschung seiner ostslawischen Untertanen, die weiter orthodox geblieben waren. Der politische Ausweg war die 1596 in Lublin durchgesetzte »Union« der römisch-katholischen und der orthodoxen Kirche: die Mehrheit der orthodoxen Bischöfe (im polnischen Herrschaftsgebiet) erkannte die päpstliche Oberherrschaft an (der Kern des Kirchenschismas von 1054 war, dass die Ostkirchen nicht den Anspruch des Bischofs von Rom akzeptierten, Stellvertreter Gottes auf Erden und Vorgesetzter aller anderen Patriarchen und Bischöfe zu sein), der Ritus und die Kirchensprache blieben jedoch slawisch-orthodox. Das war gewissermaßen ein Vorgriff auf die späteren Nationalismen; wohin die Moskauer Macht später vordrang, wurde versucht, die Union rückgängig zu machen (Stölting 1990: 78).

Anfang des 17. Jahrhunderts gerät Russland in eine »Zeit der Wirren«. Polnische Truppen erobern Moskau, Wladyslaw, der Sohn des polnischen Königs, wird 1610 in Moskau zum Zaren gekrönt. Am Ende jedoch kann kein polnischer König zugleich russischer Zar sein: der polnische König muss Katholik sein, der Zar orthodox. Polen verzichtet per Friedensvertrag auf den Zarenthron. 1613 wird der erste Romanow zum Zaren gemacht. Das Gebiet der Ukraine wird geteilt, der Westen bleibt polnisch – später österreichisch – der Osten russisch. Die Grenze ist der Dnepr, Kiew gehört zu Russland. Insofern ist über lange Zeit die ukrainische Geschichte eine in zwei Staaten, die einerseits je eigenständig ist, sich aber spätestens seit dem 19. Jahrhundert immer stärker gegenseitig beeinflusst.

Der örtliche ostslawische Adel wollte eine Gleichstellung mit dem polnischen erreichen. Die Folge war, dass er katholisch wurde und sich polonisierte, die Bauern sprachen weiter ihr Ostslawisch, das so zu einer Bauernsprache wurde. Die Städte im polnisch-litauischen Reich blühten auf. Ihre Bevölkerung war überwiegend polnisch oder jüdisch. Damit überlagerten sich auch hier soziale, religiöse und sprachliche Grenzen. Auch in diesem Fall wird deutlich, dass kulturelle und sprachliche Grenzen sich nicht linear als der Zusammensetzung einer ursprünglichen Bevölkerung ergeben, sondern sich im Gefolge von sozialen und kulturellen Entwicklungen verändern und oft zugleich religiöse Gestalten haben. Das Ukrainische war ein bäuerliches Unterschichtenbewusstsein, das sich »gegen die Polen, den Adel, die Katholiken und die Juden« formulierte. Die »verbreitete und massive ukrainische Judenfeindschaft erklärt sich mit daraus, dass die polnischen Herren durch Juden die Steuern eintreiben ließen« (ebenda, 78f.). Nach den polnischen Teilungen blieb in Galizien, der Westukraine (»Königreich Galizien und Lodomerien« als Kronland der Habsburger Monarchie) die Sozialstruktur Polens im Wesentlichen erhalten und damit auch die religiösen, sprachlichen sozialen Konfliktlinien: Galiziens Hauptstadt Lemberg (Lwiw) war mit seiner polnischen Universität ein Zentrum des polnischen Nationalismus und zugleich Wiege des ukrainischen Nationalismus; für ersteren war die katholische Kirche ein zentraler Träger, für letzteren die unierte Kirche (ebenda, 80).

Im 16. Jahrhundert hatten es sowohl das Russische Reich als auch Polen-Litauen immer wieder mit Angriffen der Tataren zu tun, Moskau wurde letztmalig 1571 von den Krimtataren eingenommen und verwüstet, die Gefahr der Osmanen bestand fort. Das Steppengebiet war dünn besiedelt. Deshalb wurden Grenzverteidiger gebraucht, die dem Gegner an Beweglichkeit, Schnelligkeit und Schlagkraft gewachsen waren. Das wurden die Kosaken, die – wie die »Trapper« unter anderen Umständen in Nordamerika – in der Steppe und von der Steppe lebten; sie betrieben Jagd und Fischfang, oft auch Salzgewinnung. Sie wurden im Westen von Polen und im Osten von Russland unterstützt; Gegenleistung für den Grenzschutz waren die Lieferung von Brotgetreide, Kleidung und Waffen. Insofern waren die Kosaken niemals völlig frei, genossen jedoch durch ihre Existenzweise in der Steppe große Freiheiten, die die Untertanen in den damaligen Feudalgesellschaften nicht kannten (Böhme 1999: 178f.).

Im Osten, jenseits des Dnepr verstanden sich die Kosaken und entflohenen Leibeigenen, die gegen Polen und Tataren kämpften, auch als Verteidiger des orthodoxen Glaubens. Die Feindschaft hatte so auch eine religiöse Grundierung. Ihr Hetman, Bohdan Chmelnizkyj, entfachte 1648 »einen antipolnischen Aufstand, der auch zum ersten großen antijüdischen Pogrom wurde« (Stölting 1990: 79). Angesichts der Gefahr eines polnisch-tatarischen Bündnisses »bot Chmelnizkyj 1651 Moskau das Protektorat an. Nach russischer Interpretation kehrte die Ukraine damit 1654 zu Russland zurück, nach ukrainischer handelte es sich nur um ein Militärbündnis«. Im Nordischen Krieg hatte Kosaken-Hetman Iwan Mazepa die Seite gewechselt und sich mit Schwedens König Karl XII. gegen Peter d.Gr. verbündet. Nach dem russischen Sieg in der Schlacht von Poltawa 1709 wurde das Hetmanat schrittweise abgeschafft und die Ukraine rechtlich an Russland angeglichen. Katharina II. machte aus den Kosakentruppen reguläre

Kavallerieregimenter. Die Kosakenoffiziere wurden russische Adlige, die einfachen Kosaken blieben freie Bauern, die anderen ukrainischen Bauern wurden Leibeigene (Stölting 1990: 79; Böhme 1999: 227). Nach der Eroberung des Krimkhanats 1783 und zwei weiterer russisch-türkischen Kriegen wurden die Krim und die südwestlichen Gebiete am Schwarzen Meer, Odessa und Cherson, russisch, unter Katharina II. als »Neurussland« eingerichtet. Die militärischen Gefahren waren gebannt. Ukrainische und russische Bauern wanderten nach Süden und nahmen den fruchtbaren Boden der Steppe unter den Pflug. Hinzu kamen Kolonisten, die im Ausland angeworben wurden, darunter aus Deutschland. Das Gebiet der Ukraine wurde Kornkammer, Russland wichtiger Getreideexporteur.

Mitte des 19. Jahrhunderts ist die Ukraine »eine exemplarische Kulturnation«, politisch und sozial durch fremde Staatsnationen dominiert. Das nationale Denken bzw. die Entwicklung der nationalen Kultur hatte zwei Zentren: Kiew in der Ostukraine und Lemberg in der Westukraine. Gleichwohl spielte die Universität Charkiw eine besondere Rolle. Sie wurde 1805 durch den Kosakenadel und die Kaufmannschaft gegründet – die Universität Kiew erst 1834. Sie war eine russische Bildungseinrichtung, jedoch ein Zentrum der Aufklärung und der Romantik in der Ukraine (Böhme 1999: 265.). Um moderne Philosophie zu lehren, wurde aus Deutschland – auf Empfehlung Goethes – u.a. Johann Baptist Schad berufen, zuvor Professor in Jena. Er gerät in die Welle reaktionären Rückschlags in Russland. Der Osteuropahistoriker Eduard Winter schrieb dazu: »Die maßgebenden Kreise wenden sich enttäuscht und verbittert von dem verdorbenen und unchristlichen Europa ab, das Russland nur in Revolution und Verderben stürzen kann.« Schad wurde wegen missliebiger Lehrinhalte verhaftet und über die Grenze geschafft (Winter 1942: 140f.).

Sowohl in Russland als auch in Österreich führten Universitätsprofessoren, Studenten, Lehrer und Priester den Kampf um die ukrainische Sprache, um Zeitschriften, Verlage und Schulunterricht in ukrainischer Sprache. In Russland wurde die Russifizierung, auch die sprachliche, aus der Sendung des »Dritten Roms« abgeleitet (Winter 1942: 150). Ein Druckverbot für die ukrainische Sprache wurde 1863, nach dem polnischen Aufstand erlassen, obwohl sich die Ukrainer geweigert hatten, sich an dem Aufstand zu beteiligen. Das Ukrainische als Schriftsprache und im öffentlichen Leben, selbst bei Theater- und Musikveranstaltungen wurde 1876 überhaupt verboten (ebenda, 167f.). Der größte Gegner ukrainischen Unterrichts und ukrainischer Sprache in Österreich war der polnische Adel. Einesteils, weil ungebildete Untertanen und Knechte sich leichter lenken ließen; anderenteils, weil er darin ein Hindernis für die Aufrechterhaltung polnischer Sprache und Kultur erblickte. In einer Erklärung des Guberniums von Galizien von 1816 hieß es, »dass die ruthenische Sprache eine Mundart sei, in welcher gar nicht oder doch nur sehr weniges geschrieben werde, die mithin noch ganz ungebildet sei und deshalb nicht zum Gegenstand des Schulunterrichtes gemacht werden könnte«. Die Sachwalter des Ukrainischen erreichten allerdings 1818, dass wenigstens der Religionsunterricht für Kinder der unierten Kirche in ukrainischer Sprache erteilt werden konnte (ebenda, 147-149). Im Kontext der österreichischen Nationalitätenpolitik galten Kirchenrechte für die unierte Kirche und die – begrenzte – Garantie der Bürgerrechte auch für die Ukrainer bzw. Ruthenen. Die Abschaffung der Leibeigenschaft in Galizien erfolgte 1848, die ukrainische Sprache wurde in allen Schulstufen als Unterrichtssprache zugelassen. Angesichts der verstärkten Unterdrückung in Russland wurde Galizien gleichsam zum »Piemont« der ukrainischen Nationalbewegung (Böhme 1999: 275). Obwohl mit dem Ausgleich zu Galizien von 1867 innerhalb der österreichischen Reichsteils – nach dem österreichisch-ungarischen »Ausgleich« und der Schaffung der k.u.k.-Monarchie – die Position des polnischen Adels erneut gestärkt und das Polnische offiziell Amtssprache wurde. Zu Beginn des 20. Jahrhunderts näherten sich hier die ukrainisch-polnischen Beziehungen »dem realen Zustand eines nichterklärten Bürgerkrieges« (ebenda, 279).

In der russischen Ukraine wurde der Bürgerkrieg prägend. Der Historiker Felix Schnell spricht von einer »Gewaltgeschichte«. Sie beginnt mit einem großen Pogrom in Kischinjow (heute als Chisinau Hauptstadt Moldawiens) im Jahre 1903 und setzt sich in der Russischen Revolution von 1905 fort. »Ganze Teile des Imperiums gerieten außer Kontrolle. Im Südwesten gab es kaum eine Stadt, in der es keinen Pogrom gegeben hätte. Opfer wurden vor allem die Juden, die Gewalt des Mobs richtete sich aber auch auf die Angehörigen der sozialen Eliten und Intellektuelle, die den gewaltbereiten Teilen der Unterschichten nicht weniger fremd waren. Der Staat und seine Vertreter waren in vielerlei Hinsicht in diese Ereignisse verwickelt. Manchmal offen parteiisch, manchmal verbrecherisch neutral ebneten sie in vielen Fällen der Gewalt den Weg.« Die »Pogromler« fanden sich meist nur zur Aktion zusammen, ihren »Kern bildeten gewalttätige junge Männer aus den urbanen Unterschichten«. Der russische Staat des Zaren beanspruchte auch nach der Niederschlagung der Revolution von 1905 das Gewaltmonopol, konnte es aber in weiten Teilen der Ukraine bis zu seinem Ende 1917 nicht mehr durchsetzen. So traten im Alltag andere Gewalten an seine Stelle, oft kollektive Gewalt der bäuerlichen Gemeinschaften (Schnell 2012: 13).

Der Erste Weltkrieg führte zu weiterer Entgrenzung der Gewalt, Millionen von Bauern durchliefen die »Schule der Gewalt«, lernten die Waffen zu bedienen, wurden dem friedlichen Leben entfremdet und kehrten oft schwer bewaffnet aus dem Krieg zurück. Sie nahmen bereits 1917 mit Gewalt das Land der Adligen in Besitz, bildeten lokale bewaffnete Gruppen und Banden. Die Kriegsführung Deutschlands gegen Russland, auch noch nach dem Frieden von Brest-Litowsk 1918, die Kämpfe zwischen Bolschewiki und Nationalisten hinterließen ein Machtvakuum, in das »Warlords« wie Nestor Machno rückten. Der Sieg der Sowjetmacht beendete den Bürgerkrieg, sie konnte aber bis Ende der 1920er Jahre das Land nicht stärker kontrollieren als früher der zaristische Staat. Erst nach Stalins Kollektivierung der Landwirtschaft und dem »Großen Hunger« 1932/33 *(die Diskussion, ob es sich hier um eine nichtintendierte Folge der Kollektivierung oder um absichtlichen Genozid handelte, behandelt Schnell hier ausdrücklich nicht)* und mit der sich ausdehnenden Welt der GULags wurden die Widerstände gebrochen (ebenda, 14ff.).

Nach dem Ersten Weltkrieg lebte die ukrainische »Kulturnation« in vier Ländern: Sowjetunion, Polen, Rumänien und Tschechoslowakei. Böhme gibt für Polen 1921 – in den Grenzen nach dem Frieden von Riga – vier Millionen Ukrainer an, für Rumänien (Bukowina und Bessarabien) 800.000 und die Tschechoslowakei 450.000 Ukrainer an (Böhme 1999: 306). *(Nach der Großen Sowjet-Enzyklopädie, Stichwort: »Union der Sozialistischen Sowjetrepubliken« [deutsche Ausgabe, Berlin 1952] lebten in der*

Sowjetunion in den Grenzen vom 17. Januar 1939 etwa 28 Millionen Ukrainer [Band 1: 42]. Die Ukrainische Sozialistische Sowjetrepublik hatte knapp 31 Millionen Einwohner, darunter 80 Prozent Ukrainer, also knapp 25 Millionen [Band 2: 1892]) Unter der Sowjetmacht wechselten sich bis 1991 Phasen stärkerer Förderung der ukrainischen Kultur, Literatur und Sprache mit Phasen stärkerer Betonung des Russischen ab. Am Ende aber war ein Kompromiss bestimmend: im »Sowjetvolk« wuchsen die Kinder zweisprachig auf, wie in allen Sowjetrepubliken, und lernten in der Schule sowohl Ukrainisch als auch Russisch. In der tschechoslowakischen Karpatoukraine galten nach Verfassung die Minderheitenrechte, wie für alle Minderheiten in der damaligen Republik, mit eigenem Schulwesen und eigenen politischen Gruppen. Unter rumänischer Herrschaft galten sie nicht als Angehörige einer eigenen Nationalität, sondern als »Rumänen, die ihre Muttersprache vergessen hatten«, in der österreichischen Zeit entstandene ukrainische Schulen wurden »rumänisiert«, ukrainische Zeitungen und Organisationen verboten, die orthodoxe Kirche rumänisiert (Böhme 1999: 311).

Im Polen der Zwischenkriegszeit wurden die vorherigen Kämpfe unter den veränderten Bedingungen einer polnischen Staatlichkeit fortgesetzt. Die polnische Regierung erließ 1924 ein Gesetz über ein bilinguales Schulwesen, das aber nicht wirklich umgesetzt wurde. Die Zahl der ukrainischen Schulen sank zwischen 1924 und 1929 von 2.151 auf 716. Ein bevorzugtes Feld war der Kirchenkampf. Orthodoxe Kirchen wurden im Sinne der antirussischen Ressentiments enteignet, katholisiert oder geschlossen und zerstört (ebenda, 307f.). Ein ukrainischer Sejmabgeordneter klagte 1928, dass bereits 400 orthodoxe Kirchen zerstört worden waren. Mit einer nochmaligen Verfolgungswelle 1938 wurden nochmals über 100 orthodoxe Kirchen zerstört »und die Bevölkerung gezwungen, in die römisch-katholischen Kirchen zu gehen. Unter den zerstörten Kirchen waren einige, die schon vor der Union im Jahre 1595 errichtet worden waren« (Winter 1942: 204f.).

Verschiedene rechts-nationalistische Gruppierungen schlossen sich 1929 zur »Organisation ukrainischer Nationalisten« (OUN) zusammen, die in der polnischen Westukraine (oder: im damaligen Ostpolen) Sabotageaktionen und Anschläge auf polnische Grundbesitzer verübten, ein polnischer Innenminister wurde ermordet. Die polnischen Behörden antworteten mit militärischen Strafaktionen (Böhme 1999: 309f.). Ein Teil der OUN kooperierte im Zweiten Weltkrieg zunächst mit den Deutschen, angesichts des brutalen deutschen Besatzungsregimes wuchs jedoch auch in der Ukraine der Widerstand. Ab 1943 kämpfte die OUN, nun in Gestalt einer »Ukrainischen Aufstandsarmee« (UPA), gegen »beide Imperialismen«, den deutschen und den sowjetischen, und zugleich gegen die polnische Untergrundarmee (Armia Krajowa). Diesem Kampf fielen zehntausende Polen und zahlreiche Ukrainer zum Opfer (ebenda, 345). Im Sinne der »Westverschiebung« Polens wurde zwischen der Sowjetunion und Polen im September 1944 vereinbart, die auf dem verbliebenen polnischen Territorium lebenden Ukrainer in die nun sowjetische Ukraine umzusiedeln, und die Polen aus der sowjetischen Westukraine nach Polen. Sie wurden ab 1945 vor allem in den ehemals deutschen Ostgebieten angesiedelt. Stalin wollte im künftigen Machtbereich Moskaus weder Unruhe durch nationalistische Polen in der Sowjetukraine noch durch Ukrainer in Polen. Der Kampf der ukrainischen Nationalisten hörte jedoch 1945 nicht auf. Nachdem 1947 ein polnischer General durch UPA-Leute ermordet worden war, wurden die letzten 150.000 polnischen Ukrainer aus dem Karpatengebiet ebenfalls in die ehemals deutschen Gebiete verbracht. In der Sowjetukraine wurden die bewaffneten Kämpfe bis in die 1950er Jahre hinein fortgesetzt (ebenda, 347, 353). Danach wurde die Ukraine eine »normale« Sozialistische Sowjetrepublik.

Nun schien die »ukrainische Frage« im Sinne des Realsozialismus gelöst. Sie war zugleich unter dem Panzer des Kalten Krieges begraben.

Krieg Imperium gegen Nation

Ihr Wiederauftauchen hat zu einem Krieg geführt, mit dem in Europa niemand gerechnet hatte, weder die notorischen Putin-Hasser noch die angeblichen oder tatsächlichen Putin-Versteher. Wahrscheinlich nur die üblichen Kriegsanzettler in Washington. Insofern scheint der Verweis darauf, Putin sei nur in eine ähnliche Brzezinski-Falle getappt, wie einst Breshnew mit dem Einmarsch in Afghanistan, naheliegend. Es ist jedoch zu früh, darüber ernsthaft zu diskutieren. Und: auch wenn es so wäre, entschuldigt das den Entscheidungsträger im Kreml in keiner Weise.

Seit dem Kriegsächtungspakt von 1928 ist es geltendes Völkerrecht, Krieg »als Mittel für die Lösung internationaler Streitfälle« zu verurteilen und »auf ihn als Werkzeug nationaler Politik« zu verzichten. Die Sowjetunion war ihm bereits kurz nach den Erstunterzeichnern beigetreten. Die UNO-Charta von 1945 fixiert das Friedensgebot als für die internationalen Staatenbeziehungen zentral. Der Einmarsch russischer Truppen in die Ukraine bricht mit diesem sowjetischen Erbe und kann nur als offener Bruch des Völkerrechts qualifiziert werden, als Versuch Russlands, Krieg »als Werkzeug nationaler Politik« zu benutzen. Auch das offen feindliche Bestehen der US-Regierung und der NATO auf Fortsetzung der militärischen Einkreisung Russlands, Ende 2021 und Anfang 2022 definitiv erklärt, spricht Moskau von dieser Verantwortung nicht frei.

Der Westen antwortet jetzt mit Zerstörung der seit 1990 gewachsenen Verflechtungen der finanziellen und Warenströme des Weltkapitalismus. Wenn sich das wie nach 1914 verstetigt, wird es langfristige Folgen haben, die auf den Westen und seine Positionen im imperialistischen Weltsystem zurückschlagen. Sofern das Leben auf der Erde nicht vorher durch Atomkrieg oder eine umkippende Ökosphäre zerstört wird.

Durch die deutschen Medien geistert der Satz: »Putin trauert der Sowjetunion nach.« Das ist falsch. Sollte er nachtrauern, dann eher dem Zarenreich als der Sowjetunion. Wladimir Putin übte sich im Vorfeld des Krieges im Beschwören des Rückrufs in die Geschichte. Seine Rede an die Nation am 21. Februar 2022 zielte weiter, als »nur« auf die Anerkennung der beiden »Volksrepubliken« im Donbass. Das Ende der Sowjetunion hatte er schon 2005 eine der »größten geopolitischen Katastrophen des 20. Jahrhunderts« genannt. Im Westen wurde gerätselt, was er meinte. Bereits Anfang der 1990er Jahre verwiesen russische Nationalisten darauf, unter den Zaren war das Reich in Gouvernements eingeteilt. Die waren nicht nach nationalen, ethnischen oder religiösen Gesichtspunkten organisiert, sondern Verwaltungseinheiten, auch wenn in den einen stärker diese und in anderen stärker jene Nationalität lebte. Verwaltungseinheiten können aus dem Gesamtstaat nicht austreten. Hauptfehler der Kommunisten sei es gewesen, dass sie das ganze Land in national definierte Sowjetrepubliken umgewandelt hatten. Nur so konnten deren Anführer 1990 auf die Idee kommen, aus der Union auszutreten. Damit sind wir wieder bei der Argumentation des Dekabristen Pawel Pestel.

Diesen Gedanken griff Putin später auf. Am 21. Januar 2016 sagte er auf einer Sitzung des Rates für Forschung und Bildung der Russischen Föderation, mit dem Denken im Sinne einer Autonomisierung legten die Bolschewiki »eine Atombombe unter das Gebäude, das Russland heißt, und die zerriss es dann auch«, und setzte hinzu: »Und die Weltrevolution haben wir auch nicht gebraucht.« In diesem Sinne hatte er zum Beginn des Ersten Weltkrieges erklärt, Russland sei der Sieg durch diejenigen gestohlen worden, die politische Zwietracht gesät und aus Machtgier die nationalen Interessen verraten hätten. Gerade in Krisen- und Kriegszeiten bedürfe Russland einer starken und geeinten Führung, der das Volk uneingeschränktes Vertrauen entgegenzubringen habe. In diesem Sinne deuteten Putin und sein Gefolge die beiden Russischen Revolutionen von 1917: sie wurden mit Erschütterung, Kontrollverlust und Chaos negativ konnotiert. Die Februarrevolution galt als »erste Farbenrevolution«, um »unrussische« liberale Gesellschaftsentwürfe ins Land zu bringen. Hier hatte sich Putin auf den Standpunkt gestellt, dass bereits die Februarrevolution ein Fehler war. Und die Zarenherrschaft war besser?

Insbesondere kritisierte er »die Rolle der bolschewistischen Partei bei der Zersetzung der russischen Front im Ersten Weltkrieg. Und was haben wir davon gehabt? Wir haben gegen ein Land verloren, das ein paar Monate später selbst kapituliert hat. Und wir waren die Unterlegenen der Verlierer – eine in der Geschichte einmalige Situation. Und wofür das alles? Um des Kampfes um die Macht willen.« Was hieß, Russland hätte den Krieg damals fortsetzen sollen, um ihn nicht gegen die Deutschen zu verlieren, die dann die Verlierer waren. Es hätte in Versailles mit am Tisch der Sieger gesessen. Die Kommunisten kamen nur an die Macht um den Preis der herbeigeführten Niederlage Russlands. Was 1917 der Standpunkt der Kriegsparteien war.

Insbesondere die Entscheidung der Bolschewiki in Sachen Autonomierechte sei falsch gewesen: kulturelle Autonomie wäre gut gewesen, das Recht auf Austritt dagegen war die »Spreng-ladung«, die die Sowjetunion zerstört habe. Hinzu kam – so weiter Putin bereits 2016 – die willkürliche Festlegung der Grenzen, wodurch zum Beispiel der Donbass zur Ukraine gekommen sei. Eine solche Aussage ist richtig und zugleich unhistorisch. Die »nationale Frage« hätte Russland nach 1917 genauso zerstört, wie sie die Habsburger Monarchie und das Osmanische Reich zerlegt hat. Insofern war der von den Bolschewiki vertretene Internatio-nalismus, der die Schaffung national definierter Staatlichkeiten in der Sowjetunion einschloss, die Möglichkeit, die »russische Erde« nach Krieg und Bürgerkrieg wieder einzusammeln. Bedingung dafür war die Macht der Kommunistischen Partei. Deren Fall brachte die nationalen Egoismen wieder zum Vorschein. An der Spitze allerdings stand der Egoismus von Boris Jelzin, Michail Gorbatschow zu entmachten, indem er die Union zerstörte. Hier wäre dann weiter zu diskutieren, ob wirklich der Nationalismus die Union zerstört hat, oder am Ende nicht vielmehr eine Kon-stellation von Personen, nach dem Motto: »Männer (oder auch Frauen) machen die Geschichte.«

Die Ukraine, die 1991 unabhängig wurde, war in sich gespal-ten. Der früher nicht-russische Westteil des Landes schielte weiter intensiv nach Westen und der zuvor russische Osten wollte die Bindungen an Russland nicht verlieren. Die faschistischen Kampf-gruppen, die 2014 auf dem Kiewer Maidan die Polizeikräfte der rechtmäßigen ukrainischen Regierung unter Präsident Wiktor Janukowytsch schlugen, waren, wie unabhängige Journalisten bereits damals recherchiert hatten, seit den 1990er Jahren in der Westukraine illegal mit US-amerikanischer Finanzierung ausge-bildet worden. Die geopolitische Not-Reaktion Russlands, die Krim in die Russische Föderation einzugliedern und die »Volks-republiken« der russischen Nationalisten im Donbass zu unter-stützen, veränderte jedoch das politische Kräfteverhältnis inner-halb der real verbliebenen Ukraine nachhaltig. Der Wegfall der pro-russischen Wähler von der Krim und im Osten ermöglicht den pro-westlichen Parteien seit 2014 eine dauerhafte strukturelle Mehrheit, was durch die Unterdrückung russischsprachiger Me-dien sowie das Verbot der Kommunistischen Partei und weiterer, als »separatistisch« eingestufter politischer Parteien 2015 noch ver-stärkt wurde.

Vieles in Putins Rede am 21. Februar 2022 war nicht neu, aber auf den Anlass bezogen neu zusammengeführt. Er unterstrich, dass die Leninschen Prinzipien des Staatsaufbaus nicht einfach ein Fehler, sondern schlimmer als ein Fehler waren, wie sich beim Zerfall der Sowjetunion zeigte. Wenn man in Sachen Ukraine die »Dekommunisierung« vorantreiben wolle, gehe es nicht nur um Lenindenkmäler, sondern um die falschen Entscheidungen im Staatsaufbau. Das war ein Alarmzeichen. Die Signale wurden auf Krieg gestellt.

»Der Oligarchen-Kapitalismus führt Krieg gegen die Ukraine, nicht die russische Bevölkerung«, hatte Sevim Dagdelen, Linken-Abgeordnete im Deutschen Bundestag, am 1. März auf einer Friedenskundgebung gesagt. Bei der Charakterisierung des imperialistischen Weltsystems am Beginn des 20. Jahrhunderts hatte Lenin die moderne Industrie als Eigenheit des deutschen Imperialismus ausgemacht, während er den britischen einen »Kolonialimperialismus« und den französischen »Wucherimperialismus« nannte. Unter den sechs damals wichtigsten imperialistischen Staaten machte er »einerseits junge kapitalistische Länder, die ungewöhnlich rasch vorangeschritten sind (Amerika, Deutschland, Japan)« aus, »anderseits Länder alter kapitalistischer Entwicklung, die sich in letzter Zeit viel langsamer entwickelt haben als die ersteren (Frankreich und England); und schließlich ein Land, das in ökonomischer Hinsicht am meisten zurückgeblieben ist (Russland), in dem der moderne kapitalistische Imperialismus sozusagen mit einem besonders dichten Netz vorkapitalistischer Verhältnisse überzogen ist.« (Lenin 1971: 263.) In Anlehnung an Lenin ist daher zu resümieren: Nach dem Ende der Sowjetunion und des Realsozialismus im Osten Europas befinden wir uns wieder in einer Epoche des Imperialismus, in einem weltweiten imperialistischen System. Das gilt ungeachtet dessen, welche Länder historisch im Aufschwung oder historisch im Abschwung sind, auf Krieg und Militär oder eher auf eine friedliche Entwicklung setzen.

Lenin schrieb 1916, es gebe nicht nur etwas, »worum die Kapitalisten Krieg zu führen haben«, sondern sie könnten auch nicht anders, als Krieg zu führen, »wenn sie den Kapitalismus erhalten wollen, denn ohne eine gewaltsame Neuverteilung der Kolonien können die neuen imperialistischen Länder nicht die Privilegien erlangen, die die älteren […] imperialistischen Mächte genießen« (Lenin 1957: 111). In diesem Sinne führt der oben genannte »Oligarchen-Kapitalismus« Russlands Krieg gegen den »Oligarchen-Kapitalismus« der Ukraine, um diesen nicht den alten imperialistischen Mächten des Westens zu überlassen. Zugleich ist es ein Krieg um die Umverteilung der geopolitischen und wirtschaftlichen Macht auf dem Gebiet der einstigen Sowjetunion, unter Aufkündigung der Nomenklatura-Kompromisse von 1991. Die Gewinner des neuen Kapitalismus wurden, auch in Verbindung mit den nachgewachsenen Neureichen in beiden Ländern zu einer neuen »Oligarchen«-Klasse, die sich gegeneinander ausrichten.

Manfred Schünemann, einer der besten aus der DDR kommenden Kenner der Ukraine, beschrieb nach der sogenannten Orangenen Revolution 2004 den Stand der Dinge wie folgt: »In der Ukraine verläuft der Prozess der nationalstaatlichen Identitätsbildung aufgrund der geschichtlichen Entwicklung und der geistig-kulturellen Zweiteilung des Landes besonders kompliziert und widersprüchlich. [...] Ein Schwerpunkt der ›Ukrainisierung‹ ist die Formierung eines eigenständigen, nationalen Normen- und Wertesystems, wobei die historisch außerordentlich kurzen Zeitperioden staatlicher Eigenständigkeit kaum bzw. nur bedingt für die Fortführung der über Jahrhunderte unterbrochenen nationalstaatlichen Identitätsbildung genutzt werden können. Erschwerend wirkt sich zudem der Umstand aus, dass die Formierung der ukrainischen nationalstaatlichen Identität zwangsläufig mit einer geistig-kulturellen Abgrenzung von Russland verbunden ist, was in weiten Teilen der Bevölkerung auf Ablehnung bzw. Unverständnis stößt.« (Schünemann 2008: 15f.). Ein paradoxes Ergebnis der Entscheidung Putins zum Krieg ist, diesen Prozess der Identitätsbildung in der Ukraine rasant beschleunigt zu haben. Die im Wesen imperiale Idee, es gäbe keinen Unterschied zwischen Ukrainern und Russen, wird im bewaffneten Kampf widerlegt.

Zugleich zieht der ukrainische Präsident Selenski alle Register der nationalstaatlichen Konstituierung, die schon die französische Republik nach 1789 spielte. Alle waffenfähigen Männer werden ausgehoben und zu den Waffen gerufen, das gesamte Land und seine Wirtschaft der Kriegsführungsfähigkeit unterworfen. Eine Kapitulation, selbst örtlich, soll grundsätzlich ausgeschlossen werden, auch wenn – wie in Mariupol – alles in Scherben fällt. Die verbliebenen »prorussischen« Parteien, darunter die Partei »Oppositionsplattform für das Leben« – sie war mit 13 Prozent bei den Parlamentswahlen 2019 die zweitstärkste Kraft – wurden im März verboten. »Die Aktivitäten von deren Politikern, die auf die Spaltung oder Kollaboration abzielen, werden keinen Erfolg haben, dafür aber eine harte Antwort erhalten«, verkündete Selenski (*www.spiegel.de*, 20. März 2022). Konkrete Aktivitäten im Dienste des russischen Präsidenten wurden ihnen nicht nachgewiesen. Es genügt die falsche Denkweise. Der international tätige ukrainische Filmregisseur Sergei Loznitsa hatte sich gegen einen generellen Boykott russischer Filme ausgesprochen. Weil er sich als »Kosmopolit« bezeichnet hatte, wurde er aus der ukrainischen Filmakademie ausgeschlossen. »Angesichts des Krieges sollte jeder Ukrainer sich zu seiner nationalen Identität bekennen«, hieß es (*www.tagesspiegel.de*, 19. März 2022).

Damit sind Patriotismus und nationalistische Einstellung in der Ukraine nicht mehr eine Sache der Gesinnung und der freiwilligen persönlichen Entscheidung, sondern staatlich verordnet. Widerworte werden sofort, unverzüglich geahndet, wie in Russland zur selben Zeit jede öffentliche Kritik an Krieg und Kriegsführung. Der Krieg zwischen Russland und der Ukraine ist kein Krieg zwischen Freiheit und Demokratie auf der einen und autoritärer Herrschaft auf der anderen Seite, wie in deutschen Offizialmedien immer wieder voller Eifer behauptet, sondern ein Krieg zwischen Reich und Nation. Er wird auf beiden Seiten mit den Mitteln der Unfreiheit und in den zerschlissenen ideologischen Verkleidungen des 19. Jahrhunderts ausgetragen.

Kapitel 5
Nationale Renovierung 1990

Der Mauerfall wird in dem heutigen Deutschland regelmäßig als grandioser Sieg über die Deutsche Demokratische Republik gefeiert. Im Grunde wie im Kaiserreich der Sieg über Frankreich, der »Tag des Mauerfalls« als identitätsstiftender »Sedantag«. Nur dass dies diesmal nicht ein äußerer, sondern ein inner-deutscher Feind ist. Die Verteufelung der DDR wurde zur Staatsideologie erhoben. Es soll alles möglichst weitgehend und rückstandslos diskreditiert werden, was mit ihr zu tun hatte. Dabei geht es nicht nur um die real existiert gewesene DDR, sondern um die Denunziation der Idee von einer grundsätzlich anderen Gesellschaft, jedweden »sozialistischen« Strebens.

Kontexte der Zweistaatlichkeit

Das beginnt bereits damit, die DDR gleichsam aus der deutschen Geschichte hinaus zu definieren. Tatsächlich war die Zweistaatlichkeit (plus des gesonderten Stadtgebietes Berlin/West unter einem besonderen Besatzungsrecht) über vier Jahrzehnte die Existenzweise Deutschlands bis zum Ende des Kalten Krieges. Die Teilung Deutschlands wiederum war Ergebnis des Zweiten Weltkrieges und des Untergangs des Hitler-Reiches. Oftmals wird, um die nachmalige Entwicklung im Osten Deutschlands zu erklären, auf die internen Pläne, Vorhaben und Konzeptionen der sowjetischen Führung unter Stalin 1944/1945 verwiesen. Die Entwicklung im Osten Deutschlands nach 1945 ist in der Tat von den weltpolitischen Konzepten Stalins nicht zu trennen – wie aber ebenfalls die Entwicklung im Westen Deutschlands nicht losgelöst von den Konzepten der USA, Großbritanniens und Frankreichs zu verstehen ist. So war die DDR Teil der deutschen Nachkriegsgeschichte und daher Folge des verbrecherischen Eroberungskrieges, den Deutschland unter Führung Hitlers begonnen und verloren hatte. Sie war zugleich Teil des Versuches der Sowjetunion, ihren Machtbereich bis nach Mitteleuropa auszudehnen.

Die Entwicklung in Deutschland nach 1945 ist jedoch nicht allein aus den Zielen und Maßnahmen der Besatzungsmächte zu erklären. Um die Verhältnisse in Deutschland zu gestalten, bedurfte es deutscher politischer Kräfte, die eigene politische Interessen und Pläne verfolgten, die mit denen der jeweiligen Besatzungsmacht zusammentrafen. Dies war ein wechselseitiges Verhältnis: die Besatzungsmacht suchte sich jene politischen Kräfte, die ihren politischen Zielen entsprachen, und unterstützte sie; die unterschiedlichen, ja gegensätzlichen politischen Kräfte in Deutschland mühten sich ihrerseits um Unterstützung jeweils jener Besatzungsmacht, deren Grundinteresse mit dem ihren im Wesentlichen übereinstimmte. (Das sieht man beispielsweise an den Biographien: Genscher und Mischnick kamen aus dem Osten und wirkten im Westen; Erich Honecker, Heinz Hoffmann und Herbert Warnke aus dem Westen und waren hohe Funktionäre im Osten.) Die tatsächliche Entwicklung in Deutschland nach 1945 war Ergebnis des Wirkens der Siegermächte und der verschiedenen deutschen politischen Kräfte. So ist die Entstehung und Geschichte der DDR Teil der deutschen Nachkriegsgeschichte.

Es sind allgemeine weltgeschichtliche Bedingungen der Existenz der DDR und die spezifisch deutschen Umstände zu unterscheiden. Die besondere deutsche Natur der Existenzbedingungen der DDR liegt darin, »die staatliche Konstituierung einer der Bürgerkriegsparteien in der Revolution von 1918/19 zu sein. Was sich vierzig Jahre, von 1949 bis 1989, in Deutschland in Entgegensetzung gegenüberstand, waren die Parteien der linken Reichstagsmehrheit von 1917 (SPD, Zentrum, Linksliberale) einerseits und die revolutionären Sozialisten andererseits, die in der Revolution die angenommene Alternative – Nationalversammlung oder Rätemacht – im Widerspruch zueinander entscheiden wollten. Die Phrase ›Rechtsstaat oder Arbeiter-und-Bauern-Macht‹ ist nur eine andere Benennung des von der Revolution gestellten Problems.« (Ruben 1993a; Ruben 2022.)

Angesichts der konkreten historischen Konstellationen, der Niederlage der Linken 1919, der Unfähigkeit der Deutschen, auch der Arbeiterparteien, 1933 Hitler zu verhindern bzw.

während des Krieges zu stürzen, hatte dies eine besondere Bereitschaft der deutschen Kommunisten zur Subordination unter die Führung der KPdSU zur Folge, womit ihre Abhängigkeit von den Entscheidungen in Moskau existentielle Bedingung für die DDR wurde. »Sucht man also den Standort der Deutschen Demokratischen Republik [...] in der deutschen Geschichte zu bestimmen, so wird man finden, dass sie die mit Hilfe der russischen Kommunisten und ihrer siegreichen Roten Armee Staat gewordene linke Opposition von 1918/19 (KPD sowie Teile der USPD) ist. Die personelle Kontinuität in der Gründergeneration der DDR ist ganz unverkennbar. Und wenn diese sich nach dem Mai 1945 um viele Personen erweiterte, die 1918/19 durchaus nicht zur linken Opposition gehörten, so muss die Erfahrung mit dem deutschen Faschismus in Rechnung gestellt werden, die 1945/46 die Annahme einer sozialistischen Perspektive Deutschlands in sehr weiten Bereichen der politischen Akteure als Selbstverständlichkeit erscheinen ließ – von der Sozialdemokratie in der Repräsentanz Grotewohls bis Schumachers bis zum Ahlener Programm der CDU, von den Kommunisten nicht zu reden. dass die DDR unter Besatzungsrecht entstanden ist, bedeutet nur eine konkrete geschichtliche Bedingung des Handelns der linken Opposition. Dieses Schicksal teilt sie mit der Bundesrepublik. Es macht also keine Spezifik der deutschen Politik nach 1945 für sich aus. Es besagt nur, dass sie unmittelbar in die internationale Politik eingebettet realisiert werden musste. Aber das ist für die deutsche Geschichte schlechthin kein neuartiges Phänomen. Die DDR als spezifisch deutsches Geschehen zu verstehen, heißt, sie als Erbin des deutschen Kommunismus zu denken. Und der ist wahrhaftig ein hausgemachter Geselle, kein in die deutsche Geschichte hineingeschmuggelter ›Agent einer ausländischen Macht‹.« (Ruben 1998a: 23f.)

Unmittelbar im Kontext der »Wende« in der DDR und der deutschen Vereinigung war es in offiziösen Publikationen wie den großen Zeitungen der Bundesrepublik üblich, von der großartigen »friedlichen Revolution« zu sprechen (das tauchte zum Teil angesichts der Gedenkbekundungen 2019 und 2020 wieder auf, oft in einem widerständigen Sinne gegenüber der offiziösen Staatspropaganda), die die Ostdeutschen bewerkstelligt hätten. Schrittweise wandelten sich die Charakterisierungen in Richtung einer Verneinung des revolutionären Charakters der Vorgänge; besonders beliebt wurde das Wort »Implosion«, so als sei die alte Bildröhre des Fernsehapparates in sich zusammengestürzt, vor allem unter äußerem Druck. Der Zweck dieser gewandelten Wortwahl war offensichtlich. Bei »Revolution« ist das Volk der DDR bzw. sind relevante Teile desselben der historische Akteur; bei »Implosion« ist es der Westen, speziell der frühere Bundeskanzler Kohl, der mit dem »Mantel der Geschichte« hantierte. Interessanterweise stimmen jene quasi-stalinistischen Interpretationen, die gern von »Anschluss« oder »Besetzung« der DDR reden, mit jener konservativen Sichtweise überein. Auch sie sehen lieber den »Druck des Klassenfeindes« und den »Verrat« der eigenen, einst herrschaftsunterworfenen Bevölkerung als Ursache an, als gar eine eigenständige Entscheidung von unten.

Benutzt man einen analytischen Revolutionsbegriff, so ist der Zusammenbruch eines politischen Systems und die Etablierung eines andersartigen durchaus hinreichend als Kriterium. Hier kann auch mit Lenins Charakterisierung einer »revolutionären Situation« argumentiert werden: Danach können erstens die Herrschenden ihre Herrschaft nicht mehr unverändert aufrechterhalten; die unteren Schichten wollen nicht mehr in der »alten Weise« leben, die oberen können es nicht mehr. Zweitens geht die Verschlechterung der Lebenslage über das gewöhnliche Maß hinaus. Drittens steigert sich die »Aktivität der Massen« erheblich. Alles dies traf im Sommer 1989 zu. Erich Honecker hatte zwar am 19. Januar 1989 noch erklärt, die Mauer würde noch 50 oder 100 Jahre stehen, doch war offensichtlich, dass sie immer löchriger wurde. Nach der Öffnung des Zaunes in Ungarn im Sommer 1989 war sie in Berlin eigentlich gegenstandslos geworden. Die Perestroika Gorbatschows hatte der kommunistischen Herrschaft ihre eingewöhnte Basis entzogen, ohne eine neue zu schaffen. In der DDR war spätestens seit 1987 die alte Ulbricht'sche Losung: »Von der Sowjetunion lernen, heißt siegen lernen!« zu einer subversiven Angelegenheit geworden.

Die »unten« waren immer weniger bereit, wie bisher zu leben, sich mit Reisebeschränkung, einfältiger Propaganda und größer werdenden Widrigkeiten des täglichen Lebens abzufinden. Die »oben« wussten weniger denn je eine Antwort. Die großartigen Zukunftsversprechungen, die die Errichtung der kommunistischen Herrschaft 1945 und 1949 begleitet hatten, waren einer kleinlauten Propagierung eines Status quo ohne Arbeitslosigkeit und Obdachlose gewichen. Die Bevölkerung wusste, dass der technologische Abstand der DDR-Industrie zu der der BRD immer größer – und nicht kleiner, wie ursprünglich versprochen – geworden war, dass die Umweltsituation prekärer wurde, und dass die alltäglichen Lebensbedingungen in Deutschland-Ost und Deutschland-West inzwischen die zweier verschiedener Welten waren. Betrachtungswinkel des »normalen« DDR-Bürgers waren nie die Lebensverhältnisse in den östlichen »Bruderländern«, sondern stets die im Westen Deutschlands.

Zugleich hatte die Perestroika auch den Faktor Angst, der stillschweigend immer noch zum Herrschaftsgefüge gehört hatte, schrittweise ausgeschaltet. Der Problemdruck einerseits und die sich erweiternden Spielräume des Sagbaren andererseits hatten eine Zunahme von politischen Aktivitäten zur Folge, unter dem Dach der Kirche, in den Arbeitskollektiven, aber auch in den offiziellen Strukturen der SED, der anderen Parteien, des Kulturbundes usw. Die SED-Führung hatte dem gegensteuern wollen durch eine Ausdehnung des Schulungssystems in der Partei und in allen Massenorganisationen, aber auch durch den raschen Ausbau der Staatssicherheit und der anderen »bewaffneten Organe«.

Das Feindbild der Führung war allerdings an den eigenen überkommenen Revolutionsvorstellungen orientiert. Sie unterstellte organisierte Zentren und Strukturen »des Klassenfeindes« und rechnete mit einer »Konterrevolution« wie in Ungarn 1956, bei der man die Kommunisten an Laternenmasten aufhängen werde. Das war das Szenarium, an dem sich etwa auch die Ausbildung der von der SED kommandierten Kampfgruppen orientierte. Allenthalben im Lande waren Waffen gestapelt, um auf eine solche Situation vorbereitet zu sein. Auf Kerzen, »Keine Gewalt«, Friedensgebete und »Runde Tische« jedoch war man nicht gefasst. Hier liegt einer der Gründe für den friedlichen Ausgang des Systemwechsels: man hatte die »falsche« Lage und wusste nicht, wofür man Gewalt hätte anwenden sollen. Hinzu kam, auch innerhalb der Partei konnte sich die Führung der Mitgliedschaft bei einer bürgerkriegsähnlichen Zuspitzung nicht mehr sicher sein.

Angesichts der Eigenarten des kommunistischen Herrschaftssystems, der Abschaffung von Öffentlichkeit und der Entdifferenzierung der Gesellschaft kam den Diskursstrukturen eine herausgehobene Rolle zu. Affirmation und Distinktion im Verhältnis zum kommunistischen Herrschaftssystem erfolgten typologisch vor allem auf dem Wege kultureller Inszenierungen. Dies vollzog sich auch in der DDR nicht voraussetzungslos. Allerdings waren die Diskursstrukturen solche von Intellektuellen, die mit dem Arbeitermilieu in der DDR nicht eigentlich verbunden waren. Mit dem Arbeiteraufstand 1953 hatten sich die Intellektuellen nicht verbünden können, vor allem deshalb nicht, weil sie »unter dem Trauma des Nationalsozialismus« standen und »sich eher mit einer Partei, deren Antifaschismus sie teilten (wie sehr er auch zur Rhetorik verkommen war),« solidarisierten, »als mit einer Gesellschaft, der sie nicht trauten« (Meuschel 1992: 154).

Hier ist anzumerken, dass die den Altkommunisten zuzurechnenden Intellektuellen zumeist aus der Emigration nach Deutschland zurückkamen und sich in der moralisch stark aufgewerteten Position des »Kämpfers gegen den Faschismus« sahen; sie fühlten sich den Siegern des Zweiten Weltkrieges zugehörig. Walter Ulbricht hatte später die Idee, die ganze DDR zum »Sieger der Geschichte« zu erklären. Dazu merkte Stephan Hermlin Ende der 1970er Jahre an: »jeder Bürger der DDR konnte sich nun als Sieger der Geschichte fühlen. Dadurch, dass man dem Volk diese Schmeichelei sagte und es entlastete, war es dann auch leichter zu regieren. Es ist schwer, auf die Dauer Leute zu regieren, die sich irgendwie schuldig fühlen« (Hermlin 1983: 399). Es war dies im Grunde das Gegenteil des Schuld-Diskurses, den die 68er in der alten BRD begonnen hatten und der in der vereinigten Bundesrepublik nach 1990 fortgesetzt wurde. In erheblichem Maße erklärt dies auch, weshalb ein großer Teil der Ostdeutschen nicht meint, dass diese West-Debatten etwas mit ihnen zu tun haben.

Wolfgang Engler datiert den Bruch zwischen kritischen Intellektuellen und Arbeiterschaft ebenfalls auf 1953 und hält ihn für das eigentliche Problem der DDR-Geschichte. dass die beiden, im Herbst 1989 relevanten Fraktionen von Intellektuellen, er nennt sie »Aussteiger« und »Reformer«, dann »den Aufgaben, die ihnen die Zeit des Umbruchs stellte, nicht gewachsen« waren, hing vor allem damit zusammen, dass sie die »schweigende Mehrheit« nicht zu verstehen und nicht zu vertreten vermochten (Engler 1999: 85, 106, 339).

Auch die Bundesrepublik Deutschland (alt) war etwas Neues in der deutschen Geschichte. Zunächst unter dem Gesichtswinkel, welche sozialen und politischen Kräfte sie trugen. Die Besatzungsmächte waren mit der Absicht angetreten, Vorkehrungen zu treffen, dass die Deutschen nicht noch einmal die Welt in einen Krieg zu stürzen vermögen. dass die westlichen Besatzungsmächte einerseits und die Sowjetunion andererseits unterschiedliche, ja gegensätzliche Vorstellungen hatten, wie dies zu bewerkstelligen sei, war nicht verwunderlich, hatten sie doch in ihrem Inneren unterschiedliche politische und gesellschaftliche Ordnungen. Dabei präferierte jede Besatzungsmacht jene, die ihr politisch und konzeptionell nahestanden, die sowjetischen Behörden die deutschen Kommunisten, die westlichen Behörden bürgerliche Kräfte. Beide rangen auf ihre Weise um die Sozialdemokratie – im Osten, um sie in die sozialistische Einheitspartei einzuordnen, im Westen, um sie als eine tragende Säule des demokratischen Projekts zu nutzen. Dabei war in der unmittelbaren Nachkriegszeit keine der westlichen Besatzungsmächte darauf aus, die Sozialdemokratie in Westdeutschland tatsächlich regieren zu lassen.

Nach empirischen Daten aus der britischen Zone ergaben Umfragen bis 1949, dass eine deutliche Mehrheit der Deutschen der Meinung war, der Nationalsozialismus sei »eine gute Idee gewesen, die nur schlecht ausgeführt wurde« – das bedeutet: die Einführung der Demokratie im Westen war für deutsche Verhältnisse eine ebenso neue Sache, wie die des Sozialismus im Osten. Die Akzeptanz der Demokratie durch die Mehrheit der Bevölkerung der Bundesrepublik erfolgte dann Ende der 1950er/ Anfang der 1960er Jahre, mit dem ökonomischen Erfolg des »Wirtschaftswunders« (Scheuch 1992: 69f., 77). Die britische Besatzungspolitik folgte im wesentlichen einer Konzeption, die von drei Prämissen ausging: Deutschland sollte ein Land stabiler, demokratischer Regierungsform werden; dabei sollten sich die Deutschen auf die liberalen Traditionen ihrer eigenen Geschichte beziehen – damit die demokratischen Verhältnisse nicht zu sehr als Oktroy der Besatzungsmacht erscheinen; die Deutschen sollten ihres nationalen Dünkels verlustig gehen und alle Völker, insbesondere ihre slawischen Nachbarn, die Polen und die Tschechen, als gleichwertig anerkennen. Aus britischer Sicht war die dauerhafte Demokratisierung Deutschlands die eigentliche Lösung des deutschen Problems. Robert Birley – Reformpädagoge, Hochschullehrer und 1947-49 in der Britischen Militärverwaltung für den Aufbau des Bildungswesens in der britisch besetzten Zone verantwortlich – hatte dazu in der Londoner *Times* am 8. Mai 1945 einen Artikel publiziert (Jürgensen 1997: 17, 28f.). Unter den amerikanischen Eliten, die sich mit Deutschlandpolitik befassten, gab es Mitte der 1940er Jahre zwei Konzeptionen. Die eine setzte auf *re-education*, die massenweise Umerziehung der Deutschen, die andere präferierte den institutionellen Umbau, in der Erwartung, dass das Handeln unter veränderten Kontextbedingungen, innerhalb von Institutionen, die als demokratische geschaffen sind, mittel- und längerfristig demokratische Denk- und Verhaltensweisen bewirken und verstetigen werde (Scheuch 1992: 65). In der Praxis verknüpften sich die beiden Linien. Nachdem die massenhafte *Re-Education* sich als vergleichsweise fruchtlos erwiesen hatte, setzten die beiden angelsächsischen Mächte Ende der 1940er Jahre auf junge Intellektuelle, die die *Re-Education* erfolgreich durchlaufen hatten und an wichtigen Schaltstellen der Politik, der Medien und der Wissenschaft installiert wurden. Sie sollten die Gewähr bieten, dass das Projekt der Demokratisierung Deutschlands von Dauer ist, als »eine Elite von hohem intellektuellem Rang für die praktische und politische Führung [...], von deren persönlicher Qualifikation die Massen ihre Orientierung erhalten« (Birley).

So wurde die Bundesrepublik politisch etwas anderes als das vorherige Deutschland, geprägt von einem Grundsatzkonsens hinsichtlich der demokratischen Ordnung, der liberalen Freiheitsrechte und einer wohlfahrtsstaatlichen Sozialordnung. Teile des Bürgertums, die sich auf parlamentarisch-demokratische Traditionen Deutschlands beriefen, und die mehrheits-sozialdemokratisch geprägte Arbeiterschaft trugen diese Verhältnisse sozial; Kräfte, die ursprünglich vom Zentrums-Lager kamen, sowie die Sozialdemokratie trugen sie politisch. Beide waren einst die »Reichsfeinde« Bismarcks, beide hatten, abgesehen von kurzen Perioden während der Weimarer Republik, Deutschland zuvor nie regiert.

Das gilt auch politisch-geographisch – Deutschland hatte seine politischen Zentren während der vergangenen Jahrhunderte vor allem in Wien und in Berlin, nicht am Rhein. Die Bundesrepublik aber entstand als ein »Rheinbund-Deutschland« mit einer Bevölkerung, die zu großen Teilen in einer auf 1815 bzw. 1866 zurückgehenden antipreußischen Tradition stand. Das Rheinland und Westfalen waren mit dem Wiener Kongress an Preußen gefallen; im Krieg 1866 hatten die meisten deutschen Staaten auf Seiten Österreichs gestanden, vor allem Bayern, Württemberg und Baden, aber auch Hannover, Kurhessen und Nassau. Die drei letzteren waren nach jenem Krieg, gegen alle legitimistischen Bedenken, durch Bismarck Preußen einverleibt worden, wie auch Schleswig und Holstein. Übrigens verbunden mit einer Reihe unangenehmer Vergegenwärtigungen für die alten Eliten, Offiziere, Beamte, Lehrer und Pfarrer, die zuvor dem alten Regime gedient hatten.

Konrad Adenauer hat diese Richtung seinerseits zielstrebig verfolgt. So hatte er im Dezember 1945 einem Vertreter der britischen Besatzungsmacht gegenüber erklärt, der größte Fehler, den die Briten je in ihren Beziehungen zu Deutschland gemacht hätten, sei gewesen, mit dem Wiener Kongress »törichterweise Preußen an den Rhein gebracht« zu haben (Ribhegge 1995: 42). Die britische Labour-Regierung unter Clement Attlee wiederum hatte bereits im Sommer 1946, vor dem bekannten Beschluss der Siegermächte von 1947 über die Auflösung Preußens, mit der Gründung Nordrhein-Westfalens einen weitreichenden Schritt getan, gerade um den Schwerpunkt Deutschlands von der Spree an den Rhein zu verlagern, lange vor der Gründung der Bundesrepublik und der Entscheidung über Bonn als Regierungssitz (ebenda, 34).

Der britische Publizist James Hawes hat diesen Kontext vor einiger Zeit noch einmal in den Vordergrund gerückt. Seine Hauptthese ist rasch zusammengefasst: Am Ende des ersten Halbjahrtausends gab es neben Gallien ein römisch geprägtes Germanien, westlich und südlich des Limes, das heißt an Rhein und Donau, das sich mehr oder weniger bis zur Elbe erstreckte. Nach den karolingischen Reichsteilungen entstand aus dem Gallien Frankreich und dem östlichen Gebiet an Rhein und Donau bis zur Elbe Deutschland. Im dritten Halbjahrtausend erfolgte die Eroberung Ostelbiens, die am Ende bis zum Ordensstaat in Ostpreußen reichte, aus dem dann Preußen wurde. Mit Reformation und Preußen konsolidierte sich ein östliches Deutschland, das politisch, mental und kulturell von dem westlichen Deutschland unterschieden blieb und mit der preußischen Reichseinigung 1871 das ganze Deutschland eroberte. Der Erste Weltkrieg und am Ende Hitler, der vor allem in den protestantischen Gebieten gewählt wurde, nicht von Katholiken, seien die Folge dessen gewesen. Das ist unter historischen Parteienforschern inzwischen unbestritten, bedürfte jedoch genauerer, vor allem sozialstruktureller analytischer Untersetzung. Zugleich kommt Hawes zu der eigenartigen Folgerung, Hitlers Befehl zum Überfall auf die Sowjetunion habe »mit der westdeutschen Geschichte nichts zu tun gehabt«, sondern sei eine »durch und durch preußische« Entscheidung gewesen (Hawes 2018: 266). Das behauptet Hawes, obwohl er einige Seiten vorher Preußen als »Schutzbefohlenen« Russlands denunziert hatte.

Kernaussage ist: »Adenauers Deutschland hatte frappierende Ähnlichkeiten mit dem von Rom geplanten Germanien, dem deutschen Reich Karls des Großen und Napoleons Rheinbund. Es hatte eine Pufferzone zwischen sich und Polen, keine Berührungspunkte mit Russland und lediglich eine kurze Grenze mit den Tschechen. Die sogenannte Vereinigung von 1871 wurde durch die endlich erreichte Einheit aller Deutschen westlich der Elbe ungeschehen gemacht.« (Ebenda, 282.) Aus dieser Sicht ist die »sogenannte Wiedervereinigung« von 1990 für Hawes »eine gestutzte Neuauflage des sogenannten Deutschen Reichs, dieser preußischen Lüge, die Westdeutschland und der Welt von Bismarck 1871 aufgezwungen worden war«. Den (West-)Deutschen werde es, wie damals, als »nationale Pflicht« angetragen, »ein bankrottes Ostelbien zu subventionieren, wie es zuvor ihre Vorfahren unter den Junkern und den Nazis getan hatten«. Aus den Wahlergebnissen für die Linke und die AfD folgert Hawes, dieses Ostelbien lärme gegen EU und NATO und sei gerade wieder dabei, auch politisch Deutschland zu dominieren (ebenda, 320f.).

An anderen Stellen hat die kräftige Verkürzung jedoch etwas bestechend Ehrliches. So spricht Hawes von einem »Wirtschaftswunder, das keines war« und verweist darauf, dass SS-Chef Heinrich Himmler bereits 1943 ein Expertengremium eingesetzt hatte, um ein Konzept für die Wiedereinführung eines freien Marktes nach dem Krieg vorzubereiten. Dem Gremium gehörten unter anderen Ludwig Erhard, der spätere Wirtschaftsminister, und der Topbanker Karl Blessing, 1958 bis 1969 Bundesbankpräsident, an. Der Plan enthielt unter anderem das Konzept der Ersetzung der inflationsbedrohten Reichsmark durch eine neue Deutsche Mark. Angesichts der sich abzeichnenden Niederlage im Zweiten Weltkrieg verschwand der Plan im Panzerschrank, doch als die westlichen Besatzungsmächte die Wirtschaft im Westen wieder ankurbeln wollten, wurde der Plan 1948 wieder vorgeholt und umgesetzt. Mit der Währungsreform verloren die Kleinsparer nahezu alles, während Aktien- und Sachwertbesitzer ungeschoren blieben. Zudem, auch dies erinnert Hawes, lagen zwar die deutschen Städte in Schutt und Asche, doch nur 6,5 Prozent des industriellen Maschinenparks im Westen mussten vollständig abgeschrieben werden (ebenda, 277f.). Insofern bildeten die harte neue Währung mit einem »festen, extrem exportfreundlichen Wechselkurs«, die fortbestehenden Geschäftsvermögen, ein noch funktionierender Maschinenpark und eine qualifizierte Arbeiterschaft die Grundlagen für den westdeutschen Wirtschaftsaufstieg. Hinzu kam der Marshallplan. »Das alles summierte sich zum größten und wirtschaftsfreundlichsten Rettungsprogramm aller Zeiten.« (Ebenda, 280.) Für das deutsche Kapital und die Wiederaufrichtung des westlichen Deutschlands gegen das östliche und im Kontext des Kalten Krieges auch gegen die Sowjetunion.

Transatlantische »Westbindung«

Zu den Eigenheiten des westlichen und nun vereinten Deutschlands gehört auch eine spezifische Unterordnung unter die Interessen der USA. Hier sind zunächst die Tiefenschichten des deutsch-amerikanischen Verhältnisses auszumachen, die eben nicht nur unter der Perspektive der 1990er Jahre zu betrachten sind. Sehr zum Leidwesen Bismarcks hörten die Deutschen auch nach der Reichsgründung nicht auf, nach Amerika auszuwandern. Zwischen 1864 und 1914 sind etwa drei Millionen Menschen aus Deutschland in die USA ausgewandert (Nipperdey 1991: 30). Es war in vielem der Mythos des »Go West«, der eine eigene Affinität der Deutschen gegenüber Amerika bewirkte. Dagegen halfen nach 1945 auch die umsichtigen Bemühungen der hochgebildeten sowjetischen Kulturoffiziere in Deutschland nichts. Die Amerikaner hatten den Wettlauf um die Deutschen gewonnen, bevor er überhaupt begonnen hatte – auch angesichts der überkommenen antirussischen und seit 1917 antisowjetischen Propaganda der deutschen herrschenden Klassen.

Eine Antwort auf die Frage nach den spezifischen Beziehungen der alten Bundesrepublik bzw. ihrer politischen Klasse zu den Vereinigten Staaten bedarf darüber hinaus der Thematisierung ihrer historischen Voraussetzungen. Die kommunistische Bedrohung, nicht zuletzt angesichts von Berlin-Blockade, Februar-Putsch in der Tschechoslowakei 1948, kommunistischem Sieg in China 1949 und Korea-Krieg ab 1950, wurde im bürgerlichen Deutschland durchaus als real empfunden. Die spezifische Anlehnung an den Westen, vor allem die USA, war Konsequenz dessen. Die Eigenheiten der deutschen Spaltung und Zweistaatlichkeit hatten demzufolge nicht nur eine besondere Subordination der DDR-Führung unter Moskau, sondern auch der bundesdeutschen politischen Klasse unter Washington zur Folge. Zugleich blieb die Fixiertheit auf das Re-Education-Personal bzw. die von ihm herangebildeten nächsten Generationen. Bald nach der deutschen Vereinigung schrieb etwa ein Autor von der RAND-Corporation, es bräuchte keine Sorgen (aus amerikanischer Sicht?) um den außenpolitischen Kurs der Bundesrepublik zu geben, solange die Außenpolitik in den Händen einer westdeutschen Elite bliebe (Asmus 1992). Da waren aus der DDR kommende Experten der Außenpolitik grundsätzlich nicht vorgesehen. Im Unterschied zu anderen Bundesministerien und anderen zentralen Dienststellen der BRD wurde im außenpolitischen Bereich im Grunde kaum jemand übernommen. Im Bonner Auswärtigen Amt wurden 81 frühere Mitarbeiter des MfAA angestellt, zumeist für schwierige Länder, zu denen die westdeutschen Diplomaten zuvor keinen oder nur einen eingeschränkten Zugang hatten. In den höheren Dienst wurden neun Mitarbeiter eingestellt, vier in eine Attaché-Ausbildung übernommen. Aus dem Schreibdienst kamen 68 der Beschäftigten (*Berliner Zeitung*, 21. Januar 1993). Berichtet wurde, dass Außenminister Genscher auch an die Privatwirtschaft hatte Briefe schreiben lassen, um die Einstellung früherer DDR-Diplomaten zu verhindern. Auch bestimmte Themen, insbesondere zur Außenpolitik, wurden in der deutschen öffentlichen Debatte grundsätzlich bekämpft, solange sie in den Großmedien als nicht freigegeben galten. Vor diesem Hintergrund heuchelte im Öffentlich-Rechtlichen Fernsehen am 18. August 2021 nach einer Sondersitzung des Auswärtigen Ausschusses des Deutschen Bundestages zum Scheitern des westlichen Afghanistan-Krieges ein Ausschussmitglied völliges Erstaunen, dass Deutschland offenbar während der zwanzig Kriegsjahre zu keinem Zeitpunkt eine eigene Afghanistan-Strategie gehabt habe.

Kern der Nachkriegsentwicklung in der Bundesrepublik Deutschland, ob in der alten oder der neuen Ausdehnung, wurde das, was kurz »Westbindung« genannt wird. In dem gegenwärtigen innenpolitischen Offizialdiskurs in Deutschland wird sie oft verkürzt auf die Subordination unter USA-Politik und NATO, im positiven Bezug wie in der Ablehnung. So finden viele Veranstaltungen, in denen die Hegemonialpolitik der USA kritisiert wird, regelmäßig ein ideologisches Echo, in dem unterstellt wird, dies sei ein »rechter« Diskurs; wer die Außenpolitik der USA kritisiere, wolle insgeheim Bismarcks autoritäre Herrschaft oder Hitlers Expansionspolitik wiederaufnehmen. Genau betrachtet ist die Westbindung jedoch zweierlei: Es ist die Bindung an »westliche Werte«, westliche Demokratie, wie sie die angelsächsischen Nationen und Frankreich früher und auf anderem Wege erreicht hatten als Deutschland; und es ist eine Bindung an westliche zwischenstaatliche Strukturen und Bündnissysteme. Aus der Sicht der Adenauerschen Politik der Westbindung schien beides identisch oder zumindest unentrinnbar miteinander verflochten.

In Wahrheit jedoch sind es zwei verschiedene »Westbindungen«. Die Herauslösung Deutschlands aus der NATO ist durchaus denkbar, ohne dass sie notwendig mit der Wiedereinführung autoritärer Herrschaft in Deutschland oder einseitiger deutscher Machtpolitik in Europa verbunden sein muss. Im Gegenteil, ein gefestigt demokratisches Deutschland könnte durchaus die Vorzüge seiner Mittellage in Europa nutzen wollen, ohne erneut zur Gefahr für seine Nachbarn zu werden. Es ist ein Irrglaube, dass Deutschland im NATO-Verbund zu bleiben genötigt wäre, wenn dies nicht seinen eigenen definierten Interessen entspräche. Das ist jedoch nur dann der Fall, wenn es diese in den dort getroffenen Entscheidungen wiederfindet. Die Unterbindung einer ernsthaften Debatte über die tatsächlichen außenpolitischen Interessen Deutschlands zwischen USA, NATO, China und Russland zielt auf die faktische und realpolitische Aufrechterhaltung des »transatlantischen« Status quo im

Sinne der Unterordnung unter die Interessen der USA, ohne dass darüber offen und öffentlich gesprochen werden soll.

Die Eurozentriertheit deutscher Politik bis 1945 war nicht nur der einfachen Verlängerung der preußischen Tradition geschuldet. Sie war Sinnen und Trachten der deutschen Staatspolitik, die zu den beiden Weltkriegen geführt hatte, weil sie die deutsche Machtausdehnung in erster Linie in Europa sah. Und sie war Großmachtpolitik im Sinne einer Ausdehnung des Reichsgebietes. Bereits vor dem Ersten Weltkrieg war in Deutschland die Idee des »Herrenvolkes« lanciert worden. Insofern erschien für Tomáš Garrigue Masaryk – Philosoph, Politiker und ab 1918 Gründungspräsident der Tschechoslowakischen Republik – jener Krieg als Auseinandersetzung zwischen der imperialen Idee und der demokratischen, die in der Anerkennung des Rechts auf Selbstständigkeit für alle Staaten, nicht nur der großen, sondern auch der kleinen, im Völkerbund und in den demokratischen Idealen, »wie sie in Amerika formuliert und teilweise schon verwirklicht wurden«, ihren Ausdruck fanden (Masaryk 1925: 351). Mitte der 1980er Jahre fasste Dan Diner den Unterschied zwischen jener Ausgangslage und der Situation der Bundesrepublik wie folgt: »Der Gegensatz zwischen westlicher, auf weltmarktlichem Universalismus beruhender, wesentlich abstrakt-tauschförmiger und informeller Ausdehnung und der kontinental bestimmten gewaltförmigen deutschen imperialen Expansion liegt nicht in der Produktionsweise begründet. Bei beiden handelt es sich um kapitalistisch verfasste Gesellschaften. Gleichzeitig handelt es sich aber um zwei verschiedene ›civic cultures‹ […] – um zwei unterschiedlich geartete politische Formen im Kapitalismus. Von der moralischen und historischen Bedeutung her gesehen, handelt es sich freilich um einen Unterschied ums Ganze. Die atlantische Integration der Bundesrepublik Deutschland ist demnach nicht nur ein bündnispolitischer Vorgang. Es handelt sich um eine weltmarktlich flankierte Integration in eine andere politische Kultur, die Kultur der civil society als westlicher Zivilisation.« (Diner 1985: 357.) Nach dem Scheitern des kommunistischen Herrschaftssystems wurde dieses Weltmarkt- und Kultursystem auf den Osten Europas erstreckt. Deutschland ist Teil dieses kulturell-politischen Gefüges.

Welches ideologische Dach erhebt sich nun über diesem Gebäude? Das Links-Rechts-Bild verfängt nicht unbedingt. Dass Hitlers Vernichtungs- und Raubpolitik auf der Rechten zu verorten ist, kann nicht ernsthaft bestritten werden. Bismarcks Innenpolitik kann auch nur als konservativ und so, unter anderen Bedingungen als 1930 oder 1942, als rechts angesehen werden; seine Sozialpolitik, die die Netze der staatlich garantierten Sozialversicherung angesichts des Kapitalismus aber überhaupt erst geschaffen hat – wo wäre die analytisch anzusiedeln? Das Verhältnis der Bundesrepublik Deutschland zu den USA, ist dies nun eine »linke« oder eine »rechte« Fragestellung? Aus der Sicht der '68er, die in den 1960er Jahren massiv gegen den Vietnam-Krieg der USA demonstrierten, waren sie selbst links und die Befürworter des Vietnam-Krieges, und sei es nur aus Gründen der Bündnis-Subordination der BRD unter die USA, logischerweise rechts. Heute kommt eine sich selbst als »links« oder »linksliberal« verortende urbane, akademisch gebildete Jugend daher und denunziert eine Sichtweise, die die Hegemonialpolitik der USA – die beispielsweise ideologisch gegen China oder Russland gerichtet ist, um Aufrüstung, militärisches Vorgehen oder »Sanktionspolitik« zu befördern – kritisch angeht, als »rechts«. Das einzige, was hier zunächst festzustehen scheint, ist, dass derlei ideologiekritische Analysen nicht auf einem Links-Rechts-Kontinuum vorzunehmen sind. Gleichwohl gilt, dass die Untersuchung der Denkgebäude hilfreich ist, um bestimmte politische Verhaltensweisen zu verstehen.

Es waren vor allem drei Grundpositionen, die die (vorherrschenden) Vorstellungen in der BRD von der eigenen politischen Existenz geprägt haben:

Erstens gründete sich die Bundesrepublik von vornherein als Vorgriff auf den (künftigen) deutschen Gesamtstaat. Carlo Schmidt, Hauptvertreter der SPD in den Verhandlungen zum Grundgesetz in Herrenchiemsee, erläuterte dies laut Protokoll am 17. August 1948 wie folgt: »Will man einen Staat, so ergeben sich zwei Möglichkeiten. Die eine ist ein Weststaat, d.h. ein echter Staat, der sich aber bewusst auf das Gebiet Deutschlands beschränkt, das heute unter der Jurisdiktion der drei westlichen Besatzungsmächte steht. Eine solche Wahl setzt voraus, dass es ein Weststaatsvolk gibt, dass also die Menschen dieses Weststaats ent-

schlossen sind, sich nur noch in der Gruppierung als Weststaatsvolk als oberstes Substrat zu fühlen. Eine solche Unterscheidung
würde notwendig einen separatorischen Vorgang darstellen, auch
wenn sie in bester Absicht getroffen würde. Die Folgen brauche
ich Ihnen im einzelnen wohl nicht auszumalen. Die andere Möglichkeit geht sehr weit: Das deutsche Volk, verkörpert in den
deutschen Ländern des Weststaatsgebiets, erklärt, dass es in der
Zeit, in der Mittel- und Ostdeutschland außerstande sind, sich
auch nur relativ frei zu entscheiden, treuhänderisch für das
gesamte deutsche Volk die Aufgabe übernimmt, die deutsche
Bundesrepublik zunächst im Westen aufzurichten, dies aber ausdrücklich mit dem Anspruch auf Repräsentanz Gesamtdeutsch-
lands. Das wäre also nicht ein Weststaat, sondern ein Rumpf-
deutschland, das den Anspruch erhebt, Gesamtdeutschland zu
repräsentieren [...]. Eine Folge wäre, dass man die Bevölkerungsteile Mittel- und Ostdeutschlands als Irredenta anzusehen hätte,
deren Heimholung mit allen Mitteln zu betreiben wäre. Demgemäß wären jene, die der gesamtdeutschen Regierung im Westen
das Recht zur Vertretung aller Gebiete bestreiten und ihr eine aus
anderem Recht abgeleitete Autorität entgegensetzen sollten, als
Hochverräter zu behandeln und zu verfolgen.« (Zitiert nach: Badstübner 1999: 401f.)

Das politische Agieren der BRD in allen deutschen Angelegenheiten seit 1949, ihre Politik gegenüber der DDR, einschließlich der Jahre des Alleinvertretungsanspruchs, und so auch die
Position in der Staatsbürgerschaftsfrage, eine DDR-Staatsbürger-
schaft bis 1990 in der Sache nicht anzuerkennen, gewinnen hier
einen spezifischen Kontext, dessen Kern in der eigenen Identitäts-
bestimmung liegt. Die Geschichte des früheren Gesamtstaates
wurde stillschweigend vorausgesetzt, dann brauchte die real
gegründete BRD keine eigene Identitätsarbeit; sie war der eigentliche deutsche Staat.

Zweitens wurde die allenthalben als Glaubensbekenntnis ver-
wendete These von der Westbindung als großer historischer Leistung auf die Denkfigur vom »deutschen Sonderweg« gestützt.
Alle wesentlichen Debatten zur Verfasstheit der BRD und ihrer
Entwicklung fanden in einer Konstellation statt, da die Ausklam-
merung einer wirklichen Problematisierung der Nation Voraussetzung war. Die »nationale« Position artikulierte sich wieder auf

der Rechten, CSU-Chef Franz Josef Strauß und der einst einflussreiche CDU-Politiker Alfred Dregger unter den Politikern oder Ernst Nolte unter den Historikern wollten der »Schmach der Vergangenheit« entrinnen, das »Büßergewand« ablegen und mit dem Blick nach vorn »aus dem Schatten Hitlers« heraustreten. Heutige Positionierungen von Alexander Gauland sind nicht handgestrickt von der AfD, sondern stehen in jener Tradition.

Die links-liberale Positionierung stellte sich dagegen unter Verweis auf den »Zivilisationsbruch, aus dem die Bundesrepublik hervorgegangen ist«, auf den Standpunkt, dass dieser eine wie auch immer geartete »Normalisierung« ausschließe (Habermas 1993: 40). Die Auseinandersetzung im »Historikerstreit« 1986 ging um die Deutungshoheit im Geschichtsdiskurs, am Ende um die Abwehr des Versuchs, »die Behandlung des NS-Systems dadurch zu verändern, dass schmerzende Fragen durch entlastende Deutungen ersetzt wurden« (*Frankfurter Rundschau*, 27. Dezember 1986). Das Dagegensetzen verband sich zugleich mit der Ablehnung des »amorphen Begriffs von ›Identität‹«, mit dem lediglich Neokonservative Schindluder treiben würden, und dem Bestehen darauf, dass »normativer Bewertungsmaßstab« nur »die Aufklärungsidee von einer Gesellschaft gleichberechtigter Staatsbürger« sein könne (Wehler 1995: 200f.). Damals war »Identitätspolitik« ein rechtes Betätigungsfeld. Heute würde Wehler mit einer solchen Position von den linksliberalen Identitätspolitikerinnen und Identitätspolitikern gesteinigt werden. Damals war das eine konsequente linke Positionierung.

Für unsere Betrachtungen jedoch bedeutet diese: Dann brauchte es nur Gesellschaft, keine Gemeinschaft; man könne seine Identität jenseits der Nation finden. Von hier ist es nur ein kurzer Weg zu einer Position, wonach die Linke Gerechtigkeit für alle Menschen anzustreben habe, da sei für Nation kein Platz (in den Debatten vor zwanzig Jahren: Lederer 2000: 24f.).

Drittens wurde diese Denkhaltung noch verstärkt durch die Bestimmung des »Verfassungspatriotismus«, der bei dem in den 1950er und 1960er Jahren folgenreichen Politikwissenschaftler Dolf Sternberger noch auf ein positives Verhältnis zu »Vaterland« und Loyalität gegenüber dem Staat bezogen ist (Sternberger 1980), bei Habermas aber sich in die Höhen der Abstraktion verflüchtigt. Kulturelle Identität löse sich »von Gesellschaftsformation und Staatsform«, »Nationalität von der Staatsangehörigkeit« und mache »den Platz frei für die politische Identifikation mit dem, was die Bevölkerung jeweils an der Nachkriegsentwicklung des eigenen Staates für bewahrenswert hält«. Es sei dies eine stärkere Differenzierung »als im Nationalstaat alter Prägung«. Dabei würden »die Identifikationen mit eigenen Lebensformen und Überlieferungen überlagert von einem abstrakter gewordenen Patriotismus, der sich nicht mehr auf das konkrete Ganze einer Nation, sondern auf abstrakte Verfahren und Prinzipien bezieht« (Habermas 1990: 167, 173). So schwebt der Geist in seiner Freiheit über den Wassern, und es macht nichts, wenn die Erde wüst und leer ist, denn seine Freiheit braucht keinen Ort – könnte man, in Abwandlung heiliger Texte (1. Mose 1, 1-2), ironisch sagen. Die Konsequenz dessen bedeutete nämlich, dass das Individuum als atomos, als Monade in der Weltgesellschaft allein auf sich gestellt ist und niemanden braucht, als seinen Anwalt. Vorausgesetzt, er kann diesen bezahlen.

Die DDR und die deutsche Nation

Die DDR war etwas Neues in der deutschen Geschichte, im Vergleich zu aller Staatlichkeit, die es in Deutschland bis 1945 gegeben hatte. Dieses Los teilte sie mit der alten Bundesrepublik. Von ihren Verfechtern wurde sie immer als eine eigene Antwort auf das Hitler-Reich verstanden. Krieg und Faschismus sollten niemals wieder möglich sein. Diese Antwort nahm jedoch typologisch die Gestalt des sowjetischen, stalinistischen Sozialismus an. Dessen bewusste Träger blieben eine Minderheit in der DDR-Gesellschaft. Der Antifaschismus und die proklamierte Lösung der sozialen Frage in ihrer kommunistischen Gestalt sollten dem kommunistischen Herrschaftssystem eine eigene Legitimität geben, die nicht nach der zahlenmäßigen Zustimmung in der Gesellschaft fragte. Die Abschaffung des kommunistischen Herrschaftssystems in der DDR wurde dagegen von der Mehrheit der Bevölkerung bewirkt und vollzogen. Das Legitimationspotential, wie groß es auch immer gewesen sein und worin es auch bestanden haben mag, war wirtschaftlich, politisch und geistig am Ende der 1980er Jahre aufgebraucht.

Auch die DDR wurde – was sie in ihren späteren Selbstdarstellungen aus erklärbaren Gründen in der Regel verschwieg – als Vorgriff auf ein künftiges Gesamtdeutschland gegründet, versuchte also ihre Identität nach der gleichen Logik, wie sie Carlo Schmidt für die Bundesrepublik begründete, aus dem ganzen Deutschland abzuleiten, um nicht ein regionales herleiten zu müssen. Wilhelm Pieck sagte in seiner Antrittsrede als Präsident der DDR am 11. Oktober 1949: »Ich werde mich stets als Sachwalter der Interessen des ganzen deutschen Volkes betrachten, das sich, wie ich fest überzeugt bin, noch eine große, reiche und helle Zukunft erarbeiten und erringen wird.« Und weiter: »Die Freude und Genugtuung des deutschen Volkes über die wiedererlangte Souveränität, über die Gründung eines selbständigen freien Deutschlands, unsere Deutsche Demokratische Republik, wird getrübt durch die Tatsache, dass Deutschland durch die westlichen Besatzungsmächte zerrissen wurde. Wir können nur der Hoffnung Ausdruck geben und alle unsere Kräfte daransetzen, dass die Spaltung Deutschlands überwunden und die Einheit Deutschlands hergestellt wird.« (Dokumente 1954: 12, 14.) Die Spalter waren die anderen, die Bundesrepublik »Trizonesien«, wie es in der SED-Propaganda damals hieß, und nicht legitimiert. Otto Grotewohl sagte in diesem Sinne in seiner ersten Regierungserklärung als Ministerpräsident der DDR am 12. Oktober 1949: »Der von den Westmächten ins Leben gerufene Bonner Separatstaat ist die Vollendung der Spaltung Deutschlands, die von den imperialistischen Westmächten seit Jahr und Tag mit Beharrlichkeit betrieben wurde. Die dem deutschen Volke im Potsdamer Abkommen feierlich gegebenen Versprechungen wurden von diesen Mächten mit Füßen getreten, um in Deutschland ihre imperialistische Politik durchzuführen [...]. Diese systematisch betriebene Spaltungspolitik versuchten sie mit der Bonner Verfassung zu maskieren, die nur eine Ausführungsbestimmung des Besatzungsstatuts ist.« (Ebenda, 20f.) Die Protagonisten des Kommunismus in Deutschland bezweckten nicht die antikapitalistische Gegengesellschaft auf dem Boden nur der Sowjetisch Besetzten Zone, sondern in ganz Deutschland. Daher war bereits die Gründung der beiden deutschen Staaten ein Misserfolg für das kommunistische Vorhaben.

Die historische Niederlage auf deutschem Boden – und insofern war der Ausgang der Systemauseinandersetzung zwischen »Sozialismus und Kapitalismus« auf deutschem Boden ein wesentliches Moment des Ausgangs dieses Kampfes in Europa – wurde in den 1950er Jahren immer offensichtlicher: trotz aller Charakterisierungen als »faschistischer Putsch« war sichtbar, dass am 17. Juni 1953 Arbeiter, auf die man sich nach marxistischer Theorie bei der Legitimationsbeschaffung grundsätzlich berief, auf der Straße waren. 1956, nach der Einführung der Wehrpflicht in der Bundesrepublik, wurden die jungen Männer Westdeutschlands aufgefordert, dieser in Richtung DDR zu entfliehen – nur kam fast niemand. Ende der 1950er/ Anfang der 1960er Jahre verstärkte sich erneut die Fluchtbewegung aus der DDR in Richtung Westen. So war der Mauerbau am 13. August 1961 das Eingeständnis der Niederlage im Systemwettbewerb bei offener Grenze in Deutschland. Die SED-Führung erklärte dies mit westlicher Propaganda und geheimdienstlichen Störmanövern – die es im Kontext des Kalten Krieges natürlich gab, auf die sich aber die wirklichen historischen Bewegungen, die politischen und sozialen Kräfte nicht reduzieren lassen.

Zu den Einseitigkeiten bei den obligatorischen Betrachtungen der DDR, die uns dreißig Jahre nach der »Wende« wieder allenthalben umgeben, gehört, sie von ihrem Ende her zu denken. Am Anfang stand jedoch die große Euphorie, ein neues Deutschland zu bauen, das auf den Trümmern des vom Hitler-Faschismus, seinen Verbrechen und des von ihm geführten und verlorenen Krieges errichtet wird. Beide deutsche Staaten waren Alternativen zum Nazi-Staat, die ihrerseits in Konkurrenz zueinander standen. Das entsprach der Logik der Anti-Hitler-Koalition: die sozialistische UdSSR und die kapitalistischen USA und Großbritannien, erweitert durch Frankreich, hatten den Zweiten Weltkrieg geführt und gewonnen, waren dann aber in den Kalten Krieg gegeneinander geraten. Insofern wurden die vier Besatzungszonen in Deutschland, die nach den Treffen der drei Haupt-Siegermächte in Jalta und Potsdam 1945 eigentlich der gemeinsamen Verwaltung des besetzten Deutschlands nach seiner bedingungslosen Kapitulation dienen sollten, zu Brückenköpfen des Kalten Krieges auf deutschem Boden. Deutschland wurde zu einem der Hauptaustragungsfelder des Kalten Krieges.

Die Gründung der DDR am 7. Oktober 1949 war mit drei historischen Problemen belastet: Erstens war die Sowjetunion unter Stalin bestrebt, territorial die Größe Russlands wiederherzustellen und die durch Ersten Weltkrieg und Revolution verlorenen Gebiete weitestmöglich zurückzuerobern. Deshalb hatte die Sowjetunion in den Verhandlungen mit den USA und Großbritannien über die Nachkriegsordnung alles getan, um die in den Vereinbarungen mit Deutschland 1939 erreichten Gebietszuwächse zu erhalten. Das hatte zur Folge, dass Polen seine alten Ostgebiete verlor und durch ehemals deutsche Gebiete entschädigt wurde. Ergebnis war die Oder-Neiße-Grenze zwischen Polen und Deutschland, die in Potsdam 1945 zunächst als provisorische festgehalten wurde. 1950 wurde sie von der DDR als verbindlich anerkannt, 1970 bzw. 1972 auch von der BRD und vom vereinigten Deutschland 1990 und 1992. Die in den östlich davon gelegenen Gebieten beheimatete Bevölkerung wurde nach Deutschland – westlich der Oder-Neiße-Grenze – ausgesiedelt. Das hatte zur Folge, dass die DDR auf das Gebiet zwischen Oder-Neiße und Elbe begrenzt war. Die früher im alten Osten Deutschlands gelegenen Kohlegruben und Stahlwerke lagen nun in Polen, während die europäisch bedeutsame westdeutsche Schwerindustrie zur BRD gehörte. Die BRD hatte bei ihrer Gründung etwa 50 Millionen Einwohner, die DDR 18,3 Millionen. Damit war das bevölkerungsmäßige und wirtschaftliche Ungleichgewicht zwischen beiden deutschen Staaten vorgegeben.

Zweitens war die deutschlandpolitische Konzeption der Sowjetunion darauf gerichtet, eine gesamtdeutsche politische Lösung zu erreichen, das heißt nicht einen westdeutschen und einen ostdeutschen Staat zu gründen, sondern ein vereintes Deutschland, das neutral und bündnispolitisch unabhängig sein sollte. Dabei ging Stalin durchaus davon aus, dass dieses Deutschland kapitalistisch und politisch als bürgerliche Republik, wie die Weimarer Republik von 1919 bis 1933, verfasst sein sollte. Insofern war bereits mit der Schaffung der BRD 1949 auf Betreiben der USA und Großbritanniens das ursprüngliche strategische Konzept der Sowjetunion gescheitert. Die Gründung der DDR war die ungewollte Ausweichvariante, die in Moskau erst im September 1949 beschlossen wurde. Mit der Stalin-Note 1952 war nochmals der Versuch unternommen worden, zeitnah einen Friedensvertrag und ein vereintes Deutschland zu erreichen. Dafür war die Sowjetunion bereit, die »sozialistische Entwicklung« der DDR zur Disposition zu stellen und auch die Grenzen nochmals zu verhandeln. Das wurde von westlicher Seite abgelehnt. Damit war die deutsche Zweistaatlichkeit in den heutigen Grenzen Deutschlands zementiert.

Hinzu kam drittens, die UdSSR war sich jahrelang nicht schlüssig, was sie mit ihrer Besatzungszone eigentlich anfangen wollte. Zunächst war diese Grundlage für Reparationen und Demontage von Industrieanlagen. In Jalta und Potsdam hatten die Siegermächte beschlossen, dass die Reparationen vornehmlich in Sach- und Arbeitsleistungen erbracht werden sollten, aber auch in Gestalt von Demontagen. Die Forderungen der UdSSR waren mit 10 Milliarden Dollar (in Preisen von 1933) in Ansatz gebracht worden, was etwa 10 Prozent des auf ihrem Territorium durch die Deutschen angerichteten Schadens entsprach. Zugleich verpflichtete sich die Sowjetunion, 15 Prozent ihres Reparationsanteils an Polen abzutreten. Die deutschen Kommunisten hatten bereits im Februar 1946 gebeten, die Demontagen einzustellen, um den Wiederaufbau zu erleichtern. Das erfolgte nicht. Erst mit Wirkung vom 1. Januar 1954 wurde die DDR von der Sowjetunion und von Polen von weiteren Reparationszahlungen befreit. Derweil die Sowjetunion bis dahin stets entnommen hatte, hatten die USA seit 1948 mit dem Marshall-Plan Geld und Kapital nach Westdeutschland transferiert. Während also in der Propaganda die DDR den Systemwettbewerb mit der BRD führen sollte, hatten die USA ihren deutschen Staat gut darauf konditioniert, und die Sowjetunion die wirtschaftlichen Grundlagen ihres deutschen Staates bis 1953 geschwächt. Nach einer Schätzung aus dem Jahre 1989 leisteten die sowjetisch besetzte Zone und die DDR Reparationen in Höhe von 99,1 Milliarden DM (in Preisen von 1953), die BRD in Höhe von 2,1 Milliarden DM. Die Marshall-Plan-Zahlungen betrugen 1948 bis 1953 über 1,4 Milliarden US-Dollar; die Zahlungen für die zu diesem Zweck geschaffene »Kreditanstalt für Wiederaufbau« (KfW), die als Bank der Bundesrepublik Deutschland noch heute besteht, sicherten dieser ein Startkapital in Höhe von 3,7 Milliarden DM.

Im Jahre 1961 wurde mit dem Bau der Berliner Mauer sichtbar, dass der Sozialismus in der DDR bei offenen Grenzen nicht funktionieren konnte, weiterhin waren Tausende Menschen Jahr für Jahr in die BRD geflüchtet. In diesem eingemauerten Zustand blieb die DDR bis zu ihrem Ende 1989. Die Mauer, die 1961 eine Notmaßnahme war, galt nach außen fortan als Sinnbild eines Sozialismus, der nicht funktionsfähig war.

Allerdings wird die Entscheidung dazu fälschlicherweise Walter Ulbricht zugeschrieben, inzwischen in der kabarettistischen Variante der derzeitigen Staatspropaganda gern als Zitat: »Niemand hat die Absicht, eine Mauer zu bauen«, – ha, ha. Der Historiker Siegfried Prokop hat die damaligen Entscheidungswege anhand der verfügbaren Quellen vor einiger Zeit rekonstruiert. Der inkriminierte Satz Ulbrichts ist aus dem Zusammenhang gerissen. Er stammt aus einer Pressekonferenz vom 15. Juni 1961. In den längeren Ausführungen Ulbrichts ging es um das Verhältnis der beiden deutschen Staaten und um die Lösung der mit Westberlin verbundenen Fragen. Der anhaltende Flüchtlingsstrom aus der DDR in den Westen drohte diese zu destabilisieren, was eine unkalkulierbare Situation im Zentrum Europas zur Folge gehabt hätte. Zugleich bestand der Rechtsstandpunkt der Sowjetunion und der DDR darin, dass ganz Berlin zur sowjetischen Besatzungszone gehörte und die Anwesenheit der Westmächte in Westberlin an die Tätigkeit des Alliierten Kontrollrates und die gemeinsame Verfügung über Deutschland gebunden war. Das war mit der Einführung der D-Mark auch in Westberlin und der Gründung der BRD erledigt.

Der sowjetische Partei- und Regierungschef Nikita Chruschtschow und US-Präsident John F. Kennedy hatten sich am 3. und 4. Juni 1961 in Wien getroffen. Die Gespräche verliefen ergebnislos. Chruschtschow hatte Kennedy jedoch am Ende ein Memorandum überreicht, in dem ein Ultimatum von sechs Monaten gestellt war. Danach drohte die Sowjetunion, mit der DDR einen separaten Friedensvertrag abzuschließen. Danach sollten alle Besatzungsrechte in Berlin – also nicht nur im sowjetischen Sektor, der Hauptstadt der DDR – erlöschen. Alle Fragen der Benutzung der Verbindungswege auf dem Lande, zu Wasser und in der Luft, die über das Territorium der DDR führen, sollten nur noch auf der Grundlage von Übereinkommen mit der DDR lösbar sein.

Kennedy, der erst seit Januar 1961 im Amt war, stand in Washington unter großem politischen Druck. Im April 1961 war das »Schweinebucht«-Abenteuer in Kuba, um Fidel Castros Revolutionsregierung zu stürzen, grandios gescheitert. Am 12. April 1961 war mit Juri Gagarin der erste Mensch ins All geflogen, was die

USA als strategische Niederlage im Konkurrenzkampf mit der UdSSR ansahen. Deshalb wurde Kennedy Schwäche vorgeworfen. Nun also sollte er sich als harter Bursche erweisen. Nach dem ergebnislosen Treffen in Wien hatten die USA daher der Sowjetunion angedroht, im Falle einer Luftsperre zum Zwecke der Erzwingung der Kontrolle der Zugangswege nach Westberlin den Abwurf einer Atombombe auf einen sowjetischen Truppenübungsplatz in der DDR vorzusehen. Ende Juli 1961 hatte sich Chruschtschow mit Kennedys Sonderbotschafter John J. McCloy auf der Krim getroffen. Über dieses Treffen gibt es bis heute keine Mitteilungen. Aus US-amerikanischer Sicht gab es jedoch nur noch drei Essentials: die Anwesenheit der Westmächte in Westberlin, das ungestörte Zugangsrecht und die eigenständigen Rechte der Westberliner.

Nachdem so die Luftkontrolle zur Grenzschließung ausfiel, blieb nur noch die Landkontrolle, also der Mauerbau, um den Flüchtlingsstrom zu beenden. Als Ulbricht am 15. Juni 1961 erklärte, er habe nicht die Absicht, eine Mauer zu bauen, hatte er die Luftkontrolle im Sinn, er wollte keine Mauer bauen (Prokop 2017). Auf der Beratung der Staats- und Regierungschefs des Warschauer Vertrages vom 3. bis 5. August 1961 überraschte Chruschtschow auch Ulbricht im Plenum des Treffens mit der Mitteilung, Ulbricht habe darum gebeten, um Westberlin eine Mauer zu errichten. Wieder zu Hause, erzählte Ulbricht Gerald Götting, damals Vorsitzender der DDR-CDU und stellvertretender Vorsitzender des Staatsrates, er sei »wie vom Donner gerührt gewesen. Einen solchen Vorschlag hatte er nie gemacht. Er habe allerdings schlecht in dieser Runde aufstehen und Chruschtschow widersprechen oder gar dementieren können« (Krenz 2013: 89f.). Am Ende war der 13. August 1961 ein historischer Kompromiss zwischen den USA und der Sowjetunion. Beide wollten nicht wegen Berlin, wegen der Deutschen in einen großen Konflikt gegeneinander geraten.

Die SED-Führung hoffte auf die nächste Generation. Die damals jungen Menschen, die dann in der abgeschlossenen DDR aufwuchsen, mit dem »sozialistischen Bildungswesen« und den weitgehend von der Partei kontrollierten Sozialisationsinstanzen, sollten die »neuen Menschen«, die »wahrhaften Erbauer« der neuen Gesellschaft werden. Es waren vornehmlich diese Jahrgänge und ihre Kinder, die durch die Fluchtbewegung via Ungarn oder Prag bzw. die Demonstrationen in der DDR 1989 den Sturz des kommunistischen Herrschaftssystems und die Beseitigung der kommunistischen Ordnung bewirkten. In diesem, historischen Sinne ist der Umbruch von 1989/90 die Ratifikation der Niederlage der kommunistischen Vorhaben von 1945/49 wie des Konzepts der Rätemacht von 1919.

Nationsvorstellungen in der DDR

Das Verhältnis der DDR, der SED zur Nation war unentschieden, verschlungen, ambivalent. Im Jahre 1961, zum 15. Jahrestag der SED und zum 75. Geburtstag von Ernst Thälmann, ließ die SED-Führung dessen »Antwort auf Briefe eines Kerkergenossen« veröffentlichen, 1944 im Zuchthaus Bautzen geschrieben, zu einem Zeitpunkt, da die Niederlage des Hitlerreiches absehbar war. Der einsame Mann in der Zelle hatte während der langen Haftjahre seine Identität als kommunistischer Parteiführer und als deutscher Arbeiter verteidigt. Er hegte nun, 1944, die Hoffnung, er werde die Naziherrschaft überleben, um danach am Aufbau des Neuen in seinem Sinne mitzuwirken, und vermutete gleichzeitig, die Nazimächtigen würden ihn um so sicherer umbringen, je näher die Front rückt. Der Text, der aus dem Zuchthaus geschmuggelt wurde und nicht im Hinblick auf Macht, Einfluss, Parteikarrieren usw. interpretiert werden kann, sondern nur als persönliches Zeugnis im Angesicht der Geschichte anzusehen ist, enthält u.a. folgende Passage: »Ich bin kein weltflüchtiger Mensch, ich bin ein Deutscher mit großen nationalen, aber auch internationalen Erfahrungen. Mein Volk, dem ich angehöre und das ich liebe, ist das deutsche Volk, und meine Nation, die ich mit großem Stolz verehre, ist die deutsche Nation, eine ritterliche, stolze und harte Nation. Ich bin Blut vom Blute und Fleisch vom Fleische der deutschen Arbeiter und bin deshalb als ihr revolutionäres Kind später ihr revolutionärer Führer geworden. Mein Leben und Wirken kannte und kennt nur eines: Für das schaffende deutsche Volk meinen Geist und mein Wissen, meine Erfahrung und meine Tatkraft, ja mein Ganzes, die Persönlichkeit zum Besten der deutschen Zukunft für den siegreichen sozialistischen Freiheitskampf im neuen Völkerfrühling der deutschen Nation einzusetzen!« (Thälmann 1961: 73.)

Da er um die Heimtücke und die Niedertracht, das Verbrecherische der Herrschaft und der Kriegsführung der Nazis wusste, konnte sein Bezug auf »Stolz« und »Ritterlichkeit« nur meinen, dass es Hitler und die NS-Herrschaft waren, die das Nationale der Deutschen missbraucht und verraten hatten. Er wollte denen nicht zubilligen, Deutschland zu vereinnahmen, ihnen die Nation nicht überlassen. War Thälmann »rechts«, weil er betonte, dass er Deutschland liebt? War die KPD nun »rechts«? Nein, er – wie die deutschen Kommunisten jener Zeit überhaupt – ging lediglich davon aus, dass die Nation der Boden ist, auf dem die sozialen Kämpfe ausgetragen werden, dass es einen Zusammenhang der Sprache, der Kultur, der Geschichte gibt, und nicht nur einen des ökonomischen Interesses oder einer wie auch immer verfassten Staatsordnung, der zwischen den kämpfenden Klassen besteht.

In dem hier betrachteten Zusammenhang ist es unerheblich, welche Rolle Thälmann bei der Stalinisierung des internationalen und deutschen Kommunismus gespielt hat. Insofern, als Thälmann die »proletarische Härte« des Kommunismus, die seine stalinistische Variante im Unterschied zu Intellektuellen wie Rosa Luxemburg, Paul Levi oder Ruth Fischer ausmachte, verkörperte, erweist sie sich im Nachhinein als Kehrseite der Verbrechen des imperialistischen Zeitalters. Hitler ist nicht, wie Ernst Nolte meinte, die Antwort auf den Kommunismus, sondern der Terror des Stalinismus war eine Reaktion auf den Terror der Schützengräben des Ersten Weltkrieges, Hitlers Herrschaft, Krieg und Vernichtungspolitik dagegen dessen Steigerung zum Exzess. Für die National-Kriege und die Klassenkriege des 20. Jahrhunderts gilt, was für alle Kriege der Geschichte gesagt werden kann: Es gab nie einen Krieg, in dem die Gegner nicht wechselseitig aufeinander Einfluss nahmen.

Die Veröffentlichung jenes Textes zum April 1961 war noch Nachklang des gewollt gesamt-nationalen Bezuges, den die SED in Bezug auf die DDR aufrechterhalten wollte, der aber für sie selbst bereits heikel war und mit dem Mauerbau am 13. August 1961 seine Wirkungsmöglichkeit endgültig eingebüßt hatte. Hernach folgten Rückzugsgefechte. Es gehörte zwar immer zum Selbstverständnis der DDR, dass sie der Gipfelpunkt der deutschen Geschichte sei. So hieß es etwa in einem offiziösen Geschichtswerk der 1970er Jahre: »Mit der siegreichen sozialistischen Revolution in der Deutschen Demokratischen Republik haben die Arbeiterklasse und ihre Verbündeten das Vermächtnis aller großen Klassenkämpfe der deutschen Geschichte, der frühbürgerlichen Revolution des 16. Jahrhunderts, der Revolution von 1848/1849, der Novemberrevolution von 1918 und der nachfolgenden Klassenkämpfe des deutschen Proletariats und seiner Verbündeten sowie des antifaschistischen Widerstandskampfes verwirklicht.« (Zentralinstitut 1978: 15.) Aber die Frage nach der deutschen Nation blieb unscharf. Ulbricht hatte in der Verfassung der DDR von 1968 noch definiert, dass sie »ein sozialistischer Staat deutscher Nation« ist (Art. 1). Demnach war die Nation größer als der Staat, der Staat aber auf diese Nation bezogen. Honecker hatte mit seiner Neufassung der Verfassung diesen Satz 1974 ändern lassen, des Sinnes, dass die DDR nunmehr »ein sozialistischer Staat der Arbeiter und Bauern« sei (Neufassung des Art. 1), was auch vorher schon offiziell das Selbstverständnis war. Jetzt hatte sie aber keinen nationalen Ort mehr.

Im Hintergrund stand in den 1970er Jahren der Versuch der SED-Führung, eine eigene DDR-Nation zu proklamieren. In der marxistisch-leninistischen Rabulistik erfolgte die Herleitung, hier durch Politbüro-Mitglied Hermann Axen, wie folgt: (1) Der Klassenkampf zwischen Bourgeoisie und Proletariat habe »immer den Kampf um die Führung der Nation« in sich eingeschlossen; (2) die 1945 zutage liegenden »Ergebnisse der imperialistischen Katastrophenpolitik« hätten bewiesen, »dass die Großbourgeoisie weder willens noch fähig war, die Interessen der Nation zu wahren«; (3) die SED habe lange für »eine einheitliche, antifaschistisch-demokratische Republik«, d.h. eine DDR zwischen Oder und Rhein gekämpft, doch habe »die Bildung eines separaten westdeutschen Staates« dies verhindert und »letztlich zur Zerstörung der Einheit der deutschen Nation« geführt; (4) es gäbe zwar ethnische Elemente, Besonderheiten der Sprache, Sitten, Traditionen, doch diese würden nicht das Wesen der Nation bestimmen; entscheidend sei vielmehr die klassenmäßige Struktur; daher würde sich, dies die Konklusion (5), eine eigene »sozialistische Nation in der DDR« entwickeln, die sich »grundsätzlich von jeder kapitalistischen Nation durch ihr geistiges Antlitz« unterscheide. Damit, so die Schlussfolgerung, könne es zur Bundesrepublik nur äußere Beziehungen auf Grundlage des Völkerrechts geben (Axen 1973: 6, 7, 9, 10, 12, 19).

Dem Philosophen Alfred Kosing kam es dann zu, dazu eine entsprechende theoretische Untersetzung zu liefern. Er formulierte die Folgerung so: »Als das entscheidende Machtmittel und Instrument der herrschenden Arbeiterklasse beim Aufbau des Sozialismus hat der sozialistische Staat der DDR eine außerordentlich wichtige Rolle bei der Herausbildung der sozialistischen Nation unter den besonders komplizierten Bedingungen der Spaltung eines ehemals einheitlichen Landes und Staates gespielt.« Die Annäherung an die anderen sozialistischen Nationen – im sowjetischen Herrschaftsbereich, wäre heute zu sagen – und die »Abgrenzung speziell von der kapitalistischen deutschen Nation« in der BRD seien demzufolge »keine willkürliche Politik«, sondern zwei Seiten einer Medaille (Kosing 1976: 222).

In der DDR wurden Institutionen umbenannt, beispielsweise die »Deutsche Akademie der Wissenschaften« in »Akademie der Wissenschaften der DDR«, und dies massenhaft, nur bei DDR, SED und der Zeitung »Neues Deutschland« ließ sich das schlecht machen und unterblieb also. Die Nationalhymne der DDR wurde nicht mehr gesungen, nur noch zu offiziellen Anlässen intoniert, ohne dass Honecker einen neuen Text auf die »sozialistische Nation« fertigen ließ. Im Umfeld der Raketenstationierungen in der ersten Hälfte der 1980er Jahre wurde von Zeit zu Zeit auf die besondere Verantwortung der beiden deutschen Staaten für den Frieden in Europa, auf ihre Verantwortungsgemeinschaft, verwiesen. Im Selbstverständnis gab es bei Menschen wie Erich Honecker wohl immer eine leise Hoffnung, dass die »Gesetzmäßigkeit der sozialistischen Revolution« schließlich auch um die BRD keinen Bogen machen werde. Ansonsten aber blieb es bei Honeckers schlichter Formel, dass sich die beiden deutschen Staaten nicht vereinigen ließen, weil »Sozialismus und Kapitalismus sich ebensowenig vereinigen lassen wie Feuer und Wasser« (so bei seinem Besuch in der BRD am 7. September 1987). Das Bild aber war immer falsch: Feuer und Wasser ergeben Dampf, und der sprengte schließlich – um in solcher Bildersprache zu bleiben – im Herbst 1989 den Deckel vom Kessel der realsozialistischen Gesellschaft. Hans Modrows Entscheidung Anfang 1990, die alte, noch immer gültige Hymne der DDR wieder mit den Textstrophen spielen zu lassen, gehörte dann schon einer anderen Zeit an. Verbunden mit der Hoffnung: »Glück und Friede sei beschieden Deutschland, unserm Vaterland«.

Ausgänge

Die Erfolgsgeschichte der alten Bundesrepublik mit ihrem westlichen Schwergewicht und ihrer westlichen Verankerung war Grundlage für ihre Attraktivität im Jahre 1990, die angesichts der Existenzkrise der DDR 1989/90 die Mehrheit ihrer Bürger die rasche staatliche Vereinigung der beiden deutschen Staaten wählen ließ. Nun hat dieses Deutschland wieder direkte Grenzen zu den Nachbarn in Osteuropa. Das Rheinische Deutschland gehört der Vergangenheit an. Der Platz Deutschlands in der internationalen Arena ist ein anderer, als der der alten Bundesrepublik als »Frontstaat« des Kalten Krieges. Der Nachkriegskompromiss zwischen Bürgertum und Arbeiterschaft wurde Ende der 1990er Jahre aufgekündigt. Deutschland ist Zentralmacht der EU und gestützt auf diese heute eine geoökonomische Macht mit globalen Interessen. Gleichwohl ist dieses Deutschland politisch und verfassungsmäßig nicht einfach eine Fortsetzung der früheren deutschen Staatlichkeiten seit 1871, sondern erstmals ein Staat, in dem das Bürgertum – international vernetzt – nicht nur die wirschaftliche, sondern auch die politische Macht hat. In diesem Sinne ist Deutschland in einem westlichen Sinne »normalisiert«. Das ist – auf scheinbar ironische Weise – zugleich die Voraussetzung für die hegemoniale Stellung Deutschlands in der EU (Crome 2019).

Die deutsche Neu-Vereinigung im Jahre 1990 verdient eine genauere Betrachtung, sie ist nicht selbsterklärend. Nimmt man die Nation als sozialhistorische Kategorie und nicht als ideologische Schimäre, dann ist auf einer hohen Abstraktionsebene zunächst klar: Wenn die deutsche Teilung eine Folge der Besetzung Deutschlands durch die alliierten Armeen im Ergebnis des von Hitler begonnenen deutschen Aggressionskrieges war, der direkten Begegnung ihrer Truppen und schließlich der dauerhaften Interessen der Hauptmächte des Kalten Krieges auf deutschem Boden, dann musste das Ende des Kalten Krieges die »deutsche

Frage« historisch wieder aufs Tapet bringen. Die Frage aber blieb zunächst, ob dies notwendig in Gestalt der deutschen Vereinigung geschehen musste. Allein die Existenz der »Mauer« bewies, dass sich eine eigenständige Nation im Rahmen der DDR eben gerade nicht herausgebildet hatte. Gewiss, die Westdeutschen konnten ohne die DDR leben, die Ostdeutschen aber hatten immer hinter die Mauer sehen wollen, hatten dies im Westfernsehen – so weit es denn reichte – auch stets getan und im Laufe der 1980er Jahre, als Honecker, um Dampf abzulassen, mehr Privatreisen in die BRD von Menschen, die noch keine Rentner waren, zugelassen hatte, dann auch mit eigenen Augen können. Und siehe: es sah anders aus, als die Propaganda der SED immer dargestellt hatte. Hinzu kam der Verlauf des Zerfallprozesses des kommunistischen Herrschafts- und Gesellschaftssystems in den »Farben der DDR«, im Gesamtzusammenhang auch mit den krisenhaften wirtschaftlichen, politischen und gesellschaftlichen Entwicklungen in der Sowjetunion, Polen und anderen realsozialistischen Ländern Osteuropas.

Die DDR hatte sich im Grunde immer zwischen den sowjetischen Interessen einerseits und dem deutschen Kontext andererseits befunden. Beides beeinflusste sich gegenseitig. Die DDR war seit den Reparationsleistungen der 1940er Jahre an die Volkswirtschaft der UdSSR gebunden, export- wie importseitig, seit 1950 eingebunden in den Wirtschaftsverbund RGW. Die wirtschaftlichen Schwierigkeiten der DDR im Gefolge der Entwicklungen in den »Bruderländern« Anfang der 1980er Jahre (politische Entwicklung in Polen, zunehmende wirtschaftliche Schwäche der Sowjetunion, Ölpreiserhöhung) führten nicht zum Kollaps, weil Milliardenkredite der Bundesrepublik, z.T. eingefädelt über Franz Josef Strauß, dies verhinderten. Das heißt, die sichtbare Entkräftung des sowjetischen Imperiums führte bereits unter Honecker – jenseits allen Abgrenzungsgeredes – zu einer Verstärkung der faktischen Anbindung der DDR an die Bundesrepublik.

Nach 1985 bemühte sich der Generalsekretär, den Perestroika-Forderungen in der DDR gerade nicht zu entsprechen; zu diesem Zwecke wurden vermehrt Medienmeldungen über die Schwierigkeiten, Probleme und Unruhen in der Sowjetunion und anderen Reformländern, wie Polen und Ungarn lanciert. Das Ergebnis war aber gerade nicht eine stärkere Identifikation mit der real existierenden DDR – Trotz alledem! –, sondern eine Abwendung vom »Sozialismus«. So, wie die Ergebnisse der Perestroika in der Sowjetunion waren, konnte man ein solches Projekt, das ja in der DDR noch gar nicht begonnen hatte, nicht unterstützen. Die Ausstrahlung der Perestroika auf die Bevölkerung der DDR ging Ende 1988/ Anfang 1989 deutlich zurück. Ein wachsender, zuvor systemtragender Teil der DDR-Bevölkerung, wandte sich, das ist auch an den damaligen internen Stimmungsberichten der Staatssicherheit ablesbar, von einem Projekt möglicher Reformen des »Sozialismus« ab (Crome/Franzke 1997: 155ff.).

Es war dies die Lage, in der sich im Herbst 1989 die Rufe »Wir sind das Volk!« in »Wir sind ein Volk!« verwandelten. Das Einfordern einer nationalen Solidarität des westdeutschen Staates und der westdeutschen Bevölkerung qua Vereinigung der beiden deutschen Staaten wurde von einer Mehrheit der DDR-Bürger als Ausweg aus der eigenen, nun als prekär wahrgenommenen Lage angesehen – jedenfalls lässt das Wahlergebnis zur ersten freigewählten Volkskammer vom 18. März 1990 keine andere Interpretation zu. Und der damalige Bundeskanzler Helmut Kohl lächelte von den Tribünen und versprach, dass er dies richten werde. Die Menschen wollten »keine neuen Experimente«, keinen wie auch immer gearteten »Sozialismus«, sondern »das Bewährte« der BRD, wussten aber nicht, dass es ein solches Experiment, die Überstülpung eines ganzen Staats-, Gesellschafts-, Rechts- und Wirtschaftssystems auf eine völlig anders geartete Gesellschaft, die ihrerseits innerlich nicht wirklich darauf vorbereitet war, noch nie gegeben hatte. Die meisten in der DDR, die 1990 die CDU und Helmut Kohl wählten, meinten, sie könnten die sozialen Sicherheiten aus der DDR behalten und würden die Konsumgüter und Reisefreiheit der BRD dazubekommen. Das sollte sich mit dem Zusammenbruch der DDR-Wirtschaft und der rasch um sich greifenden Massenarbeitslosigkeit rasch als folgenreiche Illusion erweisen.

Am Ende handelte es sich nicht um eine »Wiedervereinigung« – dazu lag das Gemeinsame viel zu lange zurück, waren die inneren Verhältnisse und die generationalen Erfahrungshorizonte in beiden Staaten zu unterschiedlich –, sondern um die Neuvereinigung zweier Staaten, die es so zuvor niemals in der Geschichte gegeben hatte. Aber im Namen einer Nation, die im 19. Jahrhundert geschaffen wurde. Henry Kissinger konzedierte Bismarck:

»Alles fügte er so fest zusammen, dass das von ihm geschaffene Deutschland die Niederlagen in zwei Weltkriegen, zwei Besetzungen und eine zwei Generationen dauernde Teilung überstand.« (Kissinger 1994: 140.)

Die US-amerikanische Sozialwissenschaftlerin Joyce Mushaben, die sich viele Jahre mit den politischen Generationen in der westdeutschen Bundesrepublik bzw. in Deutschland beschäftigt hatte, kam zu der Folgerung, dass es die ältere Generation war, die die Vereinigung gemacht hatte, angefangen mit Willy Brandts Diktum: »Jetzt wächst zusammen, was zusammengehört«, bis zu Kanzler Kohl und Ministerpräsident de Maizière. Mushaben schrieb: »Wäre die Wende etwa fünf Jahre später zustande gekommen, hätte es wohl nicht zu einer Wiederherstellung der deutschen Einheit in dieser Form kommen können. Bis dahin hätte man im Osten voraussichtlich eine andere, eher reformorientierte Machtkonstellation vorgefunden (da Honecker selbst schon erkrankt war und viele SED-Mitglieder die Notwendigkeit einer radikalen Umkehr eingesehen hatten). Im westlichen Teil der Nation wäre die nächste Generation, inklusive der Frauen, ein großes Stück weiter aufgerückt (besonders in den Bundestag). Dass Frauen weniger Wert auf ›nationales Tun und Gehabe‹ legen, habe ich woanders dargelegt. Nach meinem Empfinden sind die ostdeutschen BürgerInnen der mittleren Generationen eher bereit, sich zu einer neuen nationalen Identität zu bekennen, vorausgesetzt, dass sie an der Definition dieser deutschen (sprich nationalen) Identität als Gleichberechtigte teilnehmen dürfen. Eins hat die DDR im Laufe ihrer 40-jährigen Existenz geschafft, was in der BRD nie gelungen war, nämlich die Wörter ›Liebe‹ und ›Vaterland‹ immer wieder in einem Satz unterzubringen, z.B. in der Wendung ›Liebe zum sozialistischen Vaterland‹. Für viele Ostdeutsche ist der Begriff Vaterland positiv besetzt geblieben, auch wenn sein sozialistischer Charakter das Volk 1989 dazu veranlasst hat, andere Facetten dieses Vaterlandsbezuges zu betonen, z.B. Deutschland als einig Vaterland. Westdeutsche Angehörige der Lange-Marsch-Generation (*der 68er – E.C.*) hatten dagegen – nach schwerwiegenden politischen und persönlichen Auseinandersetzungen darüber, *was Deutsche/r sein nicht heißen darf –* Ende der achtziger Jahre gerade eine Entwicklung hin zu einer unverbindlichen, *postnationalen* (und dennoch ausdrücklich bundesrepublikanischen) Identität vollzogen, mit der sie glaubten, gut leben zu können.« (Mushaben 2001: 85. *Hervorhebungen im Original.*) Am Ende zitiert Mushaben Antje Vollmer (Grüne und lange Zeit Vizepräsidentin des Deutschen Bundestages), die 1991, auch unter ausdrücklichem Verweis auf das Generationen-Problem, geschrieben hatte: »Diese alten Männer haben es gut gemeint mit uns. Sie haben eine freie und demokratische Republik aufgebaut. Sie haben eine freie und kritische Presse ermöglicht. Sie haben sogar eine politische Opposition geschaffen, die sich als regierungsfähig erwiesen hat. Jetzt wollen sie uns einen letzten Gefallen tun, fünfundvierzig Jahre nach dem Kriegsende wollen sie uns Deutschland zurückgeben, und nicht mal ein nationalistisches. Nein, einfach ein zivilisiertes Land.« (Zitiert nach: ebenda, 86.)

Max Weber hatte in seiner vielzitierten Antrittsvorlesung 1895 in Freiburg in ziemlich offen imperialistischer Manier gesagt: »Wir müssen begreifen, dass die Einigung Deutschlands ein Jugendstreich war, den die Nation auf ihre alten Tage beging und seiner Kostspieligkeit halber besser unterlassen hätte, wenn sie der Abschluss und nicht der Ausgangspunkt einer deutschen Weltmachtpolitik sein sollte.« (Nipperdey 1992: 629.) Vergleicht man unter diesem Gesichtspunkt die deutsche Vereinigung von 1990 mit der von 1871, ist das einzige, was übereinstimmt, die Kostspieligkeit.

Alles andere ist anders. Die Vereinigung von 1990 wurde nicht Ausgangspunkt für eine eigene deutsche Weltmachtpolitik, wenngleich wir es mit einer neuen »deutschen Frage« und einer neuen deutschen Hegemonie in Europa zu tun haben (Crome 2019). Es ist eher Abschluss, im engeren Sinne des Wendeprozesses in der DDR, der deutschen Teilung bzw. der Zweistaatlichkeit, des Kalten Krieges, der Nachkriegsgeschichte, im weiteren Sinne des spezifischen deutschen Nationsbildungsprozesses. Nation und parlamentarische Verfasstheit, Schutz der Menschen- und Bürgerrechte sind in eins gesetzt. Der Reichsgedanke gehört der Vergangenheit an. Mit dem veränderten Staatsbürgerschaftsrecht neigt sich auch hierzulande die Waage zugunsten der Staatsbürgernation. Das Land hat klare, festgeschriebene Grenzen. War die Vereinigung von 1871 Resultat preußisch-deutscher Kriege, erfolgte die Vereinigung 1990 nach dem friedlichen Abtreten des europäischen Kommunismus von der Bühne der Weltgeschichte. Die Vereinigung erfolgte mit Zustimmung der europäischen Nachbarn und eingebettet in eine europäische Struktur, die 1990 mit der Europäischen Union eine feste, dauerhafte Grundlage zu haben schien. Die politische Linke in Deutschland stand diesem Entwicklungsprozess eher skeptisch bis kritisch gegenüber, der von Teilen der ostdeutschen Bürgerschaft und der regierenden, konservativen politischen Klasse Westdeutschlands realisiert wurde. Die neu-vereinigte deutsche Nation ist jedoch seither die unhintergehbare Grundlage politischen Handelns in Deutschland.

Die Besonderheit der Entwicklung Deutschlands im 21. Jahrhundert liegt darin, dass sich sein neuerlicher Aufstieg nach dem Kalten Krieg und der deutschen Vereinigung 1990 vor dem Hintergrund des allgemeinen Abstiegs des Westens vollzieht. Dabei sind die Beziehungen mit den neuen Mächten für die deutsche Wirtschaftsentwicklung und seine internationale Position von hoher Bedeutung. Eine Beschreibung des Platzes Deutschlands in der Welt des 21. Jahrhunderts muss von drei Grundmerkmalen ausgehen:

➤ Es ist fest in das politische und militärische Bündnis der NATO integriert, das von den USA dominiert wird, aber der deutschen Außenpolitik auch ein militärisch-politisches Hinterland bereitstellt, das Deutschland allein nicht hätte und nach dem Scheitern seiner Eroberungspläne in den beiden Weltkriegen des 20. Jahrhunderts auch nicht haben kann.

➤ Deutschland ist fester und integrierter Teil der Europäischen Union, die es seit etlichen Jahren aber zunehmend dominiert. Das verschafft seinen herrschenden Kräften wirtschaftliche und politische Spielräume in der Welt, die das Land allein nicht haben kann.

➤Zugleich ist Deutschland ein wichtiger Partner der aufstrebenden neuen Mächte, der BRICS und insbesondere Chinas, so dass der Aufstieg der neuen Staaten auch die Position Deutschlands stärkt – auch gegenüber den USA und innerhalb der EU. Dieser Prozess wurde jedoch durch den ukrainischen Krieg Russlands 2022 beschädigt. Er beeinträchtigt nicht nur unmittelbar die Beziehungen Deutschlands und der EU zu Russland, sondern zugleich deren Position gegenüber den USA und die Ausformung einer multipolaren Mächtekonstellation des 21. Jahrhunderts.

Kapitel 6

Die Europäische Union und das Nationsproblem

Die Finanzkrise von 2008ff. und die nachfolgenden Entwicklungen zeigten, wesentliche Probleme der Begründung der Europäischen Union sind nach wie vor nicht gelöst. Bereits vor der Corona-Pandemie befand sich die EU in einer strukturellen Krise, die sich mit sozialen und politischen Krisenprozessen verbindet. Mit dem Brexit geht die EU-Integration in die Breite erstmals nicht vorwärts, sondern zurück, eines der größten und wirtschaftlich stärksten europäischen Länder hatte im Grundsatz entschieden, den Integrationsverbund zu verlassen, und hat es inzwischen getan.

Die EWG/EG/EU sollte nach dem Ende des Kalten Krieges den neuen Bedingungen gemäß umgebaut werden, um als ein eigenes Machtzentrum in der Welt zu agieren (Crome 2019: 174ff.). Dazu dienten vor allem die Verträge von Maastricht (1992) und Lissabon (2007). Von Juristen und Politikwissenschaftlern wird die EU charakterisiert als eine eigene Gegebenheit: mehr als ein Staatenbündnis, weniger als ein Bundesstaat. Gestützt auf die Kompetenzen in Bezug auf den Binnenmarkt versucht die EU-Kommission jedoch, gestützt auf den Europäischen Gerichtshof (EuGH) und das Europäische Parlament (EP), ihre Befugnisse immer weiter auszudehnen, auch auf Bereiche, die gemäß den Verträgen in der Kompetenz der Nationalstaaten liegen. Unter der Losung von »Fortschritt« und »Sicherheit« versuchen die EU-Behörden, ihre Kompetenzen de facto sowie durch Rechtsauslegung auch de jure zu erweitern und so den schwierigen Weg einer Vertragsänderung, die in allen 27 Staaten per Parlamentsbeschluss bestätigt werden müsste, zu umgehen. Daher tobt seit einiger Zeit ein Kampf in der EU »zwischen Zentralisten und Föderalisten«. Der Schweizer Wirtschaftswissenschaftler Beat Kappeler stellte dazu fest: »Wenn die EU – durch ihre verschiedenen Behörden –

ihre Kompetenzen selbst festlegen kann, dann ist sie ein Staat, souverän. Sie hat dann die Kompetenzkompetenz. Wenn die vertragsschließenden Mitglieder aber nicht von ihr überstimmt werden können, wo sie keine Kompetenzen hat, dann bleiben sie selbst souverän.« (*Neue Zürcher Zeitung*, 18. August 2021.)

Aktuelle Kompetenzkonflikte

Anfang August 2021 hatte Jaroslaw Kaczynski jene Karte vom Tisch genommen, die im Streit mit der EU um die Justizreform in Polen die meiste Aufregung gebracht hatte. Zu jener Kammer, vor der sich gegebenenfalls Richter verantworten sollten und die nach EU-Auffassung gegen das Prinzip der Gewaltenteilung verstoße, erklärte der »Präses«: »Wir werden die Disziplinarkammer in ihrer jetzigen Form auflösen und damit verschwindet auch dieses Streitthema.« Zuvor hatte der »Europäische Gerichtshof« (EuGH) verfügt, diese Kammer dürfe nicht über die Immunität von Richtern entscheiden und die Gerichte müssten mit unabhängigen Richtern besetzt werden.

Quasi zeitgleich hatte das Verfassungsgericht Polens geurteilt, solche Beschlüsse des EuGH müssten nicht beachtet werden, die Bestimmung des EU-Vertrages, auf deren Grundlage der EuGH die Mitgliedsstaaten zu einstweiligen Maßnahmen gegen die Justiz verpflichten will, sei verfassungswidrig. Nur auf die EU übertragene Kompetenzen seien dem EuGH unterworfen, dazu gehöre das Justizsystem nicht. EuGH und Kommission sehen das anders und bestehen auf einem Vorrang des EU-Rechts und des EuGH.

Die polnische Begründung stimmt im Kern mit dem Urteil des Bundesverfassungsgerichts (BVerfG) vom 5. Mai 2020 überein, auch wenn deutschen Medien, die eher die Kompetenzkompetenz der EU zu präferieren scheinen, dies nicht passt (*www.bundesverfassungsgericht.de*). Im Zusammenhang mit dem Ankauf von Staatsanleihen durch die Europäische Zentralbank hatte dieses im Sinne seiner »Ultra-vires Kontrolle« (zu deutsch: eines Aktes »jenseits der Befugnisse«) betont: Der »Rechtsprechungsauftrag des Gerichtshofs der Europäischen Union endet dort, wo eine Auslegung der Verträge nicht mehr nachvollziehbar und daher objektiv willkürlich ist. Überschreitet der Gerichtshof diese Grenze, ist sein

Handeln vom Mandat« des EU-Vertrages »in Verbindung mit dem Zustimmungsgesetz nicht mehr gedeckt, so dass seiner Entscheidung jedenfalls für Deutschland das [...] erforderliche Mindestmaß an demokratischer Legitimation fehlt.« Und weiter: »Der Grundsatz der Verhältnismäßigkeit bei der Kompetenzabgrenzung zwischen der Europäischen Union und den Mitgliedstaaten« besitze »ein für das Demokratieprinzip und den Grundsatz der Volkssouveränität erhebliches Gewicht. Ihre Missachtung ist geeignet, die kompetenziellen Grundlagen der Europäischen Union zu verschieben und das Prinzip der begrenzten Einzelermächtigung zu unterlaufen.« Die EU-Kommission hatte wegen dieser Entscheidung ein Verfahren gegen Deutschland eröffnet und die Bundesregierung EU-Treue versichert. Gemäß innerdeutscher Gewaltenteilung nach Grundgesetz darf die Bundesregierung jedoch nicht über Entscheidungen des BVerfG verfügen.

Mit dem Urteil des Bundesverfassungsgerichts vom 12. Oktober 1993 zum Maastricht-Vertrag, der die EU als Union begründete, wurden die damaligen Klagen gegen den Vertrag abgewiesen (Az. 2 BvR 2134, 2159/92). Die Verlagerung bestimmter Kompetenzen auf die EU verstoße nicht gegen das Demokratieprinzip, wie es im Grundgesetz verankert ist. Gleichwohl wurden konkrete Bedingungen formuliert. Zunächst: »Der Unionsvertrag begründet einen Staatenverbund zur Verwirklichung einer immer engeren Union der – staatlich organisierten – Völker Europas, keinen sich auf ein europäisches Staatsvolk stützenden Staat.« Daraus folge, bei »der Auslegung von Befugnisnormen durch Einrichtungen und Organe der Gemeinschaften« sei zu beachten, »dass der Unions-Vertrag grundsätzlich zwischen der Wahrnehmung einer begrenzt eingeräumten Hoheitsbefugnis und der Vertragsänderung unterscheidet«. Deshalb dürfe eine Vertragsauslegung »in ihrem Ergebnis nicht einer Vertragserweiterung gleichkommen«. Das heißt, die Unionsorgane dürfen nicht von sich aus ihre Befugnisse ausweiten. Eine solche »Auslegung von Befugnisnormen würde für Deutschland keine Bindungswirkung entfalten.« Der Vertrag räume den EU-Organen keine Kompetenzkompetenz ein, sondern garantiere auch weiterhin die Ermächtigungsbefugnis von Seiten der nationalen Parlamente.

Daraus folgt, dass »das Bundesverfassungsgericht prüft, ob Rechtsakte der europäischen Einrichtungen und Organe sich in den Grenzen der ihnen eingeräumten Hoheitsrechte halten oder aus ihnen ausbrechen«. Damit war die »Ultra-vires-Kontrolle«, auf der das Bundesverfassungsgericht 2020 bestand, von vornherein Bestandteil der Zustimmung zum Maastricht-Vertrag und folglich auch aller nachfolgenden Vertragskonstrukte zur EU-Integration. Und schließlich, nochmals das Urteil von 1993: »das Bundesverfassungsgericht [übt] seine Rechtsprechung über die Anwendbarkeit von abgeleitetem Gemeinschaftsrecht in Deutschland in einem ›Kooperationsverhältnis‹ zum Europäischen Gerichtshof aus«. Im Klartext: Es gibt keine grundsätzliche Subordination des deutschen Bundesverfassungsgerichts unter den EuGH. Wenn dies für Deutschland gilt, gilt das für alle EU-Länder.

Der Streit um die polnische Gerichtsbarkeit ist nicht ein politischer Konflikt zwischen Polen und der EU-Kommision sowie dem EuGH, sondern es geht um die Kompetenzanmaßungen der Union und die Nationalstaatlichkeit. Ivan Krastev und Stephen Holmes schrieben, dass viele konservative Polen sich im Kalten Krieg auf die westlichen Gesellschaften orientierten, »weil sie anders als kommunistische Systeme Traditionen pflegten und an Gott glaubten«. Heute dagegen sei »westliche ›Normalität‹ Säkularismus, Multikulturalismus und Homo-Ehe«. Deshalb fühlten sich etliche Mittel- und Osteuropäer »betrogen« (Krastev/ Holmes 2019: 80).

Jan Zielonka, in Polen geborener Professor für Europäische Politik und »Ralf Dahrendorf Fellow« an der Universität Oxford, beschrieb das strukturelle Problem bereits 2018 so: In der EU werde Politik als »Kunst technokratischer Verwaltung« durch Institutionen verstanden. Es wurde immer mehr Macht an Institutionen delegiert, die nicht Mehrheitsentscheidungen unterworfen sind. Statt auf die Bürger zu hören, wolle man sie erziehen (Zielonka 2019: 18). Deshalb gäbe es in vielen Ländern eine »Konterrevolution«, rechte und linke »Populisten«, die die seit 1989 herrschenden (Neo-)Liberalen ablösen wollen. Die Mainstream-Parteien hätten es nie ernsthaft in Erwägung gezogen, die Macht der Zentralbanken, der Verfassungsgerichte und der EU-Institutionen zu beschneiden. Die »herrschende politische und intellektuelle Elite ist allzu eifrig darauf bedacht, jegliche Kritik als ›populistisch‹ abzutun«. »Unbequeme Fakten werden entweder aus dem politischen Diskurs entfernt oder von ›wissenschaftlichen‹ Beratern, die von der Regierung bezahlt werden, in Misskredit gebracht.« (Ebenda, 25, 48.)

Dort, wo »Populisten« Wahlen gewinnen konnten, in Ungarn (Orbán), Griechenland (Tsipras) und Polen (Kaczynski) »setzten die besiegten Liberalen auf die Macht ernannter Verfassungsrichter oder Zentralbanker, Entscheidungen oder Gesetze der neuen Regierung zu boykottieren oder aufzuheben. Die konterrevolutionären Politiker beeilten sich dagegen, diese nicht mehrheitsgebundenen Institutionen zu neutralisieren und mit ihren eigenen politischen Verbündeten zu besetzen« (ebenda, 71). Die Bürgerplattform von Donald Tusk, die bis 2015 Polen regiert hatte, setzte im letzten Moment, bevor Kaczynskis PiS die neue Regierung übernehmen konnte, noch mehrere Oberste Richter ein, um genau dies zu realisieren. Die Justizreform der PiS-Regierung zielt darauf, dies politisch zu entschärfen. Und die EU agiert im Sinne des technokratischen Kompetenzanspruchs.

Der Brexit und die Schweiz

Ein Teil der kritischen Interpreten des Brexit argumentiert: das ungebildete britische Volk habe über etwas abgestimmt, wovon es nichts versteht. Das mag sein. Aber das moderne Prinzip der Demokratie besteht ja gerade darin, dass alle erwachsenen Bürgerinnen und Bürger über die öffentlichen Angelegenheiten bestimmen können, ohne Ansehen der Hautfarbe, des Geschlechts, der Religion und auch ohne Ansehen des Bildungsgrades. Ausnahme sind lediglich Personen, denen ihre staatsbürgerlichen Rechte wegen schwerer psychischer Erkrankungen per Gericht und auf Grundlage ärztlichen Befundes aberkannt sind. In Ländern wie Indien dürfen ausdrücklich auch Analphabeten abstimmen. Das ist eine demokratische Errungenschaft.

Zugleich ist es ein beliebtes Argument der Reichen und Superreichen, dass das Volk über Fragen der Wirtschaft möglichst nichts entscheiden können soll. Die Themen der EU-Verfasstheit sind ein Teil dessen. Deshalb fordern die Befürworter vertiefter EU-Integration in aller Regel, dies dem Zugriff des Souveränitätsrechtes der Völker und Staaten zu entziehen und auf der Grundlage von Expertenentscheidungen voranzutreiben. Wir haben es hier mit einer Art von postmodernem »Philosophenkönigtum« zu tun, das bereits Platon für eine gute Sache hielt, das jedoch stets in autoritäre Herrschaft, Anmaßung selbsternannter Weltbeglücker, Willkür und Mord mündete. In diesem Sinne gilt weiter Winston Churchills Satz: »Demokratie ist die schlechteste aller Regierungsformen – abgesehen von all den anderen Formen, die von Zeit zu Zeit ausprobiert worden sind.« Die Brexit-Entscheidung bestätigt dies, spricht aber nicht für »all die anderen«. Auch nicht für eine Brüsseler Technokratenherrschaft.

Die Aufregung um den Brexit war nicht neu, nicht einmal in der Wortwahl. Am 6. Dezember 1992 fand in der Schweiz eine Volksabstimmung über den Beitritt des Landes zum Europäischen Wirtschaftsraum (EWR) statt. Dieser wurde Anfang der 1990er Jahre als Verknüpfung zwischen der EU und den »Rest-EFTA-Staaten« verhandelt. Der Verlust seines Kolonialreiches hatte Großbritannien zu einem europäischen Land unter anderen gemacht; nur im europäischen Kontext konnte es – so damals auch in Großbritannien die vorherrschende Lagebeurteilung – künftig seinen Platz in der Welt bestimmen und ausfüllen. Es unternahm deshalb den Versuch, einen eigenen Wirtschaftsverbund in Europa zu schaffen, der jedoch scheiterte: Nachdem 1957 Deutschland, Frankreich, Italien und die Benelux-Staaten die Europäische Wirtschaftsgemeinschaft (EWG, heute die EU) gegründet hatten, wurde 1960 die Europäische Freihandelsassoziation (EFTA) geschaffen, deren Gründungsmitglieder Großbritannien, Dänemark, Norwegen, Schweden, Portugal, Österreich und die Schweiz waren – alles Länder, die zunächst nicht unter einer deutschen Dominanz zusammenarbeiten wollten. Sie erreichten aber auch gemeinsam keine der EWG vergleichbare Dynamik. So hatte Großbritannien bereits 1963 einen Antrag auf EWG-Beitritt gestellt, der durch den französischen Präsidenten Charles de Gaulle allerdings abgelehnt wurde. Mit dem Beitritt Großbritanniens und Dänemarks zur EWG/EU 1973 und später auch Portugals, Schwedens und Österreichs war das EFTA-Projekt als Konkurrenz zur EU beerdigt. Die »Rest-EFTA« besteht heute noch aus Island, Liechtenstein, Norwegen und der Schweiz, die über den Europäischen Wirtschaftsraum (EWR) bzw. über bilaterale Verträge der EU assoziiert ist. Das bedeutet, deren Regeln befolgen zu müssen, ohne über diese Regeln mitbestimmen zu können.

Der Versuch der Schweiz, Anfang der 1990er Jahre dem EWR beizutreten, bedurfte der Bestätigung durch einen Volksentscheid. Der Bundesrat (die Schweizerische Regierung), der Nationalrat (das Parlament) und die Mehrheit der großen Parteien befürworteten den EWR-Beitritt. Da der Bundesrat mit einer Zustimmung rechnete, stellte er bereits Anfang 1992 einen Antrag auf Aufnahme in die EU; der EWR-Beitritt sollte nur ein Zwischenschritt auf dem Wege in die EU sein. Lediglich die rechtskonservative Schweizerische Volkspartei (SVP) unter ihrem Vorsitzenden Joseph Blocher forderte ein Nein; die Schweiz Brüssel zu unterstellen, würde ihrer seit 1648 geübten Tradition der Unabhängigkeit und Neutralität widersprechen. Die Nein-Kampagne erbrachte eine Ablehnung von 50,3 Prozent der Wähler und ein »Ständemehr« (eine Ablehnung in der Mehrheit der Kantone) von 16 von 23. Die Stimmbeteiligung lag bei 78,7 Prozent. Das ist die bis heute höchste Beteiligung an einer Volksabstimmung in der Schweiz seit Anfang der 1990er Jahre.

Die erste Reaktion aus der EU war: die Schweizer sollten nicht glauben, sich »die Rosinen aus dem EWR-Kuchen herauspicken zu können« (Der Bund, 07.12.1992). Das waren dieselben Worte, die Bundeskanzlerin Angela Merkel nach dem Brexit in Bezug auf Großbritannien benutzte. In der Schweiz kam damals ebenfalls das Demokratie-Argument: höchstens 50 Leute im Lande verstünden, worum es geht, 500 würden es ahnen, aber abgestimmt haben Millionen, die keine Ahnung hätten. Bundesrat Arnold Koller von den Schweizerischen Christdemokraten sagte dazu im Mai 1993: »Oft wird gesagt, das Volk sei zuwenig informiert gewesen. Ich halte dies für falsch. Im Gegenteil, es gab eine große Fülle an Medienberichterstattung [...]. Nein: das Volk wusste, worum es ging! Der Mangel war nicht die Information, sondern die Kommunikation, das Eingehen auf die Ängste und Zweifel vieler Bürgerinnen und Bürger.« Entscheidend sei »das Ernstnehmen der emotionalen Gründe, die ein Volk bei solchen grundlegenden Entscheiden bewegt. Rein rationale Antworten und Begründungen taugen dafür nicht.« Offenbar haben die europäischen »Eliten« seither nichts dazugelernt.

Nach dem Entscheid gegen den EWR-Beitritt hieß es ebenfalls, alle Beteiligten, vor allem aber die Schweiz als schwächere Seite im Verhältnis zur EU, würden sich deutlichen wirtschaftlichen Nachteilen gegenübersehen. 1999 wurden schließlich sieben grundsätzliche bilaterale Abkommen zwischen der Schweiz und der EU geschlossen, 2004 weitere neun; insgesamt bestehen derzeit 120 sektorspezifische bilaterale Abkommen, die den Vereinbarungen im EWR entsprechen. Zwanzig Jahre nach der Abstimmung, im Jahre 2012 ergaben Umfragen in der Schweiz, dass 54 Prozent das Abstimmungsresultat von 1992 positiv einschätzten; die Ablehnungsquote war also nicht gesunken, sondern gestiegen. Während in den 1990er Jahren das Wirtschaftswachstum in der Schweiz niedriger lag, als in der EU, war es nun umgekehrt. Anfang der 1990er Jahre herrschte auch aus Schweizer Sicht in der EU eine dynamische Aufbruchsstimmung, jetzt sprachen Euro-Krise, drohende Staatsbankrotte in EU-Staaten und Massenarbeitslosigkeit gegen einen Beitritt. 2012 meinten lediglich noch 11,5 Prozent der Schweizerinnen und Schweizer, ein EU-Beitritt sei eine gute Idee. Eine Woche vor dem Brexit wurde der Bundesrat beauftragt, das »Beitrittsgesuch« aus Brüssel zurückzuholen; offiziell zum 1. August 2016, dem Nationalfeiertag der Schweiz.

Die SVP wurde nach 1992 stärkste Partei in der Schweiz und gilt heute als »rechtspopulistisch«, mit derzeit etwa 26 Prozent Wähleranteil und 55 Sitzen in einem Nationalrat mit 200 Sitzen. Ein Erfolg war die Volksinitiative »Gegen Masseneinwanderung«, die am 9. Februar 2014 eine Zustimmung von 50,3 Prozent bei einer Stimmbeteiligung von 56,6 Prozent erzielte. Dies zog eine Verfassungsänderung nach sich, die von der EU als Verstoß gegen »das Prinzip des freien Personenverkehrs zwischen der Europäischen Union und der Schweiz« angesehen wurde. Der damalige Kommissionspräsident Manuel Barroso erklärte, die Schweiz könne nicht die Vorteile des weltgrößten Marktes genießen, ohne im Gegenzug den freien Zugang für EU-Bürger zu gewährleisten. Das klingt heute in Bezug auf Großbritannien ebenso.

Nachdem verschiedene Abkommen zwischen der Schweiz und der EU seit 2014 blockiert sind, trafen sich Kommissionspräsident Jean-Claude Juncker und Bundespräsident Johann Schneider Ammann am Rande des Europa-Asien-Gipfels in Ulan-Bator am 16. Juli 2016. Eine rasche Lösung war nicht in Sicht, die Gespräche zwischen Brüssel und Bern sollten intensiviert werden und es hieß, die EU-Kommission sei bereit, eine Lösung mit der Schweiz unabhängig von der Brexit-Problematik ins Auge zu fassen. Sie wurde nicht gefunden. Am 23. April 2021 trafen sich Kommissionspräsidentin Ursula von der Leyen und der Schweizerische Bundespräsident Guy Parmelin in Brüssel, um in der verfahrenen Situation in Sachen Vertragsbeziehungen zwischen der Europäischen Union und der Schweiz doch noch eine Lösung zu erreichen. Bald darauf sprach Parmelin von fortbestehenden »fundamentalen Differenzen«. Der verhandelte Vertragsentwurf liegt seit 2018 auf dem Tisch. In der Schweiz wurde dann klargestellt, dass das so nicht umsetzbar sei – ein solcher Vertrag muss gemäß den Regeln der Schweizer direkten Demokratie in einem Referendum bestätigt werden. Da war den Regierenden nun gewärtig, dass der vorliegende Vertrag, den die Mehrheit insbesondere der Wirtschaft wollte, eine Volksabstimmung nicht überstehen würde. Die Schweiz forderte Nachverhandlungen, die EU war dazu nicht bereit, lediglich zu »Klarstellungen«, die jedoch etwas anderes sind, als Paragraphen im Vertrag. Es waren zunächst drei Punkte, um die es ging: Lohnschutz, also die Gewährleistung der hohen Löhne in der Schweiz, ohne Dumpinglöhne aus EU-Ländern, was vor allem die Gewerkschaften fordern; staatliche Beihilfen in nationaler Entscheidung; die Übernahme der »Unionsbürgerrichtlinie« der EU.

Die Schweiz beharrt darauf, dass sie 1999 lediglich eine regulierte Freizügigkeit vertraglich vereinbart hat. Diese betrifft Arbeitskräfte und deren Familienangehörige sowie Rentner und Studenten, die für sich selber sorgen können. Die EU hat aber inzwischen die Regeln verändert, die Freizügigkeit gilt jetzt über die Arbeitswelt hinaus. Nach der Unionsbürgerrichtlinie könne nun – so schweizerische Verwaltungsexperten – ein EU-Bürger, der ein Jahr in der Schweiz gearbeitet hat, ein grundsätzlich unbeschränktes Aufenthaltsrecht inklusive Sozialhilfe in Anspruch nehmen, sofern er weiter als arbeitssuchend gilt. Nach fünf Jahren hätte er, mitsamt Familie, ein Daueraufenthaltsrecht. Nach Schweizerischer Rechtsauffassung ist Fürsorgeabhängigkeit ein Hinderungsgrund für das Daueraufenthaltsrecht, für die EU nicht. So verlangt diese nun von der Schweiz die Übernahme ihres Rechts. Die Erweiterung der EU-Freizügigkeit wurde damit begründet, »das Gefühl der Unionsbürgerschaft« zu stärken. Pirmin Bischof, Mitglied des Ständerates der Schweiz (das ist die zweite Kammer des Parlaments, die Vertretung der Kantone), sagte dazu: »Der Schweiz war 2013 nicht bekannt, mit welcher Hartnäckigkeit und Ideologie die EU ihr künftige Veränderungen aufs Auge drücken möchte.«

Im Laufe der Debatten um das Rahmenabkommen kristallisierte sich ein vierter Punkt als entscheidend heraus. Das Streitschlichtungsverfahren sieht zwar ein paritätisch besetztes Schiedsgericht vor. Das müsste jedoch, sobald es um die Auslegung von EU-Recht geht, den Europäischen Gerichtshof anrufen. Schweizerische Patrioten und Verfassungsrechtler sehen hier die angestammte Schweizer Verfassungsordnung ausgehebelt, weil — würde das Rahmenabkommen in Kraft gesetzt — die Letztentscheidung nicht mehr der Schweizer Stimmbürger in der Volksabstimmung hätte, sondern der EuGH.

Vor diesem Hintergrund war die Wahrnehmung des Brexit-Vertrages von besonderem Interesse. Die Informationsplattform Swissinfo schrieb Ende 2020: »In der Schweiz ist man eifersüchtig auf den Brexit-Deal«. Dann weiter: »Freier Handel ohne EU-Mitgliedschaft. [...] Den Briten ist es zudem gelungen, der EU den Europäischen Gerichtshof (EuGH) als Schiedsgericht auszuschwatzen. Stattdessen soll ein partnerschaftlich zusammengesetztes Gremium über Streitigkeiten entscheiden. Und der Brexit-Deal umfasst keine automatische Übernahme von EU-Recht.« Es folgte die rhetorische Frage: »Hat Großbritannien besser verhandelt als die Schweiz?«

Diesen Eindruck bekämpft nun die EU-Bürokratie mit aller Macht. Am 27. April 2021 bestätigte das EU-Parlament das Post-Brexit-Abkommen mit übergroßer Mehrheit, mit 660 der 697 abgegebenen Stimmen. Gleichwohl gilt der Ärger über London angesichts des EU-Austritts parteiübergreifend als groß, man mokiert sich weiter über die Regierung von Boris Johnson. Sie habe die vereinbarten Warenkontrollen zwischen Großbritannien und Nordirland einseitig ausgesetzt. Aus Sicht der EU sei dies ein Bruch des Austrittsvertrages, den Johnson persönlich ausgehandelt und unterschrieben hatte. Das Handels- und Partnerschaftsabkommen sieht bei Verstößen ausdrücklich Sanktionsmöglichkeiten vor. Die EU könnte im Streit um die Warenkontrollen Produkte aus Großbritannien mit Strafzöllen belegen. Kommissionspräsidentin Ursula von der Leyen meinte: »Dieser Vertrag hat echte Zähne.«

Der Punkt ist nur, unter Verweis auf das sogenannte Karfreitagsabkommen zur Befriedung des Bürgerkrieges in Nordirland sollte die Grenze zwischen Nordirland und der Republik Irland ohne Zollschranken bleiben, dafür aber eine faktische Zollgrenze zwischen der britischen Insel und Irland geschaffen werden. Dagegen laufen die nordirischen Unionisten Sturm, ein neuer Konflikt mit den irischen Republikanern wird befürchtet. Die EU zeigte sich aber nicht bereit, die Eskalation zu bremsen, indem sie beispielsweise auf die strikte Handelsgrenze in der Irischen See verzichtet. Insofern wurden die Schweizer ein Bauernopfer. In der ganzen EU und gegenüber deren Föderaten (die nicht Mitglied der EU, aber von ihr abhängig sind) soll exempliziert werden, dass jeder bestraft wird, der sich Brüssel nicht unterordnet.

Historische Analogie: Heiliges Römisches Reich?

Angesichts der Entwicklungsschwierigkeiten der EU und ihrer Krisen suchen Politikwissenschaftler und Historiker Rezepte zur Rettung der Union und versuchen, Analogien zu finden. *(Dieser Abschnitt greift auf einen Text für die Festschrift zum 90. Geburtstag von Wilhelm Ersil zurück [Krämer 2018])* Eine Variante ist der Vergleich zwischen der EU und dem alten deutschen Reich. Der irisch-britische Historiker Brendan Simms geht davon aus, dass die deutsche Frage und die europäische Frage seit Jahrhunderten eng miteinander verschlungen sind. Seinem umfänglichen Werk zur politischen Geschichte Europas gab er denn auch den Untertitel: »Eine deutsche Geschichte Europas 1453 bis heute«. Beim Heute schaut er auf die EU: »Für die Deutschen stellte das europäische Projekt ein Vehikel dar, mit dem sie nach dem Nationalsozialismus die politische Rehabilitierung erreichen konnten, ohne sich vor ihren westlichen Partnern oder sich selbst fürchten zu müssen. Sie brachten nicht nur ihre sich rasch erholende Wirtschaft, sondern auch einen großen Teil ihrer vormodernen politischen Kultur in die Europäische Gemeinschaft ein, insbesondere eine Vorliebe für die Verrechtlichung politischer Streitigkeiten, für endlose Debatten und ordentliche Verfahren, so dass die Gemeinschaft immer mehr dem alten Heiligen Römischen Reich ähnelte. Der französische Innen- und vormalige Verteidigungsminister Jean-Pierre Chevènement warf Deutschland sogar vor, es wollte, indem es das Heilige Römische Reich als Modell für die europäische Verfassungsentwicklung hochhielt, die Macht der Nationalstaaten aushöhlen und so Hindernisse für seine Dominanz beseitigen.« (Simms 2014: 18.)

Derzeit befinde sich Deutschland »in unbequemer Lage im Zentrum der Europäischen Union, die in erster Linie geschaffen wurde, um die deutsche Macht einzudämmen, stattdessen aber dazu gedient hat, sie zu stärken, und die aufgrund ihrer Konstruktionsfehler viele andere Europäer unabsichtlich ihrer Souveränität beraubt hat, ohne ihnen eine demokratische Teilhabe an der neuen Ordnung zu gewähren.« Angesichts neuer Herausforderungen und äußerer Bedrohungen gelte es, die »Kluft zwischen sozioökonomischer und politisch-militärischer Integration« zu schließen. Es gelte, »mit einem Streich die deutsche und die europäische Frage« zu lösen. Um diesen Weg zu gehen, »müssen die Deutschen und die Europäer die föderativen Traditionen des Alten Reichs und seiner Nachfolgerin, der Europäischen Union, aufgeben«. Die Vorstellung, »Europa« könne Stein auf Stein, Schritt für Schritt aufgebaut werden, habe sich als »gradualistische Täuschung« erwiesen. Es gehe jetzt vielmehr um neue Institutionen und neue Identitäten. »Das Ergebnis wäre wahrscheinlich entweder eine Auflösung wie im Jahre 1806 oder ein vollständiger Bundesstaat.« (Ebenda, 22f.)

In einem nachfolgenden »Plädoyer für die Vereinigten Staaten von Europa« wird diese Position bekräftigt: Die einzig glaubwürdige Option sei »die Schaffung einer vollendeten politischen Union, in der eine gemeinsame Schuldenpolitik und eine gemeinsame Außenpolitik von einer gemeinsamen parlamentarischen Vertretung verantwortet werden«. Dazu argumentiert er wieder mit dem alten deutschen Reich: »Zweifellos führen Kritiker die gegenwärtige europäische Malaise zum großen Teil auf das imperiale deutsche Erbe zurück, doch das Reich, um das es hierbei geht, ist nicht jenes von Kaiser Wilhelm oder von Hitler, sondern das Heilige Römische Reich Deutscher Nation, dessen Stärken und Schwächen in der heutigen Europäischen Union weiterleben. Anstatt die gemeinsame Währung in einem gemeinsamen Parlament und einem starken Staat zu verankern, der zu einer effizienten Besteuerung in der Lage ist, wie etwa in Großbritannien und den USA, versucht Berlin, die Union dadurch zu führen, dass die übrigen Mitglieder zur Anerkennung der deutschen ›Regeln‹ und der deutschen politischen Kultur veranlasst werden. Anstatt einer einheitlichen Außenpolitik und eines schlagkräftigen Militärs, […] haben wir ein fortwährendes Palaver, das an die Unschlüssigkeit des Heiligen Römischen Reiches im Angesicht der türkischen oder der französischen Bedrohung erinnert.« (Simms/Zeeb 2016: 48ff.)

Genau betrachtet folgt die Argumentation Simms' dem Muster, das Paul Kennedy mit seiner Analyse des Aufstiegs und Falls der großen Mächte vorgegeben hat. In der Untersuchung spielen neben den Großmächten ihrer Zeit, wie Spanien, Portugal, Frankreich, Großbritannien, Schweden, die Niederlande und Russland, auch das alte Polnisch-Litauische und das Osmanische Reich eine Rolle (Kennedy 1989). Dennoch bleiben die Länder, Völker und politischen Kulturen des europäischen Ostens weithin ausgeblendet, erscheint die Großmächtekonkurrenz wesentlich als eine zwischen Habsburgerreich, Frankreich, Großbritannien und Russland, zu der dann Deutschland und die USA hinzutreten – der Sache nach ein vor allem auf den Westen Europas mit seinen global ausgreifenden Kolonialreichen fixierter Blick.

Analogie Österreich-Ungarn

Anders ist es bei Analogien zwischen der Europäischen Union und der 1918 verblichenen Habsburgermonarchie. Der bulgarische Europäer Ivan Krastev hat einen sehr luziden und kenntnisreichen Essay geschrieben, mit dem er vor der Desintegration, ja dem drohenden Zerfall der EU warnt. Die Mehrheit der EU-Europäer, vor kurzem noch optimistisch in Sachen EU-Integration, erlebten mit der Migration nach 2015 und der »Rückkehr der Geopolitik« Unsicherheit. Es vollziehe sich ein ideologischer Gezeitenwechsel.

Im Anfangsteil seiner Ausführungen bezieht sich Krastev auf einen Text des Ungarn Oszkár Jászi aus dem Jahre 1929. Jászi war vor dem ersten Weltkrieg Chefredakteur der Zeitschrift »Huszadik Század« (20. Jahrhundert), die eine demokratische, westlich orientierte Öffnung Ungarns vertrat, und Vorsitzender der bürgerlichen »Radikalen Partei«. Mit der bürgerlich-demokratischen »Astern-revolution« wurde er 1918 Minister in der Regierung von Mihály

Károlyi, dann Professor für Soziologie an der Budapester Universität. Mit der Errichtung des reaktionären Horthy-Regimes floh er 1919 nach Wien, dann in die USA. Bereits vor und im Ersten Weltkrieg hatte sich Jászi mit dem Nationenproblem und der Verfassungskrise in der Donaumonarchie befasst. Rückschauend schrieb er, und das zitiert Krastev: »Wäre das österreichisch-ungarische Staatsexperiment tatsächlich erfolgreich gewesen, hätte die Habsburgermonarchie auf ihrem Territorium das fundamentalste Problem des heutigen Europa gelöst.« Nämlich »Nationen mit unterschiedlichen Idealen und Traditionen trotz ihrer Individualität so zu einen, dass jede ihr besonderes Leben bewahren kann, zugleich aber die nationale Souveränität ausreichend zu beschränken, um eine friedliche und erfolgreiche internationale Zusammenarbeit zu ermöglichen.« (Krastev 2017: 8). Jedoch: »Anders als die Habsburgermonarchie ist die Europäische Union ein ›demokratisches Reich‹, gleichsam ein freiwilliger Bund demokratischer Staaten [...]. Trotz dieser Unterschiede steht die demokratische Frage erneut im Mittelpunkt der europäischen Probleme. Während im Habsburgerreich die Massen von der Demokratie entzückt waren, sind sie in der EU heute davon enttäuscht« (ebenda, 74f.).

Leistungen und Defizite der Habsburgermonarchie diskutierte im Vergleich zu den Problemen der EU bereits 2007 auch Wess Mitchell (USA, zu diesem Zeitpunkt Forschungsdirektor beim Center für European Analysis, Washington): »Wie die EU war auch Österreich-Ungarn ein gewaltiges Experiment – ein Flickenteppich aus Königreichen und Nationalitäten, zusammengestrickt auf der Suche nach ihrer gemeinsamen geopolitischen Bestimmung.« Hier ist anzumerken, dass eine »geopolitische Bestimmung« immer nur eine Elitenangelegenheit ist, niemals eine der »einfachen« Bevölkerung. Mitchell weiter: »Zu seiner Blütezeit zählte das Reich nicht weniger als 51 Millionen Einwohner, 14 Sprachen und elf Nationalitäten. Die Hälfte dieser Untertanen waren Slawen, ein Viertel Deutsche und ein Viertel Magyaren, dazu einige Italiener und Rumänen. [...] Trotz seiner byzantinischen Regierungsweise stellte das Reich sowohl nach innen als auch nach außen eine stabilisierende Kraft dar. Für die weit verstreuten ethnischen Gruppen, die das habsburgische Gebiet bevölkerten, übte es eine Doppelfunktion als Schiedsrichter und Türsteher aus. Es schlichtete regionale Streitigkeiten und beschützte die kleinen Länder des Reiches vor räuberischen Nachbarstaaten. Damit wiederum füllte es ein geopolitisches Vakuum im Herzen des Kontinents aus und zügelte den expansionistischen Appetit Deutschlands und Russlands. Solange es diese Aufgabe ausübte, wurde Österreich als ›europäische Notwendigkeit‹ angesehen« (Mitchell 2007).

Helmut Rumpler, Obmann der Kommission für die Geschichte der Habsburgermonarchie der Österreichischen Akademie der Wissenschaften (ÖAW), betont: »Wer über die Habsburgermonarchie nicht reden möchte, der muss über Europa schweigen.« Er meint: »Die Liquidierung der Habsburgermonarchie sei seit 1918 meist als großer Erfolg gefeiert worden«. Doch bilde sich mit der EU heute ein »Machtgefüge auf den gleichen Grundlagen«, nämlich »ein föderalistischer Staat, in dem alle Nationalitäten vereinigt« seien. Allerdings müsse Brüssel »die Probleme, die die Habsburgermonarchie nicht bewältigen konnte, erst lösen« (Rumpler 2014).

Auch Hannes Stein, aus Salzburg stammender »deutsch-amerikanischer Journalist« (*Wikipedia*) lehnt es ab, die EU mit den USA zu vergleichen, und plädiert für die Analogie mit dem Habsburgerreich. Er betont: »Wie das Habsburgerreich bietet auch die EU kleinen Nationen die Möglichkeit, sich innerhalb ihrer Grenzen kulturell frei zu entfalten, weil sie sich nicht mehr um den lästigen Großkram zu kümmern brauchen, als da wären: Infrastruktur, übernationale Gerichtsbarkeit und Parlamente, eine zentralisierte Bürokratie. Wie im Falle des Habsburgerreiches ist schließlich nicht ganz klar, was die EU eigentlich darstellen soll – einen Super-Nationalstaat, ein Imperium, einen Pallawatsch (wie die Wiener zu einer chaotischen Schlamperei sagen) oder eine Mixtur aus alldem?« Hat man sich die EU als Reprise des Habsburgerreiches erst einmal klargemacht, so ist es der »Versuch, nach zwei Weltkriegen einen Zug zu besteigen, der 1914 entgleist ist«. Daraus könne der heutige Europäer allerdings dreierlei lernen: Erstens, das Habsburgerreich basierte auf »simplen und einleuchtenden Prinzipien«. Das waren »Kompromiss mit den historischen Nationen und ihren Adelsgeschlechtern, um dem Wunsch nach nationaler Selbstbestimmung weitestmöglich entgegenzukommen«. Das Habsburgerreich erreichte »sein Weiterbestehen dadurch, dass fundamentale Fragen nicht entschieden, sondern in

der Schwebe gehalten wurden«. Während Simms diese Unent-
schiedenheit dem alten deutschen Reich zuordnet, wird sie hier
als Grundcharakteristikum der österreichischen Monarchie identifiziert. »Zweitens: Das Habsburgerreich – das weder über einen
festen Namen noch über eine Nationalflagge verfügte […] –
wurde vor allem durch Symbole zusammengehalten. Diese waren:
das Kaiserhaus und die K.u.K.-Armee. Letztere eignete sich nicht
sehr gut zum Kriegführen, wie sich dann in den Jahren 1914ff.
herausstellte, aber sie war schön anzuschauen.« »Drittens: Leute,
die von Geschichte keine Ahnung haben, behaupten gern, das
Habsburgerreich sei an seinen inneren Widersprüchen zugrunde
gegangen. Das ist nicht wahr, mit diesen Widersprüchen hatte
sich die Monarchie […] längst glänzend arrangiert. Zugrunde
gegangen ist Kakanien vielmehr im Geschützdonner der
schwarzen Jahre von 1914 bis 1918, die doch erst aller Schrecken
Anfang waren.« Die Schlussfolgerung lautet daher: »Schlamperei,
bürokratischer Kompetenzwirrwarr etc. sind keine Schande, sondern Chiffre für eine Tugend, die ›Toleranz‹ heißt« (Stein 2014).

Der US-amerikanische Historiker Timothy Snyder meint
ebenfalls: »Der Grund, warum der Nationalismus zum Problem
wurde, war nicht, dass das Imperium ein ›Vielvölkergefängnis‹
darstellte, das es mit ziemlicher Sicherheit nicht war. Es war der
Rest Europas, der den Nationalismus für die Monarchie zum Problem werden ließ. […] Alles, was die Habsburger politisch
anstrebten, lässt sich auf den Nenner der Integration bringen. Der
Kaiser, das Parlament und die Offizierskaste verkörperten dieses
Prinzip im gleichen Maße. Aber rund um die Habsburgermonarchie obsiegte die gegenläufige Tendenz – der Wille zur Nationsbildung.« Beginnend mit Italien und Deutschland, dann in Serbien (die Bestrebung, Jugoslawien zu schaffen) und dem Streben
nach Wiederherstellung Polens (Snyder 2013).

Der Literat und Essayist Robert Menasse teilt mit, dass er
früher »an einen dialektischen Fortschritt der Geschichte im Geist
der Freiheit« glaubte und annahm, der Untergang der Habs-
burgermonarchie sei Ausdruck dessen gewesen. Seit er jedoch als
Europäer »in den Spiegel der Geschichte« blickt, sieht er deren
Geschichte anders. Die Habsburgermonarchie »erscheint nun als
Vorläufer und geradezu als Modell der heutigen Europäischen
Gemeinschaft, auf Grund einer Reihe von bemerkenswerten Ähn-

lichkeiten […]: sie war ein multiethnisches Gebilde, vielsprachig, zentral verwaltet von einem hochentwickelten Beamtenapparat in Zusammenspiel mit lokaler Autonomie, träge und oft blockiert durch innere Spannungen, aber doch immer wieder zu großen, aufgeklärten Modernisierungsschritten fähig […]. Sie hatte keine Nationsidee, auch nicht den Anspruch, sich zur Nation zu entwickeln, sie war bewusst ein transnationales Konstrukt, das als gemeinsamer Wirtschaftsraum mit gemeinsamer Währung prosperierte. Diese war übrigens stark und stabil trotz der großen Unterschiede in den ökonomischen Strukturen der Kronländer, weil es, anders als heute, eine gemeinsame Finanz- und Fiskalpolitik gab. Die Monarchie war religiös tolerant, Judentum und Islam waren staatlich anerkannte Religionsgemeinschaften und zumindest gesetzlich nicht diskriminiert.«

Menasse nennt die Habsburgermonarchie »ein Netzwerk, das kleinen Ländern und ihren Bewohnern bei all ihren kulturellen Unterschieden Schutz und Entwicklungsmöglichkeiten bot, indem sie für Sicherheit in einem verbindlichen Rechtszustand und gemeinsame Rahmenbedingungen sorgte und Ressourcen zur Verfügung stellte, die für alle wichtig waren: Straßen, Eisenbahnlinien, Parlamente, Gesetze und Polizei, Bildung, und eben den zentralen Beamtenapparat, um das alles zu verwalten. Alleine und jedes für sich hätten sich die kleinen Länder nicht behaupten können – wie sich später ja auch erwies« (Menasse 2014).

Letzteren Gedanken hat er in einem späteren Interview noch vertieft. Bezogen auf das Wort »Völkerkerker«, den auch er in Bezug auf die Habsburgermonarchie in der Schule lernte, fordert er, den Begriff zu hinterfragen. »Er sagt nicht, dass Menschen unterdrückt waren, sondern Völker. Was heißt unterdrückt? Gemeint ist: sie hatten keine nationale Souveränität. Der Begriff Völkerkerker ist ein ideologischer Kampfbegriff der Nationalisten. Die Nationalisten haben das Habsburgerreich schließlich in die Luft gesprengt.« Und danach »ist etwas sehr Interessantes zu beobachten. Alle sogenannten Völker, alle Kronländer haben dann ihre jeweils eigene Nation gebildet und rückblickend müssen wir feststellen: keine einzige dieser Nationen hat nach dem Ende der Habsburgermonarchie einen einzigen Tag in größerer Freiheit und größerem Wohlstand verbracht als zuvor, sondern haben nur Diktaturen erlebt, Faschismus und Stalinismus, Unterdrückung und Misere – und haben erst wieder Menschenrecht, Demokratie und Wohlstand begonnen zu entwickeln, als sie in die transnationale Europäische Union eingetreten sind. Sie hatten im transnationalen Habsburgerreich einen gemeinsamen Rechtszustand gehabt, der auch Minderheiten Schutz und Rechtssicherheit bot, einen gemeinsamen Markt, eine gemeinsame Währung und gemeinsame Infrastruktur, also Grundlagen für wachsenden Wohlstand – und sie haben das erst dann wieder gehabt, als sie in die transnationale Gemeinschaft der Europäischen Union eingetreten sind.« (Menasse 2016.)

Den Nationalismus nennt Menasse den »größten Aggressor der Moderne«. Auch die EU funktioniere wegen der Nationalisten nicht. Solange die Staats- und Regierungschefs im Europäischen Rat ihre »nationalen Interessen« vertreten würden und dies auch noch ihren Wählern versprechen, solange werde eine vernünftige Entwicklung der Union blockiert, werde das gemeinsame Interesse nicht wirklich formuliert und artikuliert. Die Wähler dagegen würden sehen, »dass Europa nicht funktioniert«, und verlangten den noch konsequenteren nationalen Alleingang. So entstehe eine sich aufschaukelnde Renationalisierung.

Vereinigte Staaten von Groß-Österreich

Nach der Niederlage im deutsch-deutschen Krieg von 1866, mit dem Bismarck Österreich aus der deutschen Reichseinigung hinausdrängte, sah sich die Krone innerhalb der Monarchie zu weitreichenden Kompromissen gezwungen. Zuvor hatte sich Österreich gegenüber seinen nicht zum Deutschen Bund gehörenden Besitzungen stets auf seinen Vorsitz in diesem Bund stützen können und hatte gegenüber den Ungarn, Polen, Kroaten, Tschechen und anderen gleichsam den deutschen Zusammenhang im Rücken. Nach 1866 waren die Deutschösterreicher innerhalb der Monarchie auf sich gestellt. So wurden weitergehende Arrangements mit dem Adel bzw. den herrschenden Kräften der anderen Nationalitäten erforderlich. Allerdings machte Rudolf Sieghart, vor dem Ersten Weltkrieg Berater verschiedener Ministerpräsidenten mit Zugang auch zum Kaiser, dann Bankier in Wien, geltend, es gehörte »zur Tragik der Monarchie, dass die grundlegenden Einrichtungen der Jahre 1860 bis 1870 nicht geschaffen werden gemäß den innern Notwendigkeiten des Donaureichs, sondern im Hinblick auf die deutsche Kaiserkrone und Habsburgs Rolle in einem künftigen deutschen Reich unter österreichischer Vormacht« (Sieghart 1932: 377).

Der wichtigste Kompromiss war der »Ausgleich« mit Ungarn von 1867 – daher dann »k.u.k.«-Monarchie für kaiserlich (in Österreich) und königlich (in Ungarn). Hinzu kamen insbesondere der »kleine Ausgleich« innerhalb des Königreichs Ungarn mit den Kroaten und der Kompromiss mit dem polnischen Adel in Galizien. Der Ausgleich von 1867 war insofern zentral, als dass die Monarchie in zwei gleichberechtigte Reichsteile geteilt wurde, das Kaiserreich Österreich mit Wien als Hauptstadt und Deutsch als Amtssprache sowie das Königreich Ungarn mit Budapest als Hauptstadt und Ungarisch als Amtssprache. Der Ausgleich entspannte das Verhältnis zu Ungarn, das bekanntlich 1848/49 um seine Unabhängigkeit und völlige Loslösung von Wien gekämpft hatte. Er schürte jedoch wiederum den Nationalismus der Kroaten, Slowaken und Rumänen gegen die Magyaren in Ungarn und den der Polen und Tschechen in Österreich. Der Nationalitätenstreit war damit nicht beseitigt, nur zwischen Deutsch-Österreich und Ungarn entschärft und anderen verschärft und damit neu verteilt worden.

Die beiden Reichshälften hatten jeweils ein eigenes Parlament mit eigener Regierung und eigenem Ministerpräsidenten. Zusammengehalten wurde das Ganze durch den Monarchen, der Kaiser und König (und Herr vieler weiterer Kronländer) in Personalunion war. Dabei gab es drei Ministerien für die Gesamtmonarchie, die direkt dem Kaiser unterstanden: Äußeres, Finanzen und Militärwesen. So wurde die Einheitlichkeit nicht nur der Finanzen und der Währung, sondern auch der Außenpolitik und des Militärischen gewährleistet. Insofern war – bei aller Betonung von Ähnlichkeiten zwischen der Habsburger Monarchie und der EU – Österreich-Ungarn ein echter Staat, während die EU nach wie vor ein Staatswesen sui generis ist, mehr als ein Staatenbund und weniger als ein Bundesstaat. Gleichwohl wussten weitsichtige Vertreter der Monarchie vor 1914, dass das staatliche Arrangement fragil ist, und dachten über eine umfassende Verfassungsreform nach. Erzherzog Franz Ferdinand war nach dem Freitod von Kronprinz Rudolf, des leiblichen Sohnes von Kaiser Franz Josef, 1889 der eigentliche

Thronerbe, nach dem Tod seines Vaters 1896 der offizielle Thronerbe. Seine »Militärkanzlei« hatte Verbindungen in die verschiedenen Ministerien und sollte seine Thronbesteigung vorbereiten. Dazu wurden unterschiedlichste Experten zum Vortrag eingeladen und Konzepte für die Zukunft erarbeitet. Die Grundidee Franz Ferdinands war, den Dualismus Österreich-Ungarns aufzulösen. Im Zentrum sollte stets die Krone stehen. Nach Aussagen von Zeitzeugen gab es dazu drei Varianten: (1) den Kronlandföderalismus, das heißt die Neugestaltung der Reichseinteilung nach den historisch-politischen Individualitäten; (2) den Trialismus, das heißt die Bildung eines zentralistischen Reiches mit drei Staatsgebilden, neben Österreich und Ungarn Südslawien, bestehend aus Kroatien, Slowenien, Bosnien, Herzegowina, Dalmatien und Triest; (3) eine föderative Reichsgestaltung der Monarchie als eines bundesstaatlichen Groß-Österreich. Dazu sollten sechzehn autonome nationale Staatlichkeiten oder Gliedstaaten geschaffen werden, das heißt jede Nationalität sollte in dem Landesteil, in dem sie die Mehrheit der Bevölkerung stellt, eine eigene Selbstverwaltungskompetenz haben. Zugleich sollte dies überwölbt werden durch ein zentralisiertes Staatsgefüge mit einem Zentralparlament, gemeinsamer Außenpolitik, gemeinsamer Armee und gemeinsamen Zoll-, Handels- und Finanzeinrichtungen (Franz 1943: 75f.). Dem lagen als Muster die Vereinigten Staaten von Nordamerika zu Grunde (Kowalski 2005: 56).

In seinem Werk von 1906, das dem Thronfolger vorlag, zählte der Autor, Aurel Popovici, 15 Teilstaaten auf – ohne Bosnien-Herzegowina als Okkupationsgebiet. Als Vorzug der »föderativen Neugestaltung« hob Popovici hervor, »dass die Nationalitätenfrage des Habsburgerreiches ein für allemal und dauernd aus der Welt geschafft würde« (Popovici 1906: 308f., 364). Der Thronfolger wurde am 28. Juni 1914 in Sarajevo ermordet. Die Welt wurde in den Ersten Weltkrieg gestürzt. Die Habsburgermonarchie wurde zerschlagen.

Angesichts der Schwierigkeiten der EU fällt heute vielfach der Blick auf die Habsburgermonarchie. Der Spiegel wirft den fragenden Blick jedoch zurück: die verhinderten Vereinigten Staaten von Groß-Österreich sollten genau das leisten, was die EU mit den Vereinigten Staaten von Europa nicht zustande bringt.

Am Montag, den 15. Februar 2016, kamen in Prag die Regierungschefs von Tschechien, Polen, Ungarn und der Slowakei zusammen, um vor dem EU-Gipfel in Brüssel, der für den 18. Februar
vereinbart war und sich mit der Flüchtlingspolitik befassen sollte,
ihre Positionen abzustimmen. Teilgenommen hatten auch die
Regierungschefs von Bulgarien und Mazedonien – ein Haupt-
punkt war, die »Balkanroute« der Flüchtlingsbewegungen möglichst zu erschweren und die Grenze Mazedoniens und ggf. auch
Bulgariens zu Griechenland zu schließen. Luxemburgs Außenminister Jean Asselborn warnte die vier Länder davor, in der Flüchtlingskrise einen »Verein der Abtrünnigen« zu bilden. Sie hätten in
der Vergangenheit viel Solidarität erfahren. Sollten sie sich nun
abschotten, werde es in Brüssel sehr schnell eine Debatte darüber
geben (*Der Tagesspiegel*, 15. Februar 2016).

Tschechien, Polen, Ungarn und die Slowakei bilden die
Gruppe der Visegrád-Staaten (»V4«), benannt nach der ungarischen Stadt Visegrád am Donauknie. Dort hatten sich am 15.
Februar 1991 die Regierungschefs von Ungarn, Polen und der
Tschechoslowakei erstmals getroffen – erinnernd an ein Treffen
der Könige von Polen, Ungarn und Böhmen 1335 –, um gemeinsame Interessen der drei, nach der Trennung der Tschechischen
und Slowakischen Republik dann vier Staaten zu artikulieren als
das östliche »Mitteleuropa«, und dies vor allem in Sachen EU-
und NATO-Beitritt zu tun. Die vier Regierungen gehen davon
aus, eine gemeinsam abgestimmte Politik in EU-Fragen stärke ihre
Position innerhalb der Union und gegenüber den großen EU-
Staaten, insbesondere Deutschland.

Auf dem Blog des ungarischen Politikforschungsinstituts
Nézőpont schrieb Mátyás Lajtai: »Die Flüchtlingskrise hat gezeigt,
dass die gesellschaftlichen und politischen Handlungsmuster
Westeuropas in den Augen der Mittel- und Osteuropäer nichts
taugen. Die Entscheidungsträger dieser Länder sind zu dem
Schluss gelangt, dass sie sich nur durch ein gemeinsames Auftreten
gegen das Diktat Westeuropas behaupten können. […] Den Mit-
tel- und Osteuropäern wird auch immer mehr bewusst, dass sie
von den westlichen Entscheidungsträgern nicht als gleichberechtigte Partner behandelt werden. Die sogenannten ›europäischen

Werte‹ sind westlich, osteuropäische Eigentümlichkeiten haben dort keinen Platz« (*eurotopics*, 17. Februar 2016).

Die »europäischen Werte« sollen jetzt nicht diskutiert werden. Es gibt einerseits Werte, die in den Grunddokumenten der EU oder der UNO-Charta und der Genfer Flüchtlingskonvention verankert sind und unhintergehbare Rechtsnormen darstellen. Andererseits gehört zu den Debatten, dass Konservative, Sozialdemokraten, Grüne oder Linke durchaus unterschiedliche Vorstellungen von zentralen Werten haben. In dem Maße jedoch, wie es eine Wahrnehmung im Osten der EU gibt, dass die westeuropäischen politischen Eliten ihr politisches Projekt »EU-Integration« nach der EU-Osterweiterung einfach fortzusetzen gedachten, ohne zu akzeptieren, dass die Erweiterung auch um andere Interessen, Politikverständnisse und Perzeptionen erfolgt ist, wird diese Wahrnehmung zu einem politischen Faktor. Die EU-Kommission, der »Erweiterungs-Kommissar« und die Regierungen der »alten EU-Staaten« konnten die Übernahme des »Acquis communautaire« als eines Rechtssystems erzwingen und abprüfen. Es gibt jedoch keinen »Acquis« historischer Erfahrungen und gesellschaftlich geteilter Werte, dessen Übernahme erzwungen werden könnte.

Hier ist nochmals auf den Essay von Ivan Krastev zurückzukommen. Sein Vorteil im Unterschied zu vielen anderen westeuropäischen Autoren – die sich mit EU-Themen befassen – ist, den Untergang eines politischen Systems schon einmal erlitten zu haben: »Angesichts der politischen Turbulenzen in Europa haben wir das Gefühl, dass wir all das schon einmal erlebt haben« (Krastev 2017: 20).

Aus deutscher Sicht sind vier seiner Befunde besonders bedeutsam. Der erste ist, das »europäische Projekt«, wie es sich nach 1989 entwickelt hat, beruht intellektuell auf der Fukuyama-Idee vom »Ende der Geschichte«. In diesem Sinne sei die EU »eine hochriskante Wette darauf, dass die Menschheit sich in Richtung einer demokratischeren und toleranteren Gesellschaft fortentwickeln« werde (ebenda, 26). Tatsächlich zeigten jedoch die Entwicklungen in China, Indien und Russland sowie in der muslimischen Welt, die »Flüchtlingskrise« und die Wahl Donald Trumps: »Die Postmoderne, der Postnationalismus und die Säkularisierung haben dafür gesorgt, dass Europa anders ist als der Rest der Welt, aber sie sind keine Vorboten dessen, was diese Welt unausweichlich erwartet« (ebenda, 15). Mit anderen Worten: die übrige Welt denkt nicht daran, so zu werden wie Europa, und die EU wird nicht die Kraft haben, alle Welt nach ihrem Bilde zu modeln.

Der zweite Befund ist, dass mit der Globalisierung eine »Migrantenrevolution« entstanden ist. Für immer mehr Menschen bedeutet Veränderung nicht mehr, die Regierung im »eigenen Land« zu wechseln, sondern individuell oder mit der Familie das Land. Die Tatsache, dass nach dem Scheitern des westlichen Afghanistankrieges 2021 und einer durchgreifenden Modernisierung der dortigen Gesellschaft der modernisierte Teil der afghanischen Gesellschaft nicht die vom Westen bereitgestellten Waffen benutzt hat, um seine Modernität mit Waffengewalt gegen die Taliban zu verteidigen, sondern kapituliert hat, um das eigene Leben zu retten und nun in den Westen auszuwandern, unterstreicht genau dies. Wie jede Revolution hat jedoch auch diese eine Gegenrevolution ausgelöst. Die sich bedroht fühlenden und verängstigten Mehrheiten in Europa »fürchten, dass Fremde ihre Länder übernehmen und ihre Lebensweise bedrohen könnten, und sie sind davon überzeugt, dass die gegenwärtige Krise auf eine Verschwörung kosmopolitisch gesinnter Eliten und in Stammesdenken befangener Migranten zurückgehe« (ebenda, 22).

Vor diesem Hintergrund hat sich eine interessante Wendung vollzogen. In den vergangenen Jahrzehnten haben Linke leidenschaftlich dafür gekämpft, dass indigene Gemeinschaften in Indien oder Lateinamerika das Recht haben, ihre Lebensweise gegen die Zumutungen der Globalisierung zu verteidigen. »Heute behaupten rechtsgerichtete Parteien, die wohlhabenden europäischen Länder hätten das Recht, ihre Lebensweise zu verteidigen und Widerstand gegen jene Flüchtlinge zu leisten, die in Europa so leben wollen wie in ihren eigenen Ländern«. Wir haben es mit einer postmarxistischen Arbeiterklasse zu tun, »die heute weder an ihre Avantgarderolle noch an eine antikapitalistische Revolution glaubt« und »keinen Grund hat, internationalistisch zu sein« (ebenda, 41f.).

Drittens schließlich ist die Wiederbelebung der Ost-West-Spaltung innerhalb der EU »kein Mangel an Solidarität, wie Brüssel es gerne darstellt, sondern ein Solidaritätskonflikt« (ebenda,

53). Im Hintergrund steht die Zäsur »1968«. In Westeuropa symbolisiert dieses Datum »das Engagement für kosmopolitische Werte«; in Osteuropa jedoch steht es »für die Wiedergeburt nationaler Gefühle« (ebenda, 70). Im Hintergrund steht der »Unterschied zwischen dem Vermächtnis des Nationalsozialismus und dem des Kommunismus [...]. Der deutsche Hang zum Kosmopolitischen war auch eine Flucht vor dem fremdenfeindlichen Erbe der Nazis«, während der »Antikosmopolitismus Mitteleuropas zum Teil in der Abneigung gegen den vom Kommunismus aufgezwungenen Internationalismus wurzelt« (ebenda, 69). Die Flüchtlingskrise hat die nationalen Solidaritätsgefühle gestärkt und damit die Chancen für einen EU-Verfassungspatriotismus schwinden lassen. Die Forderung nach Demokratie in Europa hat sich »in die Forderung nach dem Schutz der eigenen politischen Gemeinschaft verwandelt und damit eher nach Ausschluss als nach Inklusion« (ebenda, 71).

Die »Meritokratie«, die heute die EU lenkt und leitet, vergleicht Krastev – so der vierte Befund – mit einer »Art Söldnerelite«, vergleichbar mit den Fußballstars, die heutzutage zwischen den reichen europäischen Fußballclubs für viel Geld hin- und hergereicht werden (ebenda, 105). Während die aristokratischen Eliten der Vergangenheit nicht nur Rechte hatten, sondern auch Pflichten, wurden diese neuen Eliten zum Regieren erzogen, und zwar unabhängig von ihrem Heimatland. »Sie haben die Fähigkeit verloren, die Gefühle ihrer Gemeinschaft zu teilen. Die Menschen erleben diese Unabhängigkeit der Eliten als einen Verlust an Bürgermacht.« (Ebenda, 107.) In Brüssel werden »Maßnahmen ohne Politik« ergriffen, während auf nationaler Ebene »Politik ohne Maßnahmen« betrieben wird (ebenda, 79). Was herausgekommen ist, »ist nicht funktionsfähig: Demokratie ohne Wahlmöglichkeiten, Souveränität ohne Bedeutung und Globalisierung ohne Legitimität« (ebenda, 83). Dies ist die Stunde der Populisten. Sie versprechen nicht die Verstaatlichung der Industrien, sondern die Nationalisierung der Eliten (ebenda, 108).

Damit kommt Krastev wieder zur Habsburgermonarchie: Für die heutigen EU-Eliten sei nicht wichtig, weshalb das Habsburgerreich 1918 zusammenbrach, sondern warum es nicht schon früher, 1848 oder 1867 scheiterte. »Die EU sollte nicht versuchen, ihre zahlreichen Feinde zu besiegen, sondern sie zu erschöpfen und dabei gelegentlich auch Teile ihrer Politik [...] zu übernehmen« (ebenda, 132). Damit wären wir erneut bei dem Grundproblem: Wenn der große Wurf, die Vereinigten Staaten, nicht gelingen will, sind das Nichtlösen und Vor-sich-her-Schieben von Problemen, Schlamperei, bürokratischer Kompetenzwirrwarr usw. nicht unbedingt Ausdruck von Toleranz, wohl aber vom Erschöpfen der Feinde des Projekts. Und wenn es richtig ist, dass Kakanien ohne Krieg nicht untergegangen wäre, gibt das Hoffnung.

Mit dem russischen Krieg in der Ukraine entstehen neue Ängste. Der Erste Weltkrieg begann wegen Serbien, der Zweite wegen Polen. Beginnt der Dritte wegen der Ukraine, jetzt mit Atomwaffen? Für 90 Prozent der Weltbevölkerung ist auch dieser Krieg einer der weißen Männer im Norden, und sie erwarten, dass diese Wege zur Beendigung des Krieges finden. Darauf verwies der Diplomat Michael von der Schulenburg, der jahrelang für die UNO und die KSZE tätig war in der *Berliner Zeitung* vom 26./27. März 2022. Es braucht eine europäische Lösung für einen europäischen Krieg. Nur werden die außenpolitischen Eigenständigkeiten, die sich Deutschland und die EU in den vergangenen Jahren erworben hatten, jetzt zwischen den Mühlsteinen der Freund-Feind-Logik – ob nun die USA oder Russland die Ukraine kontrollieren – zerrieben.

Österreich war auf der Versailler Friedenskonferenz 1919 nur noch Objekt der Politik der Großmächte. Es ist nicht ausgemacht, welche Rolle die EU am Ende dieses Krieges spielen wird.

Adolphi, Wolfram (Hrsg.) (2004): Michael Schumann. Hoffnung PDS, Berlin.

Alexander, Manfred/Stökl, Günther (2018): Russische Geschichte, Hamburg.

Anderson, Benedict (1988): Die Erfindung der Nation. Zur Karriere eines erfolgreichen Konzepts, Frankfurt a.M./New York.

Anker, Andreas (1995): Max Webers Theorie des modernen Staates, Berlin.

Asmus, Ronald D. (1992): Deutschland im Übergang. Nationales Selbstvertrauen und internationale Zurückhaltung, in: *Europa-Archiv*, Nr. 8/1992.

Assmann, Aleida (2020): Die Wiedererfindung der Nation. Warum wir sie fürchten und warum wir sie brauchen, München.

Axen, Hermann (1973): Zur Entwicklung der sozialistischen Nation in der DDR (Vortrag am 7. Juni 1973), Berlin.

Badstübner, Rolf (1999): Vom »Reich« zum doppelten Deutschland. Gesellschaft und Politik im Umbruch, Berlin.

Balibar, Etienne/Wallerstein, Immanuel (1992): Rasse, Klasse, Nation. Ambivalente Identitäten, Hamburg.

Bakka, Pal H. (1995): Auf den Spuren untergegangener Reiche: Imperiale Zusammenbrüche als Quelle politischen Wandels in Europa, in: WeltTrends, Berlin, Nummer 6/ März 1995.

Bebel, August (1907): Diskussionsbeitrag zum Resolutionsentwurf über die Stellung zum Militarismus und die internationalen Konflikte. 19. August 1907, in: Internationaler Sozialistenkongress zu Stuttgart, 18.-24. August 1907, Berlin.

Bindenagel, James D. (1997): Rede des amerikanischen Geschäftsträgers, James D. Bindenagel, über die deutsch-amerikanischen Beziehungen in einer neuen Welt, in: Internationale Politik, Bonn, Nr. 2/1997.

Bismarck, Otto von (1925): Deutscher Staat. Ausgewählte Dokumente, hrsg. von Rothfels, Hans, München.

Blackbourn, David/Eley, Geoff (1980): Mythen deutscher Geschichtsschreibung. Die gescheiterte bürgerliche Revolution von 1848, Frankfurt a.M. u. a.

Böhme, Britta (1999): Grenzland zwischen Mythos und Realität. Real- und Ideengeschichte des ukrainischen Territoriums, Berlin.

Braudel, Fernand (1990a): Sozialgeschichte des 15.-18. Jahrhunderts, Bd. 1: Der Alltag, München.

Braudel, Fernand (1990b): Sozialgeschichte des 15.-18. Jahrhunderts, Bd. 3: Aufbruch zur Weltwirtschaft, München.

Brecht, Bertolt (1968): Hundert Gedichte. 1918-1950, Berlin und Weimar.

Brühl, Carlrichard (2001): Die Geburt zweier Völker. Deutsche und Franzosen (9.-11. Jahrhundert), Köln/ Weimar/ Wien.

Bulgarin, Faddei W. (1859): Memoiren. Abrisse von Gechehenem, Gehörtem und Erlebtem, Jena.

Craig, Gordon A. (1989): Geschichte Europas 1815-1980, München.

Crome, Erhard/Franzke, Jochen (1993): Nation und Nationalismus. Aspekte der Annäherung an das Phänomen des Nationalen nach dem Ende des Ost-West-Konflikts, Berlin.

Crome, Erhard/Franzke, Jochen (1997): DDR-Bürger und Perestroika. Eine Rekonstruktion unter Verwendung von Stimmungsberichten des Ministeriums für Staatssicherheit, in: *Berliner Debatte Initial*, Heft 1-2/1997.

Crome, Erhard (2001): Die Linke und ihr Verhältnis zu Nation und Nationalstaat. Die Nation zwischen Europäischer Union und Regionen (Rosa-Luxemburg-Stiftung), Berlin.

Crome, Erhard (2013): Deutschland in Europa. Eine neue Hegemonie, in: Crome, Erhard/ Krämer, Raimund (Hrsg.) (2013): Hegemonie und Multipolarität. Weltordnungen im 21. Jahrhundert, Potsdam.

Crome, Erhard (2014): Die Linke und die Nation, in: Nakath, Detlef/Vietze, Heinz (Hrsg.) (2014): Die Linke und die Nation. Möglichkeit oder Widerspruch? Potsdam.

Crome, Erhard (2019): Deutschland auf Machtwegen. Moralin als Ressource für weltpolitische Ambitionen, Hamburg.

Crome, Erhard (2021): Die ungeliebte Alternative. Rückbesinnung auf friedliche Koexistenz für eine zeitgemäße internationale Politik, Hamburg.

Deutsch, Karl W. (1972): Nation und Welt, in: Ashkenasi, Abraham/Schulze, Peter W.(Hrsg.) (1972): Nationenbildung – Nationalstaat – Integration, Düsseldorf.

Diner, Dan (1985): Imperialismus, Universalismus, Hegemonie. Zum Verhältnis von Politik und Ökonomie in der Weltgesellschaft, in: Fetscher, Iring/Münkler, Herfried (Hrsg.) (1985): Politikwissenschaft. Begriffe – Analysen – Theorien. Ein Grundkurs, Reinbek bei Hamburg.

Dokumente (1954) zur Außenpolitik der Regierung der DDR, Bd. 1, Berlin.

Engelberg, Ernst (1985): Bismarck. Urpreuße und Reichsgründer, Berlin.

Engels, Friedrich: Die Polendebatte in Frankfurt, in: Marx/Engels: Werke (MEW), Band 5, Berlin.

Engler, Wolfgang (1999): Die Ostdeutschen. Kunde von einem verlorenen Land, Berlin.

Ferguson, Niall (1999): Der falsche Krieg. Der Erste Weltkrieg und das 20. Jahrhundert, Stuttgart.

Feuchtwanger, Lion (1973): Erfolg. Drei Jahre Geschichte einer Provinz. Roman, Berlin und Weimar.

Franz, Georg (1943): Erzherzog Franz Ferdinand und die Pläne zur Reform der Habsburger Monarchie, München.

Friedrich II. (1985) von Preußen: Über die deutsche Literatur, die Mängel, die man ihr vorwerfen kann, welches ihre Ursachen sind und mit welchen Mitteln man sie beheben kann, in: Ders.: Schriften und Briefe, hrsg. von Mittenzwei, Ingrid, Leipzig.

Friedrich, Sebastian/Schreiner, Patrick (Hrsg.) (2013): Nation – Ausgrenzung – Krise. Kritische Perspektiven auf Europa, Münster.

Fürstenberg, Friedrich (1978): Soziologie. Hauptfragen und Grundbegriffe, Berlin/New York.

Furet, Francois (1996): Das Ende der Illusion. Der Kommunismus im 20. Jahrhundert, München.

Galtung, Johan (1997): Der Preis der Modernisierung. Struktur und Kultur im Weltsystem, Wien.

Gasteyger, Curt (1990): Europa zwischen Spaltung und Einigung 1945-1990. Schriftenreihe der Bundeszentrale für politische Bildung, Band 285, Bonn.

Geier, Wolfgang (1995): Zeitbrüche im Osten. Ansätze vergleichender sozial- und kulturwissenschaftlicher Forschungen, Wiesbaden.

Geier, Wolfgang (1996): Russland und Europa. Skizzen zu einem schwierigen Verhältnis, Wiesbaden.

Gellner, Ernest (1991): Nationalismus und Moderne, Berlin.

Goethe, Johann Wolfgang von (1996): Faust. Eine Tragödie, in: Werke, Hamburger Ausgabe in 14 Bänden, Bd. 3, München.

Grundsätze und Ziele (1948) der SED, in: Dokumente der SED, Berlin.

Habermas, Jürgen (1990): Geschichtsbewusstsein und posttraditionale Identität. Die Westorientierung der Bundesrepublik [1987], in: Ders.: Die Moderne – ein unvollendetes Projekt, Leipzig.

Habermas, Jürgen (1993): Vergangenheit als Zukunft, München.

Hacks, Peter (2001): Zur Romantik, Hamburg.

Haffner, Sebastian (1981): Preußen ohne Legende, Hamburg.

Haffner, Sebastian (1989): Von Bismarck zu Hitler. Ein Rückblick [zuerst erschienen 1987], München.

Haffner, Sebastian (1993): Der Verrat, Berlin.

Hardt, Michael/Negri, Antonio (2002): Empire. Die neue Weltordnung, Frankfurt a.M./ New York.

Hermlin, Stephan (1983): Gespräch mit Klaus Wagenbach, in: Ders.: Äußerungen 1944-1982, Berlin/Weimar.

Hawes, James (2018): Die kürzeste Geschichte Deutschlands, Berlin.

Hildebrandt, Gunther (1986): Die Paulskirche. Parlament in der Revolution 1848/49, Berlin.

Hinsch, Stefan/Langthaler, Wilhelm (2016): Europa zerbricht am Euro. Unter deutscher Vorherrschaft in die Krise, Wien.

Hobsbawm, Eric J. (1996): Nationen und Nationalismus. Mythos und Realität seit 1780, München.

Hosking, Geoffrey (2000): Russland. Nation und Imperium 1552-1917, Berlin.

Huber, Ernst Rudolf (1988): Deutsche Verfassungsgeschichte seit 1789, Stuttgart.

Hudler-Seitzberger, Michaela/Gutschik, Reinhold/Tálos, Emmerich (2021): Sicherheit, neuer Nationalismus und EU, Wien.

Jäger, Michael (Hrsg.) (2002): Globalisierung, Nation, Internationalismus. Orte des Widerstands – eine linke Debatte, Berlin.

Joffe, Josef (2018): Der gute Deutsche. Die Karriere einer moralischen Supermacht, München.

Johnson, Boris (2015): Der Churchill-Faktor, Stuttgart.

Jürgensen, Kurt (1997): Die britische Besatzungspolitik 1945-1949. Zur Frage nach einer Konzeption in der britischen Deutschlandpolitik, in: Aus Politik und Zeitgeschichte. Beilage zur Wochenzeitung *Das Parlament*, Nr. 6 vom 31. Januar 1997.

Kautsky, Karl (1914): Der Imperialismus, in: *Die Neue Zeit*, Nr. 21 vom 11. September 1914.

Kennedy, Paul (1989): Aufstieg und Fall der großen Mächte, Frankfurt a.M.

Kissinger, Henry A. (1994): Die Vernunft der Nationen. Über das Wesen der Außenpolitik, Berlin.

Kistenmacher, Olaf (2014): Selbstbestimmung als Phrase, in: Jungle World. Dossier, Nr. 1 vom 3. Januar 2014.

Koenen, Gerd (1993): »Vormärz« und »Völkerfrühling« – ein deutsch-polnischer Honigmond? in: Kobylinska, Ewa/ Lawaty, Andreas/Stephan, Rüdiger (Hrsg.) (1993): Deutsche und Polen. 100 Schlüsselbegriffe, München/ Zürich.

Kosing, Alfred (1976): Nation in Geschichte und Gegenwart. Studie zur historisch-materialistischen Theorie der Nation, Berlin.

Kowalski, Erich (2005): Die Pläne zur Reichsreform der Militärkanzlei des Thronfolgers Franz Ferdinand im Spannungsfeld von Trialismus und Föderalismus, Diplomarbeit, Universität Wien, Mai 2005.

Krämer, Raimund (Hrsg.) (2018): Nachdenken über Europa. Festschrift zum 90. Geburtstag von Prof. Dr. Wilhelm Ersil, Potsdam.

Krastev, Ivan (2017): Europadämmerung. Ein Essay, Berlin.
Krastev, Ivan/Holmes, Stephen (2019): Das Licht, das erlosch. Eine Abrechnung, Berlin.
Krenz, Egon (Hrsg.) (2013): Walter Ulbricht. Zeitzeugen erinnern sich, Berlin.

Lederer, Klaus (2000): Die Linke und ihr Verhältnis zur Nation, in: *Disput*, Berlin, Nr. 11/2000.
Lehmann, Hartmut (1994): Europa der Vaterländer – Vaterland Europa, in: Seifert, Gerhard (Hrsg.) (1994): Vereinigtes Europa und nationale Vielfalt – Ein Gegensatz? Göttingen.
Lenin, Wladimir I. (1971): Der Imperialismus als höchstes Stadium des Kapitalismus [1917], in: Ders.: Werke, Bd. 22.
Lenin, Wladimir I. (1957): Der Imperialismus und die Spaltung des Sozialismus [1916], in: Ders.: Werke, Bd. 23.
Lepore, Jill (2020): Dieses Amerika. Manifest für eine bessere Nation, München.
Lepsius, M. Rainer (1990): Nation und Nationalismus in Deutschland, in: Ders.: Interessen, Ideen und Institutionen, Opladen.
Lukács, John (1993): Churchill und Hitler. Der Zweikampf, Stuttgart.
Lukács, John (1996): Die Geschichte geht weiter. Das Ende des 20. Jahrhunderts und die Wiederkehr des Nationalismus, München.
Luxemburg, Rosa (1974): Gesammelte Werke. Band 4: August 1914 bis Januar 1919, Berlin.

Mann, Heinrich (1947): Ein Zeitalter wird besichtigt, Berlin.
Markov, Walter/Soboul, Albert (1973): 1789. Die Große Revolution der Franzosen, Berlin.
Marx, Karl: Ökonomisch-philosophische Manuskripte aus dem Jahre 1844, in: Marx/Engels: Werke (MEW), Band 40, Berlin.
Masaryk, Tomas G. (1925): Die Weltrevolution. Erinnerungen und Betrachtungen 1914-1918, Berlin.
Mehring, Franz (1961): Jena und Tilsit. Ein Kapitel ostelbischer Junkergeschichte [1906], in: Ders. (1961): Krieg und Politik, Hrsg: Engelberg, Ernst, Bd. 2, Berlin.

Meinecke, Friedrich (1969): Weltbürgertum und National-staat [1908], München.

Menasse, Robert (2014): Das Gestern war noch nie so jung, in: Die Presse, Wien, 10.05.2014.

Menasse, Robert (2016): Transnationales Europa: mit oder ohne Katastrophe. Ein Gespräch mit Robert Menasse, in: InZeitung, Freiburg (Online-Zeitung), No. 18, Mai 2016. http://inzeitung.de/themen/vielfalt/Robert-Menasse-teil2.php.

Meuschel, Sigrid (1992): Legitimation und Parteiherrschaft in der DDR. Zum Paradox von Stabilität und Revolution in der DDR 1945-1989, Frankfurt a.M.

Meyers (1888): Konversations-Lexikon, Bd. 4, Leipzig.

Meyers (1888a): Konversations-Lexikon, Bd. 6, Leipzig,

Mitchell, Wess (2007): Kaiser, König, Kommission. Was die EU aus dem Scheitern der Habsburger Monarchie lernen kann, in: *IP-Die Zeitschrift*, 10. Oktober 2007. (*https://zeitschrift-ip-dgap.org*).

Mittenzwei, Ingrid (1979): Friedrich II. von Preußen, Berlin.

Mohr, Arno (Hrsg.) (1997): Grundzüge der Politikwissen-schaft, München/Wien.

Mommsen, Wolfgang (1998): »Von der Maas bis an die Memel, von der Etsch bis an den Belt …«, in: *Das Parlament*, Bonn, Nr. 3-4 vom 16.01.1998, S. 8.

Mushaben, Joyce Marie (2001): Ost-West-Identitäten: Generationen zwischen Wende und Wandel, in: *Berliner Debatte Initial*, Heft 3/2001.

Nakath, Detlef/ Vietze, Heinz (Hrsg.) (2014): Die Linke und die Nation. Möglichkeit oder Widerspruch? Potsdam.

Nipperdey, Thomas (1991): Deutsche Geschichte 1866-1918. Erster Band: Arbeitswelt und Bürgergeist, München.

Nipperdey, Thomas (1992): Deutsche Geschichte 1866-1918. Zweiter Band: Machtstaat vor der Demokratie, München.

Pfeifer, Wolfgang (Hrsg.) (1989): Etymologisches Wörter-buch des Deutschen, Bd. 2: H-P, Berlin.

Popovici, Aurel C. (1906): Die Vereinigten Staaten von Groß-Österreich. Politische Studien zur Lösung der nationalen Fragen und staatsrechtlichen Krisen in Österreich-Ungarn, Leipzig.

Osterhammel, Jürgen (2009): Die Verwandlung der Welt. Eine Geschichte des 19. Jahrhunderts, München.

Plessner, Helmuth (1974): Die verspätete Nation [1959], Frankfurt a. M.
Preuß, Hugo (1924): Der deutsche Nationalstaat, Frankfurt a. M.
Projektgruppe Nationalismuskritik (Hrsg.) (2009): Irrsinn der Normalität. Aspekte der Reartikulation des deutschen Nationalismus, Münster.
Prokop, Siegfried (2017): »Die DDR hat's nie gegeben«. Studien zur Geschichte der DDR, Neuruppin.

Reinhard, Wolfgang (2016): Die Unterwerfung der Welt. Globalgeschichte der europäischen Expansion 1415-2015, München.
Renan, Ernest (1995): Was ist eine Nation? (Und andere politische Schriften). Hrsg. von Heiss, Hans/Johler, Reinhard, Wien/Bozen.
Ribhegge, Wilhelm (1995): »Preußen im Westen«. Groß-britannien, die Gründung des Landes Nordrhein-Westfalen 1946 und die Wiedergeburt der Demokratie in Deutschland, in: Aus Politik und Zeitgeschichte. Beilage zur Wochenzeitung *Das Parlament*, Nr. 28 vom 7. Juli 1995, Bonn.
Ribhegge, Wilhelm (1998): Das Parlament als Nation. Die Frankfurter Nationalversammlung 1848/49, in: Aus Politik und Zeitgeschichte, Beilage zur Wochenzeitung *Das Parlament*, Nr. 3-4/1998, Bonn.
Richter, Hedwig (2021): Demokratie. Eine deutsche Affäre, München.
Rothfels, Hans (1959): Zeitgeschichtliche Betrachtungen, Göttingen.
Ruben, Peter (1993): Realität und Problem der Nation, in: Crome, Erhard/ Franzke, Jochen (Hrsg.) (1993): Nation und Nationalismus. Aspekte der Annäherung an das Phänomen des Nationalen nach dem Ende des Ost-West-Konflikts, Berlin.
Ruben, Peter (1993a): Thesen zu einem Vortrag auf der Tagung des Politischen Clubs Potsdam e.V. zum Thema: »Wirklichkeiten in der DDR – Strukturen und Handlungsmus-ter«, Januar 1993.

Ruben, Peter (1998): Die kommunistische Antwort auf die soziale Frage, in: *Berliner Debatte Initial*, Heft 1/1998.

Ruben, Peter (1998a): Vom Platz der DDR in der deutschen Geschichte, in: *Berliner Debatte Initial*, Heft 2-3/1998.

Ruben, Peter (2002): Grenzen der Gemeinschaft? In: *Berliner Debatte Initial*, Heft 1/2002.

Ruben, Peter (2022): Gesammelte philosophische Schriften. Bd.2: Zu philosophischen Fragen von Wirtschaft und Gesellschaft, Berlin.

Rumpler, Helmut (2014): Die Habsburger-Monarchie als Vorbild für die Europäische Union? In: *https.//derstandard.at*, 6. Mai 2014.

Schäfers, Bernhard (Hrsg.) (1986): Grundbegriffe der Soziologie, Opladen.

Scheuch, Erwin K. (1992): Zeitenwende, in: *BISS public*, Berlin, Heft 6/1992.

Schmitter, Philippe C. (2000): How to Democratize the European Union … and Why Bother? London/New York.

Schnell, Felix (2012): Räume des Schreckens. Gewalträume und Gruppenmilitanz in der Ukraine 1905-1933, Hamburg.

Schoch, Bruno (1996): Die Ambivalenz der Normalisierung, in: *Blätter für deutsche und internationale Politik*, Bonn, Heft 7/1996.

Schopenhauer, Arthur (1991): Aphorismen zur Lebensweisheit, in: Ders.: Werke in fünf Bänden, hrsg. von Lütkehaus, Ludger, Bd. IV, Zürich.

Schrader, Lutz (1993): Nation und Nationalismus in Frankreich, in: Crome, Erhard/Franzke, Jochen (Hrsg.) (1993): Nation und Nationalismus. Aspekte der Annäherung an das Phänomen des Nationalen nach dem Ende des Ost-West-Konflikts, Berlin.

Schumann, Michael (2004): Die Linke und die Nation, in: Adolphi, Wolfram (Hrsg.) (2004): Michael Schumann. Hoffnung PDS, Berlin.

Schünemann, Manfred [2008]: Quo vadis Ukraina? Rosa-Luxemburg-Stiftung Sachsen, Leipzig.

Schumpeter, Joseph A. (1953): Zur Soziologie der Imperialismen [1919], in: Ders.: Aufsätze zur Soziologie, Tübingen.

Sieghart, Rudolf (1932): Die letzten Jahrzehnte einer Großmacht. Menschen, Völker, Probleme des Habsburger-Reichs, Berlin.

Simms, Brendan (2014): Kampf um Vorherrschaft. Eine deutsche Geschichte Europas 1453 bis heute, München.

Simms, Brendan/Zeeb, Benjamin (2016): Europa am Abgrund. Plädoyer für die Vereinigten Staaten von Europa, München.

Simon, Gerhard (1993): Von der Einparteiendiktatur zum Nationalstaat, in: Höhmann, Hans-Hermann (Hrsg.) (1993): Aufbruch im Osten Europas. Chancen für Demokratie und Marktwirtschaft nach dem Zerfall des Kommunismus (Jahrbuch des Bundesinstituts für ostwissenschaftliche und internationale Studien), München/Wien.

Snyder, Timothy (2013): Das Ende des Habsburgerreiches, in: *Neue Zürcher Zeitung*, 21. Dezember 2013/ 16. Juni 2016.

Stein, Hannes (2014): Was die EU vom Habsburgerreich lernen kann, in: https://welt.de, 26.06.2014.

Sternberger, Dolf (1980): Der Begriff des Vaterlandes, in: Ders.: Staatsfreundschaft. Schriften, Bd. IX, Frankfurt a.M.

Stölting, Erhard (1990): Eine Weltmacht zerbricht. Nationalitäten und Religionen in der UdSSR, Frankfurt a.M.

Straub, Eberhard (1999): Drei letzte Kaiser. Der Untergang der großen europäischen Dynastien, Berlin.

Stürmer, Michael (1987): Berlin als Hauptstadt des Reiches, Industriemetropole und Finanzplatz, in: Ders. (1987) Berlin und seine Wirtschaft, Berlin/ New York.

Thälmann, Ernst (1961): Antwort auf Briefe eines Kerkergenossen, Berlin.

Tilly, Charles (1999): Die europäischen Revolutionen, München.

Tönnies, Ferdinand (2005): Gemeinschaft und Gesellschaft. Grundbegriffe der reinen Soziologie [1887], Darmstadt.

Torsten, Oswald (1943): Riche. Eine geschichtliche Studie über die Entwicklung der Reichsidee, München/ Berlin.

Toynbee, Arnold J. (2009): Der Gang der Weltgeschichte. Aufstieg und Verfall der Kulturen, Zwei Teile in einem Band, Frankfurt a. M.

van Creveld, Martin (1999): Aufstieg und Untergang des Staates, München.

Wehler, Hans-Ulrich (1995): Geschichtswissenschaft heutzutage: Aufklärung oder »Sinnstiftung«? [1989], in: Ders.: Die Gegenwart als Geschichte, München.

Wilson, Woodrow (1913): Nur Literatur. Betrachtungen eines Amerikaners, München.

Winter, Eduard (1942): Byzanz und Rom im Kampf um die Ukraine 955-1939, Leipzig.

Wiswede, Günter (1998): Soziologie. Grundlagen und Perspektiven für den wirtschafts- und sozialwissenschaftlichen Bereich, Landsberg am Lech.

Wolff-Poweska, Anna (2001): Europa im globalen Terrorismus-Krieg, in: *WeltTrends*, Nummer 33/Winter 2001/2002, Potsdam.

Wright, Erik Olin (1985): Was bedeutet neo und was heißt marxistisch in der neomarxistischen Klassenanalyse? In: Strasser, Hermann/Goldthorpe, John H. (Hrsg.) (1985): Die Analyse sozialer Ungleichheit, Opladen.

Zamoyski, Adam (2016): Phantome des Terrors. Die Angst vor der Revolution und die Unterdrückung der Freiheit 1789-1848, München.

Zentralinstitut (1978) für Geschichte der Akademie der Wissenschaften der DDR (Hrsg.): Klassenkampf – Tradition – Sozialismus. Von den Anfängen der Geschichte des deutschen Volkes bis zur Gestaltung der entwickelten sozialistischen Gesellschaft in der DDR. Grundriss, Berlin.

Ziegler, H.O. (1931): Die moderne Nation. Ein Beitrag zur politischen Soziologie, Tübingen.

Zielonka, Jan (2019): Konterrevolution. Der Rückzug des liberalen Europas, Frankfurt a.M./New York.

ISBN 978-3-89793-342-2

Satz: edition ost
Umschlaggestaltung: Unter Verwendung eines Fotos von Robert Allertz:
Blick auf das Parlamentsgebäude in Kiew, Sitz der Werchowna Rada

Druck und Bindung: Sowa Druk, Polen

17,00 Euro

Die Bücher des verlags am park und der edition ost
werden von der Eulenspiegel Verlagsgruppe vertrieben

www.eulenspiegel.com